全国教育科学规划教育部重点
《"运河思政"：跨学科协同育人实践探索》(D/A220505)成果之一

融动的思政课

"运河思政"：跨学科协同课堂教学设计

编著◎王恒富　王　超

编委◎曹　兰　邵秀芝　祁　萍
　　　王馨宇　仇清泉

河海大学出版社
HOHAI UNIVERSITY PRESS
·南京·

图书在版编目(CIP)数据

融动的思政课:"运河思政":跨学科协同课堂教学设计 / 王恒富,王超编著. -- 南京:河海大学出版社,2024.4

ISBN 978-7-5630-8931-4

Ⅰ. ①融… Ⅱ. ①王… ②王… Ⅲ. ①政治课-教学设计-研究-中学 Ⅳ. ①G633.202

中国国家版本馆 CIP 数据核字(2024)第 072626 号

| 书　　名 / 融动的思政课——"运河思政":跨学科协同课堂教学设计
| 书　　号 / ISBN 978-7-5630-8931-4
| 责任编辑 / 杜文渊
| 文字编辑 / 薛　垚
| 特约校对 / 李　浪　杜彩平
| 封面设计 / 徐娟娟
| 出版发行 / 河海大学出版社
| 地　　址 / 南京市西康路 1 号(邮编:210098)
| 电　　话 / (025)83737852(总编室)　(025)83722833(营销部)
| 经　　销 / 江苏省新华发行集团有限公司
| 排　　版 / 南京月叶图文制作有限公司
| 印　　刷 / 广东虎彩云印刷有限公司
| 开　　本 / 787 毫米×1092 毫米　1/16
| 印　　张 / 20.25
| 字　　数 / 372 千字
| 版　　次 / 2024 年 4 月第 1 版
| 印　　次 / 2024 年 4 月第 1 次印刷
| 定　　价 / 89.00 元

前　言

《礼记·中庸》有云："万物并育而不相害,道并行而不相悖。小德川流,大德敦化,此天地之所以为大也。"天地之大,在于其包容、共生并孕育万物。教育也是如此,要真正发挥思政课在课程体系中的政治引领和价值引领作用,就要统筹大中小学思政课一体化建设,推动各类课程与思政课程协同育人。虽然不少地区尝试开展内容不同、形式不一的跨学科教学,但不同程度存在"拉郎配""大拼盘"等"为了跨学科而跨学科"现象,并不能很好地发挥育人效果。只有在承认学生差异的基础上,打破学科边界,促进学科间相互渗透、融合,教师自觉、有机、深度协同,才能创设良好的教育生态,促进生命在自然、自主、自由中共同生长。

思政课是触动心灵的课程,要贴近时代、贴近实践、贴近学生思想实际,不断增强亲和力和针对性,提升学生获得感。"让思政课成为一门有温度的课"是习近平总书记的殷切期望,也是思政课教师理应追求的目标。"'运河思政':跨学科协同育人实践探索"作为全国教育科学"十四五"规划2022年度教育部重点课题（批准号：DHA220505）立项以来,已有全国,尤其是江苏省众多学校参与其中,教师们挖掘丰富的大运河文化资源,探索跨学科教学设计,努力做到将运河文化与学科课程相融合、思政课程与课程思政相融合、历史与现实相融合、理论与实践相融合,呈现出一节节有温度的"运河思政"融合课,探索出一条思政育人的新路径。

一、从"运河文化"走向"运河思政"

贯穿5大水系,流经8个省、直辖市,2500年间,中国大运河联通南北、贯穿古今,随"国运"起伏而几经衰荣。大运河催生演绎了无数历史场景和历史故事,承载了诸多文化问题的符号语境和符号意义,是中华民族温和、包容、开放、创新等集体性格的重要源泉,已成为了中华民族文化形象的重要表征。古时,大运河就像是一个"平衡木",以粮食航运平衡着华夏大地;现今,大运河成为一张"金名片",以千年文脉向世界述说着中国文化故事。机缘巧合的是,扬州作为运河原点城市和大运河申遗牵头城市,与大运河有着"同生共长"的深厚渊源。公元前486年,"吴城邗,沟通江淮"。吴王夫差开凿的邗沟,是整个运河中最古老的一段。而开邗沟、筑邗城正是扬州建成的开始。

　　佐藤学教授曾指出，"无论哪个国家，学校教育总是浓缩了该国的一切社会与文化的元素。学校教育的改革并不是单独的改革，教育改革的推进不能游离于该国的社会历史与文化传统之外"。随着国家文化公园建设保护规划方案的出台，建设大运河国家文化公园已成为党中央、国务院作出的重要决策部署，已上升为国家战略。结合大运河文化开展思政教育是深入贯彻落实习近平总书记关于发掘好、利用好丰富文物和文化资源，让文物说话、让历史说话、让文化说话，推动中华优秀传统文化创造性转化创新性发展、传承革命文化、发展社会主义先进文化等一系列重要指示精神的重要举措。

　　"运河思政"，顾名思义就是要挖掘运河文化资源中丰富的"思政"元素。一是要挖掘大运河纵向文化资源，从历史发展、演变的视角等丰富思政课教学。二是挖掘大运河横向文化资源，通过对比不同地域、不同国家的运河资源，增强文化自信。三是要挖掘运河沿线红色文化资源，通过红色文化资源激励学生为理想和信仰拼搏奋斗。

二、从"思政课程"走向"课程思政"

　　苏格拉底认为"知识即美德"，即一切知识都具有"善性"，问题在于是否有发现的慧眼。在教育史上，价值作为一个目标，很早就被纳入教学活动。教学活动的价值性客观存在，而从"思政课程"到"课程思政"，让课程门门有德育，教师人人讲育人，通过教学活动潜移默化地影响学生，这也是我们"运河思政"实践探索的方向。

　　思政课程能入脑入心，富有思想性、理论性和亲和力、启发性，须关注学生成长中的疑点、堵点和兴奋点。对思政课而言，不同学科教师通过"运河思政"开展跨学科教学，有利于对各学段的思政课教学内容进行整体性、协同性和贯通性的设计与实践；对其他学科而言，有利于结合不同课程特点、思维方法和价值理念，深入挖掘课程思政元素，有机融入课程教学，达到润物无声的育人效果；对学习方式而言，有利于引导学生进行学习前置，课前开展分组调查，课中引导学生展示成果、分组讨论、观点辨析、模拟演示等；对教学而言，能充分开展故事教学、情境模拟教学、角色扮演教学、案例教学等；从育人角度看，有利于紧扣新课程标准，围绕新教材，利用身边的资源引领学生从"小我"逐步走向"大我"，从"小爱"逐步走向"大义"。我们致力于以大运河文化为依托，以"思政"为主阵地，突破学科界限，整合学科资源，给学生一个全新的视角，实现思政育人目标。

"运河思政"不是简单的"运河文化"＋"学科合作"教学,而是做到将教学内容融通,让"立德树人关键课程"的思政课程与其他课程有机协同;教学活动能贯通,让教学"主阵地"的教室课堂与社会大课堂有机协同;教学路径能互通,让"显性教育"与"隐性教育"有机协同。

"运河思政"不是简单的"运河文化"＋"某一学科"教学,而是基于"运河思政"的学科"课程群"建设。这种跨学科实践所涉及的"课程群"就是要打破思政课及各门课程在价值引领时存在着的"信息孤岛",不仅能做到"守好一段渠,种好责任田",而且还能"同向同行,形成协同效应"。这种跨学科"课程群"能以思政学科内容为引领,以"大运河文化"为主题,以知识、问题等为结合点,统整主题相通、内容相联的学科,形成一个层次清晰、彼此联结、渗透互补的课程系统。这种学科课程群能达到在目标设计时力求"五育"协同,内容设计时力求"全学科"协同,活动设计时力求"全阵地"协同,路径设计力求"全场景"协同。

三、从"教书育人"走向"立德树人"

德国哲学家雅斯贝尔斯在其著作《什么是教育》中认为:"教育的本质意味着,一棵树摇动一棵树,一朵云推动另一朵云,一个灵魂唤醒另一个灵魂。"由此可见,教育的目的一直在于"培养人"。

新时代、新教育、新使命。从"教书育人"到"立德树人"绝不仅仅是换了一个新名词,而是在倡导一种全新的教育方向。德是做人之本,德育是教育之魂。学校教育的"立德树人"工作越来越重要,原因在于:一方面,"互联网＋"时代,乃至智能时代,知识可以从网上获得,学习随时随地可以进行,学习的渠道变得多样。另一方面,功利主义依然盛行的当下,教育对"教书"的重视无以复加,过分关注"考试",当下教育存在的"只育分不育人"现象的弊端逐渐凸显。中国进入了新时代,教育也进入了新时代,新时代的教育要扎扎实实把立德树人作为根本任务。

思政课是落实立德树人根本任务的关键课程,在解决好"培养什么人、怎样培养人、为谁培养人"这一根本问题上发挥着主渠道、主阵地的作用。"运河思政"的实践探索,遵循学生的成长规律,着力传承红色基因,善用"大思政课",持续推进思政课的改革创新。

学术层面:第一,丰富后现代课堂教学。传统的课堂教学模式是一种"记忆型教学文化"。结合大运河文化,开展跨学科协同育人能够"促进学习方式的多样化",更好地探索由重视"教的设计"转向重视"学的设计"。第二,树立科学的"教材"观。结合大运河文化,通过协同融合方式开展思政教学,把历史的、现实的情境与不同学科思政元素有机结合,形成既源于教材又跳出教材的"新教材",实现了从"用教科书教"到"教教科书"、由"教材"向"学材"的转向。

实践层面:第一,让学生的经历有意义。跨学科教学给予了学生不同知识背景下的学习探索,"运河思政"提供了源自真实生活的情境,让教学变得更具趣味性、探索性。第二,让学习过程有探奇。教育的最初阶段就是要把已经开始思考的学生转变为善于思考的学生,让学生更富有创造力、批判性、协同、合作等。大运河博大精深的文化内涵,不同学科教师的协同教学必将激发学生强烈的探索欲望。第三,让学生充满文化自信与自豪感。大运河,联通着水与人的距离,勾勒出千年赓续的文化命脉。围绕"运河思政"开展学科协同教学是对大运河文化遗产价值的一次综合提取、展现与表达,必将激发文化自信、自豪感,让传承好、保护好、利用好运河的使命由自发走向自觉。

在"运河思政"跨学科协同育人探索过程中,我们深刻领会到:

1. 要主动协同,而不被动融入

习近平总书记曾说:"讲好思政课不容易,因为这个课要求高。"新时代思政课教学是综合性铸魂育人工程,也是复杂的教学运行过程。以跨学科协同创新开展思政课教学是对学生进行价值引领高要求、高标准和高期待的具体化落实。但长期以来,"各弹各的调""各唱各的曲""各守一段渠""各种一块地"已成为惯性,与学科协同育人相匹配的课堂转型并未真正完成,看似课堂上"他方唱罢你登场",往往是热热闹闹的课堂表象背后的学校或学科的门面点缀,是教师为了应付而被动开设。要解决被动融入,做到主动协同,需要真正做到让教育回归本真、让教师回到本位。要实现这个目标,应做到三个方面。

第一,形成教师协同创新目标指向。习近平总书记指出:"当前形势下,办好思政课,要放在世界百年未有之大变局、党和国家事业发展全局中来看待,要从坚持和发展中国特色社会主义、建设社会主义现代化强国、实现中华民族伟大复兴的高度来对待。"思政课要承担起落实立德树人根本任务的关键课程责任,应在具体教学活动中把立德树人要求、铸魂育人任务、时代新人培养贯穿始终,实现理论传授和价值引领有机统一,让学生更科学地学习、更丰富地生活、更高质量地成长、更全面地发展。学生对中学思政课教学的参与、满意和认可,是完成育人任务的首要前提。这就要求思政课教学必须从新时代学生的思想情感需求、成长成才规律、身心发展规律入手,打破育人的"信息孤岛",做到各学科"同向同行,形成协同效应",关注教学目标、教学任务、教学情境、教学活动、教学评价等育人协同性,追求教学路径的立体融通。做到教师队伍、课程体系、方式方法和资源载体等协同创新,找准学生成长期待和需求的契合点,满足学生思想发展和精神成长的需求。

第二,提升教师对课程标准的整体性理解。实现课程目标是一项系统工程。教育主管部门领导、学校领导和教师作为课程的实施者,需要全面、细致、精准理解课程标准,清楚课程整体结构的线索及可能实现的育人功能。从思政课课程性质与特点出发,为育人而教,更加关注学习的价值和意义。《普通高中思想政治课程标准(2017年版2020年修订)》明确规定,高中思想政治课程具有学科内容的综合性、学校德育工作的引领性和课程实施的实践性等特征,它与初中道德与法治、高校思想政治理论等课程相互衔接,与时事政治教育相互补充,与高中其他学科教学和相关德育工作相互配合,共同承担思想政治教育立德树人的任务。因此,实现协同育人目标仅仅依靠教师努力是不够的,还需要各地相关部门和学校高度重视。

第三,发挥"教—学—评协同育人"导向功能。在跨学科协同教学过程中,努力使评价贯穿教与学全过程,并切实转变到以育人为根本目标的轨道上,做到教中有评、学中有评、即教即评、即学即评,在育人过程中起到应有的杠杆撬动作用。在评价对象上,除了对学生进行评价外,还应对教师工作绩效予以评价;在评价要素上,关注评价目的、表现性任务、观察证据、模型解释等;在评价方式上,要求注重结果评价、过程评价、增值评价、综合评价的统筹运用;在评价主体上,学生、教师、学校、主管部门、社区等联动。这一过程中,需要特别发挥学生的作用,强调通过教师引导学生提出问题。当教育真正能够做到去功利化并回归育人本质后,学科育人方面的割裂才会得以自然弥合。

2. 要有机协同,而不拼凑融入

协同是指"协调两个或者两个以上的不同资源或者个体,协同一致地完成某一目标的过程或能力"。协同创新是一个系统育人工程。协同学习着眼互动互补、协同完成、共享成果,需要有明确的学习任务和责任分工,并共同完成互助性学习。有效协同绝不是"积木式"的简单拼凑和组合,不是那种"为协同而协同"。如思政课上让语文教师读首诗、历史教师讲一个故事、音乐教师唱一首歌等,这不一定是真正的协同,起不到应有的价值引领作用。"拼凑"最多只能是一种"叠加式思维",而"有机融合"是一种"系统式思维"。真正的协同需要发挥教师主体力量,在主体联合、课程联动、内容联结、方法联创、资源联享过程中,推动形成协调配合、优势互补的有机教学协同。因此,强化对中学思政课教学有机协同是提升思政课教学质量的前提。

一是明晰跨学科协同教学是思政课重要部分。思政课是蕴含价值引领和信仰塑造，知识讲解和技能传授，培育学生核心素养的综合性育人课程。从课程观角度审视，思政课融合政治性、思想性和综合性、实践性于一体，涵盖哲学、经济学、政治学、法学、历史学、文化学、伦理学、艺术学、逻辑学、中国特色社会主义理论等学科门类的相关知识。因此，开展跨学科协同教学不是强加给思政课教师的，而是由思政课课程性质与特点决定的。这样，才能有效融合中学思政课建设的师资力量、课程资源、教学载体、教学方式等诸多要素，在扬长避短、破解困境、凸显特色过程中提升思政课教学的感染力和生命力，不断突破单一的学科门类障碍，在多学科融合中实现教学内容的丰富性和教学形式的多样性，切实提升中学思政课教学的质量和水平。

二是明辨跨学科协同教学是思政课教学方式方法之一。探索跨学科协同教学需要做到教学目标联通，培养学生批评质疑、勇于探究、勤于反思、自我管理、责任担当和问题解决等能力的同时达到育人目的；教学内容打通，让思政课与其他学科教学任务有机协同；教学活动、情境贯通，让学校小课堂与社会大课堂有机协同；教学评价互通，让显性教育与隐性教育有机协同。可见，由立德树人根本任务、铸魂育人教学任务、价值引领育人任务三位一体构成的教学目标，决定思政课跨学科教学在具体实施过程中应聚集共同的教学目标、容纳系列化内容、采取多样化样式、共享多类型资源、实施分众化教学，有利于有效整合思政教学多种要素，形成协同创新的教学有机系统。因此，协同创新不能简单理解为一种方式方法，而是思政课教学的总体方法论。在教学过程中，可做到"境中学"，让学生身临其境、触摸历史；"讲中学"，讲好教材、家乡、身边的优秀故事，传播好中国声音等；"品中学"，通过情境模拟、情景小品扮演等，让学生思考、假定、讨论、辨析等；"议中学"，设置时代性议题任务，创设开放性情境，开展探究、思辨性活动；"辩中学"，在现实问题困惑处、学生情感偏颇处、疑难问题忧思处引导学生讨论辩论等。

三是明确跨学科协同教学是一种动态整合。思政课教学导向明确、内容丰富、主客体广泛、层次复杂、载体众多，需要协调目标、内容、主客体、载体，并形成合力。学科融合育人不是所有教育要素之间简单地"加"与"减"，而是"化学反应"。这如同一棵树，生命的汁液流淌，灌注其每一个枝叶，才能让这棵树枝繁叶茂。思政课教学要达到立德树人根本任务，需要融合各种教学主体和要素，调和各个教学过程，整合各类教育资源，并在不断调整、优化和完善的过程中，产生跨学科教学合力。因此，思政课跨学科协同教学不应被看作静态性展示、阶段性过程、孤立性活动，而是一个渗入思政课教学各要素、各阶段的动态性发展过程，是一个融入团队优建、课程优编、教学优化、内容优组、方法优创、资源优整的创新过程,并始终保持一种追问、反问、迁移、变革的教学样态。

总之,开展跨学科协同教学不是各个学科教学的大拼凑,而是基于新课程标准倡导的核心素养,坚持目标导向,在坚持价值引领前提下,经过教师筛选、提炼,确定核心主题后有价值的参与;不是大杂烩,而是带着学生寻找与主题相符的情感表达,在情绪感染中实现教学目标。

3. 要深度协同,而不肤浅融入

育时代新人是学科共同目标,同向同行是育人的基本要求。开展跨学科育人路径探索,仍然遇到不少困难与问题:一是资源缺乏共享,共享的资源较难突出时代性与针对性,存在情境失真问题;二是学科教学彼此脱节,育人结合点选择难,存在内容失联问题;三是跨学科教学方式相对呆板、单一,存在方式失策问题;四是跨学科教学评价奏效难,教中无评,学中无评,存在评价失范问题;五是学科之间教、学、评协同教学程度缺乏必要的评估和衡量,教学浅尝辄止,存在失重问题。思政课跨学科协同教学需要抛却传统教学模式,锚定目标、转换思维、注重过程,深度推进课堂教学改革,打造铸魂育人的"金课"。

一是更新教学理念。依据新课标,教学将以培育学生核心素养为指向,依据新的教学结构,重组各种教学要素。比如,以记忆、理解为出发点的教学,走向以问题解决为出发点的教学;以先学后用为特点的能力培养观念,走向以做中学、用中学为导向的能力培养模式;从更看重学习结果水平,走向更看重学习过程;跨学科学习过程更看重合作学习和社会实践;等等。中学思政课开展跨学科协同育人教学必须是基于思政学科学习而展开的教学活动。不同学科教师在思政课教师主导下,围绕共同育人主题进行目标设计、任务设计、情境设计、活动设计、评价设计,找准目标共同点、资源共享点、内容融入点、方式结合点、评价对应点,针对性地开展乡土文化"境中学"、红色故事"讲中学"、情境模拟"品中学"、热点时事"议中学"、疑惑话题"辩中学",让思政学科与各学科形成"如月印水兮光入共微,如春在花兮香袭共诚"的关系,而非"眼中金屑,米中掺沙"。

二是明确目标设计。教学目标是教学活动的出发点和归宿,是教学流程的准绳,也是评价教学效果的依据。成功的跨学科协同教学一定有非常明确的教学目标,能对教学各个环节起到导向、聚合、激励、调控的作用。在协同教学内容确定后,教师应始终贯彻立德树人根本任务,时刻注重运用习近平新时代中国特色社会主义思想铸魂育人,同时观照并形成分众化的教育目标,依据学生的地域、年龄、生源等开展协同育人教学,将思政课教学目标在分层次、分对象、分阶段过程中加以整合。学科教师在协同探索基础上,引导学生开展实境体验、榜样示范、角色内化、慎思明辨，通过体验、践行、判断、选择、碰撞、澄清等建构明晰的教学路径。

三是创设真实情境。跨学科协同教学的核心是真实情境下的问题解决。让学生在真实情境中主动进行意义建构，并通过自主学习、合作学习和探究学习，使知识和认知具体化、形象化、情趣化、生动化，在教学中唤醒学生灵魂。例如，结合大运河文化开展思想政治教育是深入贯彻落实习近平总书记关于发掘好、利用好丰富文物和文化资源，让文物说话、让历史说话、让文化说话，推动中华优秀传统文化创造性转化、创新性发展，传承革命文化、发展先进文化等一系列重要指示精神的重要举措。大运河沿岸的学校可以充分利用大运河文化情境开展跨学科协同教学（见图1）。思政学科可以以"大运河文化"研究为主题，以运河与生息、运

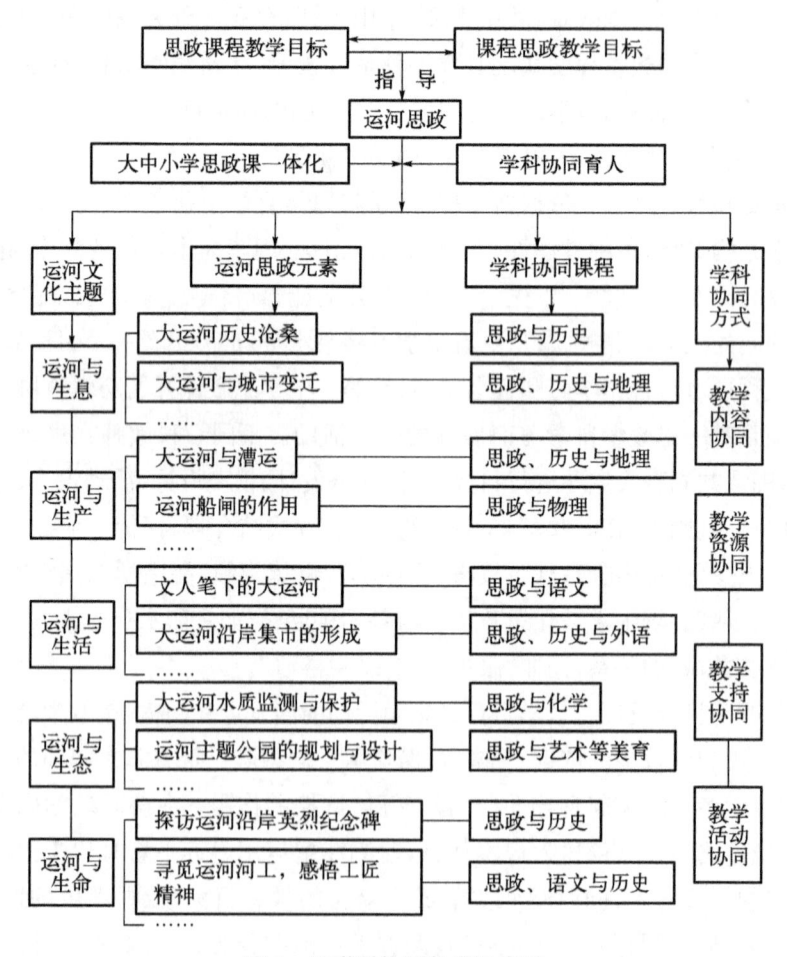

图1 跨学科协同教学示意图

河与生产、运河与生活、运河与生态、运河与生命研究为主线,以利用学科知识进行现实生活的观察和问题解决为切入点,统整主题相通、内容相近学科或相关学科,形成一个层次清晰、彼此联结、渗透互补的有机的课程协同系统。这种学科协同课程群能做到:目标设计时关注"五育"协同,内容设计时关注学科协同,活动设计时关注阵地协同,路径设计时关注场景协同。

四是开展学习活动。思政课开展跨学科教学,应注重在真实情境中设计与表达、提问与探索、活动与体验、展示与评述、总结与反思,发展学生的问题解决、团队合作、实践创新等综合素养。以往思政课教学的一大痛点就是教学方式的机械性、教学手段的单调性、教学活动的孤立性和教学场域的封闭性。跨学科协同教学要突显"协同",必须关注教学方式的灵活性、教学手段的多样性、教学活动的系列性、教学场域的开放性,使思政课程入脑入心,富有思想性、亲和力和启发性,重视和关注学生成长中的疑点、堵点和兴奋点。因此,要使跨学科协同教学能深入持久,就要做到以下几点:从育人角度看,紧扣新课程标准,围绕新教材,利用身边资源引领学生从"小我"逐步走向"大我",从"小爱"逐步走向"大义";在教学内容上,强调坚持爱党、爱国、爱社会主义,以厚植新时代爱国主义情怀为主线,以提升学生思想政治素养、道德修养、法治素养和人格修养为宗旨,积极开展中国特色社会主义理论教育、价值观教育、道德观教育、法治观教育、文化观教育、历史观教育等;在学习步骤上,积极引导学生开展前置学习,课前组织分组调查,课中开展学生成果展示、分组讨论、观点辨析、模拟演示,课后进行体验践行、学习小结等;在教学方式方法上,充分开展、广泛使用议题式教学、案例式教学、探究式教学、体验式教学、专题式教学、分众式教学等,把思政课教学内容讲生动、讲形象、讲精彩。

五是加快教学运行。思政课跨学科学习应有时空保证,拓宽教学范围、载体、资源是推进跨学科协同教学以提升思政课教学质量的保障。思政课不仅要在课堂上讲,也要在中国大地上讲。一是教师不拘泥某种教学方式,善于采取灵活多样的教学方法,勤于运用丰富多彩的教学载体,积极开展跨学科协同教学探索。通过设置真实情境,让学生在情感体验中动起来;通过邀请老战士讲红色故事,让学生在情节体验中动起来;通过模拟体验,让学生在角色体验中动起来;等等。二是把思政小课堂和社会大课堂有机结合,通过社会实践,让学生在探究体验中动起来。积极对接各类社会实践教学基地,依托爱国主义教育基地、革命纪念场馆、博物馆等开展思政课教学;组织带领学生走出校门,走进农工商、公检法,深入社会,将课堂所学知识与现场所听、所观、所感深度结合。三是充分深挖各类思政课教学资源，在开发资源载体中开展协同教学。如深入挖掘运用红色资源和实践素材，协同相关学科将党史学习教育资源、地域红色文化资源、地域优秀文化资源、改革开放成果资源、脱贫攻坚成就资源、生态文明建设资源等融入思政课教学，引导学生用责任担当砥砺梦想、用科学真理滋养理想信念、用联系发展辩证思维剖析现实、用体验践行夯实自信，努力将跨学科协同的思政课打磨成为具有价值高度、理论深度、知识宽度、时代热度、活动温度的令学生终生难忘的好课。

目 录

第一篇章　二分明月夜,品运河人文之韵

第1课　延续文化血脉
　　——行走邵伯古镇,延续运河记忆……………… 马英　丁云峰（002）

第2课　延续文化血脉
　　——融古运千秋,通文脉万里……………… 常婷　王启迪（011）

第3课　正确认识中华传统文化
　　——寻运河"廉脉",扬清风正气
　　………………………… 张媛媛　夏嵩　张贺然　沈玉洁（025）

第4课　传承红色基因
　　——赏《柳堡的故事》,扬"二妹子"精神……… 施玥　夏天　任健（036）

第5课　增强文化认同
　　——觅茉莉花香,建人文扬州……………… 张婷　李军军　李逸凡（045）

第6课　文化传承与创新
　　——吃早茶,话文化……………… 曹兰　刘玉　陈冬梅（054）

第7课　坚定文化自信
　　——缘:扬州与运河的前世、今生、未来……… 方文凤　李中霞（065）

第8课　延续文化血脉
　　——再学《春江花月夜》……………… 陆慧　臧平（076）

第9课　我的家乡最美
　　——小巷深深藏古韵,青砖黛瓦看扬州
　　………………………… 居逸祺　李雪丹　李燕　陈婕（086）

第10课　守望精神家园
　　——寻瓜洲古渡,延文化血脉……… 司赛赛　李君红　孙诗萌（095）

001

第 11 课　延续文化血脉
　　　　——巧手成就卓越，匠心创造非凡…………… 李敏　王慧　任光英（107）

第 12 课　文明交流互鉴
　　　　——运河与丝路的邂逅………………… 盛逸文　高馨玥　张婷婷（115）

第 13 课　守望精神家园
　　　　——赏传世名画，悟"三牛"精神……………………… 仇清泉　唐玮玮（125）

第 14 课　促进民族团结
　　　　——登凌云高处，共谱民族情………… 郝坤友　李洁　尹子梅　陈瑄（133）

第二篇章　烟花三月景，感运河生态之美

第 15 课　坚持绿色发展
　　　　——保护运河生态，共建美好家园………………… 张永萍　李爱芹（144）

第 16 课　共筑生命家园
　　　　——生态新扬农，美丽古运河…………… 苏琳玲　肖翠翠　戚志凤（152）

第 17 课　共筑生命家园
　　　　——千年运河扬州梦，生态人文和谐情……………… 曹兰　张薇（162）

第 18 课　共筑生命家园
　　　　——探究千年漕运，保护运河生态………… 王欣　徐震　焦杰（172）

第 19 课　共筑生命家园
　　　　——细数邵伯与运河的不解之缘…… 田金雨　相爱萍　钱艺星（182）

第 20 课　人与自然和谐共生
　　　　——大美湿地，水韵扬城………………… 刘登明　封扬　赵业（192）

第 21 课　人与自然和谐共生
　　　　——走近里运河——高邮灌区………… 徐林　张爱菲　王银香（203）

第 22 课　共筑生命家园
　　　　——一条河，一座城，绿色发展促共生………… 甘文兰　陶力越（214）

第三篇章　春风十里路，绘运河发展之图

第 23 课　走进社会生活
　　——关注家乡经济建设，畅想霍桥发展蓝图
　　　　　　　　　　　　　　　　　　　　刘娟　王义珍　吴敏（224）

第 24 课　共享发展成果
　　——饮水思源：党领导下的江都水利枢纽工程建设
　　　　　　　　　　　　　　　　　　　　　　　周霞　袁姣姣（234）

第 25 课　关心社会发展
　　——寻运河工业旧址，议槐泗振兴之路
　　　　　　　　　　　　　　　　　　　蒋春慧　童剑　方超（243）

第 26 课　推进高质量发展
　　——从扬州船业发展探高质量发展之关键路径
　　　　　　　　　　　　　　　方文凤　吴皎　陈雪梅　李中霞（252）

第 27 课　创新驱动发展
　　——新能源促发展，万盏灯亮运河
　　　　　　　　　　　　　　　　蔡燕　徐菁　朱莹　王慧（261）

第 28 课　共圆中国梦
　　——流动的运河，强国的动脉　　顾翠霞　陈独祥　崔沁怡（269）

第 29 课　劳动成就今天　实干创造未来
　　——扬州茶，运河边一片树叶变形记　　　　徐红卫　崔兰兰（278）

第 30 课　坚持改革开放
　　——因运而生、因运而强、因运而变　　　　　曹敏　曾丽君（292）

后记 ··(305)

第一篇章

二分明月夜,品运河人文之韵

第1课

延续文化血脉

——行走邵伯古镇,延续运河记忆

授课教师:马　英(扬州市江都区邵伯镇中学;道德与法治)

丁云峰(扬州市江都区邵伯镇中学;历史)

教学目标

1. 创设"朱自清忆邵伯童年时光"情境,通过小组课前实地走访、课堂分享交流邵伯铁牛、万寿宫、条石街等地,使学生感悟家乡运河文化的独特魅力,增强学生的文化自信,从而培养学生的政治认同素养。

2. 创设"运河申遗者忆背后故事"情境,通过对"钱要不要花值不值得花""毛爷爷三十年如一日守护石刻"的讨论及辩论,在问题解决中明确保护、传承、发展运河文化的价值和意义,逐步提高学生道德修养,增强对文化的认同感和自豪感。

3. 创设"运河人家忆浓浓运河情"情境,通过探访本镇保护传承利用大运河文化的经验、学生边展示边分享关于运河的难忘记忆,在思考、讨论、探究中增强保护、传承、发展运河文化的责任意识并自觉落实在实际行动中。

教学重点和难点

1. 教学重点:保护、传承运河文化的价值。
2. 教学难点:保护、传承运河文化的做法。
3. 重难点确定依据分析:邵伯镇具有1600多年的历史,作为大运河的交通节点,是大运河江苏段中历史最真实且完整性和延续性较高的古镇之一,有着丰富的文化底蕴和人文景观。2014年6月,第38届世界遗产大会将中国大运河列入世界文化遗产,邵伯古堤、邵伯码头、邵伯明清大运河故道和淮扬运河主线(邵伯段)四个点段列入大运河遗产名录。除此以外,邵伯还有因运而生的老街、斗野亭、甘棠树、董恂读书处、邵伯镇巡检司旧址、邵伯船闸等文化遗产。千年以来,许多政要商贾、文人墨客来到邵伯,并留下浓重一笔。这些属于邵伯特有的文化基因是一笔宝贵的精神财富,需要我们保护好、传承好、利用好、发展好。基于以上分析,设置了本课重难点。

学情分析

初中生正处在世界观、人生观、价值观形成的关键时期,使学生打牢文化底色,对学生的健康成长具有重要意义。在邵伯土生土长的学生们对邵伯运河文化有一定的认知,脑海中或多或少有关于邵伯特有的文化记忆,为本课的学习打下一定的基础。但是,这种认知和记忆大多停留在表面,缺乏对邵伯运河文化深层的认识。而且随着时间的流逝,关于运河的文化记忆变得越来越模糊。我们这一代人要不断增强责任感和使命感,深度挖掘运河文化,讲好运河故事,延续运河记忆。

融合教学分析

1. 融合学科:道德与法治、历史。
2. 融合依据:道德与法治和历史课程之间有很多共通之处,两门课程教学相融合,符合新课改的教学目标,可以推动学生全方位发展。两门学科有着较高的人文价值,通过讲好运河文化故事引导学生树立正确的价值观并自觉保护、传承、发展运河文化。两门学科的融合,一方面可以实现课堂内容的延伸,增强教学趣味性;另一方面可以使学生多角度思考教学内容,促使学生思维发展。而且本节课授课的历史老师从事邵伯运河文化保护工作十余年,教师的这份经历是最好的、最真实的、最有说服力的课堂素材。

教学准备

1. 教师:研究教材、课标、学情,通过相关书籍、新闻报道、电视节目、实地走访等方式搜集邵伯运河文化资源,并整合资源梳理线索,设计教案及课件等。
2. 学生:预习课文内容,实地走访并搜集邵伯运河文化资源,就其中的几处做重点介绍。准备关于"邵伯运河记忆"的照片、视频或物件。

教学过程

总议题 在邵伯记忆中领悟文化血脉的延续

【导入新课】

1. 朗诵和邵伯有关的古诗。如文天祥的《过邵伯镇》、苏轼的《邵伯梵行寺山茶》等等。

2. 展示斗野亭内宋代七贤的诗碑。

提出话题：忆往昔，哪些文人墨客在邵伯留下足迹？

总结提炼：宋代有七贤，孙觉、苏轼、苏辙、黄庭坚、秦观、张耒、张舜民，还有谢安、文天祥、董恂、朱自清……他们的到来，给邵伯增添了厚重的一笔，留下了邵伯特有的记忆。

（设计意图：千年以来，运河边的邵伯，吸引了许多文人墨客。以"忆往昔"的方式导入，增添了邵伯的文化色彩，激发学生探讨运河文化的热情。）

环节一：青灯"有味"是儿时

子议题1 运河千年古镇邵伯的文化魅力有哪些？

【议学情境】

朱自清忆邵伯童年时光

朱自清先生在4岁时，因父亲职务调动，随家人移居邵伯，在邵伯镇上度过了两年的童年时光。多年后，他在《我是扬州人》一文中有这样一段回忆："在邵伯住了差不多两年，是住在万寿宫里。万寿宫的院子很大，很静；门口就是运河。河坎很高，我常向河里扔瓦片玩儿。邵伯有个铁牛湾，那儿有一条铁牛镇压着。父亲的当差常抱我去看它，骑它，抚摸它……"

【议学活动】

请跟随朱自清先生的童年记忆，探寻邵伯文化魅力。小组派代表展示议学成果。

第一小组：介绍朱自清先生骑过的铁牛。镇水铁牛（清代）又名铁犀，康熙四十年（1701）作为镇水之物，镇水安澜，其实际是测水标志。通过水位上涨到牛的脚、身、颈等不同位置，判断是否会发生水患。现在铁牛放置在京杭运河和古运河交汇处的斗野园内。三百多年来,这尊屹立于运河边的铁牛,每天听着隆隆汽笛,静静地守护着运河。

第二小组:介绍朱自清先生居住的万寿宫。它是一座清代建筑,据记载,高墙深院,种满了花卉树木,异常寂静。夏日的夜晚,在院中纳凉,耳边会传来运河水拍打堤岸的涛声,甚是惬意。朱自清父亲在公务之余也常常带他沿运河漫步,领略两岸秀丽的风光。不过非常可惜,原万寿宫没有能很好地保留下来,如今唯一遗留的主体建筑也变得面目全非,也就是现在的永寿坊。

第三小组:介绍朱自清先生走过的条石街及周边。条石街里有设立于1368年的巡检司。巡检司门前有一颗"大有来头"的甘棠树。1600多年前,谢安看到此地人们遭受水患,于是在此筑埭,变水患为水利,方便航运。古人将谢安比作西周时期德行高尚的召伯,他所筑的埭叫召伯埭,这个地方后来被命名为邵伯。700年前,后人为了纪念谢安,在巡检司内种植甘棠树。除此以外,还有老商会、老店铺、四角楼、古码头……

【归纳小结】

我们跟随朱自清先生儿时的回忆,一起探寻了邵伯特有的运河文化,这也是先生客居他乡数十载,仍对邵伯念念不忘的重要原因。每一处历史遗存都诉说着邵伯曾经动人的故事。通过刚才的介绍,我们可以感受到邵伯因水而兴、因运而盛。运河的流淌,不仅带来了经济的繁荣,还有宝贵的人文财富,也逐渐涵养了邵伯人谦恭礼让、清正廉洁等品格。

(设计意图:以朱自清先生在《我是扬州人》中的一段儿时回忆引入,更能激发学生对运河文化的自豪感和认同感。在分组实地走访的基础上进行展示和探讨,既能增强学生合作、组织、搜集、表达的能力,又能让他们在亲身体验中增强文化自觉。)

环节二:人间"至味"是清欢

子议题2 发展邵伯段大运河文化的价值有哪些?

【议学情境】

运河申遗者忆背后故事

情境一:我叫丁云峰。我在邵伯学习、工作、生活了近40年。2011年从学校被抽调到政府从事文化保护工作。主要工作包括：挖掘整理邵伯段大运河遗产的相关史料、运河遗产本体的修缮、遗产周边环境整治和历史建筑修复等。

播放视频《工作记录——邵伯段大运河文化的保护》。

情境二：我参加工作以后，学习看书最多、收获最大的就是参与大运河申遗的这段时间，最苦最累的也是这段时间。这其中，凝聚了许多人的艰辛付出，也有许多难忘的经历。

一是"闹心事"。2011年刚启动申遗工作时，我们面临的"闹心事"是缺资金缺理解。清淤清杂、拆除违章搭建、遗产本体修复、居民房屋风貌改造等处处需要资金，仅是300余米的邵伯明清运河故道及两岸岸线环境整治，投入资金就将以千万元计。面对如此艰巨的任务，到底能不能达到预期效果，一点底都没有。部分群众不理解，认为政府是在花"冤枉钱"。

二是"感动事"。大马头北侧有一块清光绪十六年、清堤工局修缮河堤时留下的石刻——金堤永固。就在毛大爷的家门口。几十年来，毛大爷默默地看护着它，防止文物贩子将其偷走。申遗成功后，他还义务当起了讲解员，向来往的游客讲解它的历史和画面寓意。现在，越来越多的人像毛爷爷一样守护、看护历史文物。他们是平凡的人，但他们所做的事令人感动。

三是"幸运事"。后申遗时期，在2019年，时任江苏省委书记的娄勤俭同志视察江苏大运河文化带建设情况，也到我们邵伯实地视察参观，我有幸作为陪同讲解就在他身边，更幸运的是邵伯对历史文化的保护得到了省委书记的肯定和高度重视。在介绍完斗野亭来龙去脉后，我说，大运河不但给邵伯带来了经济的繁荣，也带来了文化的昌盛。他听后非常高兴，说邵伯不但把近千年前的七贤诗文流传下来，还刻石记之，供后人鉴赏，这很好！并叮嘱省委常委、宣传部部长王燕文同志要好好宣传，说这就是流淌的运河文化。

【议学活动】

辩一辩：你们认为这个钱要不要花？花的值不值得？

想一想：毛爷爷为何三十年如一日，守护石刻？

【归纳小结】

经过史料挖掘、环境整治、遗产修复等层层递进的申遗工作，我镇四个遗产点段被列入遗产名录，是大运河沿线遗产点段最多的运河集镇之一。当我们看到现在的水秀花香和驳岸齐整的古堤、条石平整的古码头等再现历史神韵，心中文化认同感、家乡自豪感油然而生。同时，申遗工作大大改善沿岸居民的生活环境，满足人民精神需求,提升人民幸福感;极大程度保护、传承、发展邵伯运河文化,让文化生生不息。碑石是历史的见证,是邵伯人民为守卫家园、与水患作斗争的见证。毛爷爷守护石刻,不仅流露出他对家乡文化深沉的热爱,也是对风调雨顺的向往和追求。在整个参与过程中,虽有艰辛和困难,但能从事如此有意义、有价值的文化保护、申遗工作,并能获得如此好的效果,让人倍感幸福,现在回想起来也是最有滋有味的事情。

(设计意图:教师现身说法,回忆自己的切身经历,通过场景化再现,创设情境、设置问题。一方面可以让学生更有身临其境的感受,另一方面可以激发学生深入思考,让学生深刻认识到保护、传承运河文化的重要价值,感悟邵伯人民祈盼风调雨顺、向往美好生活的精神追求。)

环节三:别有"滋味"在心头

子议题3 坚定自信,发展运河文化的路径有哪些?

【议学情境】

运河人家忆浓浓运河情

情境一:播放视频《运河水运河情》(探访本镇保护传承利用大运河文化的经验,如古迹修缮、文旅融合等)

情境二:交流分享——"我"的运河记忆(配乐,可展示物件、照片、视频等)

交流分享1:古运河整治后,风景宜人,水清见底。古运河上的滚水坝是我放松的好去处。傍着水声读书,每读到心领神会处,抬眸望一眼古街,好似穿越千年。有时只身来此,站在坝上,看细水长流,看波光粼粼,春夏赏两岸草木,秋冬望一湾流水……

交流分享2:走进邵伯船闸闸史陈列馆,可以了解邵伯船闸从东晋谢安筑埭演变到今天具有三座大型现代化船闸的千年历史,了解古今中外船闸、京杭大运河及苏北段水运的发展历程等。在运行调度监控室,我见证了船只放行的过程,体验"水往高处流"的奇迹,深深感受到古代文化与现代文明交相辉映。这里是我的家乡,一个厚重而又充满生机的地方,一个带给我珍贵回忆的地方,我爱我的家乡!

交流分享3:我和家人住在老街的居民巷子中。喜欢老街的青条石路和建筑;喜欢从斗野亭一直散步到船闸口,眺望鸣笛的船只;喜欢听锣鼓小牌子,丝竹乐和打击乐交替演奏,特别而动听……这里,有太多太多甜蜜而温馨的记忆。时光在变,小镇很多地方都换了新颜,但家乡这种厚重、朴素的样貌始终留在我的心底。

【议学活动】

小组讨论:我们可以为保护、传承、利用运河文化,延续运河记忆做哪些力所能及的事?

小组派代表展示议学成果。

【归纳小结】

我们同学也在运河边成长,运河文化滋养着我们,深深影响着我们。这里,也承载着我们许许多多别有滋味的记忆。在同学们的记忆中,不仅仅有建筑,还有对文化的记忆,对情感的寄托。字里行间也流露出自信心和自豪感。我们这一代人也有责任和使命去挖掘、保护、传承运河文化,将运河记忆一直传递下去。我们可以从以下几点做起:

1. 保护历史文化遗迹,做个文明的守护者。
2. 争当文旅小导游,积极宣传大运河文化。
3. 参加研学等活动,深入学习运河文化知识。
4. 用心、用情讲好运河故事,传承千年文化。
5. 从点滴小事做起,保护运河生态文化环境。
6. 关注、学习非遗文化,包括锣鼓小牌子、秧号子等。

(设计意图:通过前两个环节,学生对邵伯段运河文化有了深入的了解,对其时代价值有了深刻的认识。在此基础上,通过《运河水运河情》的视频分享本镇保护传承利用大运河文化的经验。学生在分享展示中感受运河文化的厚重,触摸运河文化的温度,探究发展运河文化的智慧和方法。一句句朴实无华的真情话语,一幅幅打动人心的真实画面,直抵学生内心。分享中,大大激发学生对运河文化的热爱、自豪和自信,自觉将保护、传承、发展运河文化落实在实际行动中。)

【课堂总结】

有1600多年历史的邵伯古镇因运而兴,因河而盛,是扬州的中国历史文化名镇,也是大运河沿线遗产点最多的古镇。保护、传承、弘扬运河文化功在当代、利在千秋,也是我们这代人义不容辞的责任。希望同学们能将这份难忘的运河记忆珍藏在心里,争当运河文化的守护者和传承者。运河之水奔流向前,她荡起两岸烟火气息,满载中华文明记忆。让我们用自己的实际行动留住运河之韵,运河之美,让运河记忆延绵不绝,奔向未来。

【教学反思】

这条古老的运河,从 2500 多年前的扬州城,奔流而来,激起千里烟波浩瀚,荡起两岸烟火人间。她如流动的血脉,满载着中华文明的记忆,卷席着运河河畔的乡愁。她是一条历史之河,也是一条生活之河,记忆之河。邵伯,一座大运河畔的历史文化名镇,这里承载了几代人的运河记忆。生活在邵伯的人们,与运河结下剪不断的情缘,念念不忘这条母亲河的哺育。这种记忆是真实的、深刻的、触动心灵的,也是需要延续的。

本节课关注学生已有经验,前置学习活动,组织学生走近运河实地走访,收集教学素材,加强实践体验,增强育人效果。在教学过程中,让学生去表达、让学生去展示、让学生去探究,将学生兴趣激发与素养培育相结合,将实践活动与运河文化活动有机融合,以学生喜闻乐见的教学提高学生的学习活力,使学生喜欢、亲近和认同运河文化,滋养学生的乡土情怀。最后,在共同合作中,学会更好地保护、传承和发展运河文化,让运河记忆奔腾不息,流向未来。

【教学点评】

1. 以味探源,赓续文化血脉。邵伯是一座大运河边的历史文化名镇,1600 多年以来,许多文人墨客来到邵伯,留下了优美诗篇和珍贵记忆。本节课首先从朱自清"儿时有味"中探寻邵伯运河文化的基因,解读文化密码;然后从丁老师的"人间有味"中探求运河文化的价值,深化文化认同;接着引导学生从"别有滋味"中探究运河文化的传承,增强文化自信,引导学生自觉担当延续文化记忆的使命和责任,用行动留住古镇之韵,运河之美,让运河记忆延绵不绝,推动大运河文化保护传承利用,为优秀中华文化的传承与发展增添浓墨重彩的一笔。

2. 以情动人,彰显教育温度。本节课最宝贵的是"真"和"情",从朱自清先生的"邵伯有个铁牛湾,那儿有一条铁牛镇压着。父亲的当差常抱我去看它,骑它,抚摩它……"到丁老师从事文化保护工作的十余年里,发生的"闹心事""感动事""幸福事",在参与大运河申遗的过程中,虽有艰辛和困难,但倍感幸福,后来回想起来也是最有滋有味的事情。再到学生们在滚水坝,"伴着运河水声读书,每到心领神会处,抬眸望一眼古街,好似穿越千年……"这些,正是我们心灵深处最珍贵的文化记忆,一幅幅打动人心的真实画面,让大运河文化更加温暖,让课堂变得更有温度。

3. 重在体验,构建活态课堂。整节课活动活、问题活、气氛活、思维活。生本教育的理念是：一切为了学生,高度尊重学生,全面依靠学生。本节课注重活动多样化,设置了包括小组实地走访、分组展示分享、课堂讨论、学唱非遗歌曲等活动,让课堂处处呈现生机与活力。在活态课堂中,讲述邵伯历史文化遗存动人的故事,在体验和实践中让运河文化记忆鲜活起来,引导学生了解大运河是流淌的、活态的文化遗产,启发学生懂得在做好大运河文化保护的基础上,要着力推动大运河非物质文化遗产的活态传承,努力让运河文化历久弥新,让大运河从历史一直流向未来。

4. 协同合作,创新育人路径。本课坚持立德树人,全面增强学生的综合素养,提升学生的关键能力。历史教学与思政教学相协同,丰富的运河文化资源与思政课相融合,这无疑是对思政课铸魂育人新路径的积极探索。例如:当历史教师用情真意切、动人心弦的"三事"讲给学生听,学生更有身临其境的感受;当思政教师用朱自清先生对邵伯古镇铁牛的一段描写来导入时,学生更有自豪感。

一节好课,离不开精心设计。本节课教师从学生实际出发,深入挖掘鲜活的教学资源,设计三个篇章"青灯'有味'是儿时""人间'至味'是清欢""别有'滋味'在心头",借助丰富的文化载体进行渗透,让学生获得真实体验,心灵受到震撼,已有认知得到深化。用正确的价值导向引导学生,将真实情境中产生的问题转化为可研究、可探讨的议题,激发学生学习兴趣,让学生积极参与阅读、聆听、发现、反思等活动。这样,更有效地实现了思政课教学目标,更好地落实了立德树人的根本任务。

(点评人:王恒富　扬州市教育科学研究院)

第 2 课

延续文化血脉

——融古运千秋,通文脉万里

授课教师:常　婷(扬州市翠岗中学;道德与法治)
　　　　　王启迪(扬州市翠岗中学;英语)

教学目标

1. 创设"美人之美,各美其美"情境,体会中华文化的源远流长与博大精深,感受中华文化的力量,传承与发展中华优秀传统文化,坚定文化自信,从而培养学生的政治认同素养。

2. 创设"美美与共,天下大同"情境,了解中国特色社会主义文化的内涵,懂得文化自信的内涵及重要意义。认识中华传统美德是中华文化的精髓,理解中华传统美德是建设中国特色社会主义的精神力量,懂得美德的力量在于践行,逐步提升学生道德修养。

3. 创设"凝聚价值追求,树立文化自信"情境,以中国大运河历史文化为基础,让学生在学习和实践中对运河本身拥有更深刻的理解,培养其探索精神,综合思维能力和动手能力,激发其对国家优秀传统文化及所属地域历史文化、地理环境、古今科技产生更浓厚的兴趣和自信,促进学生主动学习,热爱家乡,学会在现实生活中解决问题,培养学生的责任感和公共参与素养。

教学重点和难点

1. 教学重点:坚定与增强中国特色社会主义文化自信。

2. 教学难点:新时代价值观多元背景下怎样传承与发展中华优秀传统文化以及践行美德的力量和弘扬中国精神。

3. 重难点确定依据分析:本节课教学目标的重难点在于帮助学生深刻挖掘大运河深厚的文化底蕴和历史价值,提升文化自信,增强文化认同。中国大运河流淌着千年文明。千年大运河,推动了中国经济的发展、文化的传播、社会的变革。扬州是世界运河之都、世界美食之都、东亚文化之都,这些荣誉都与运河息息相关。正是有了运河的沟通江海,才有了扬州美食的南北皆宜,有了扬州文化的开放包容。在新时代我们应抱着敬畏历史的态度,以高度的文化自信,守正创新,把大运河文化带建设作为大运河流域区域社会经济协调发展的务实之举,把大运河文化作为重要的发展动力、宝贵的精神财富、鲜明的地方特色,使习近平总书记关于大运河文化要"统筹保护好、传承好、利用好"的批示精神得到更好地贯彻落实,在中华民族伟大复兴中使"千年运河"成为"中华文明金名片"。

学情分析

随着年龄的增长以及学科知识的积累,九年级学生对中华文化有了一定的认知。但是,随着经济全球化与信息技术的发展,历史的和现实的、本土的和外来的、先进的和腐朽的等各种各样的文化相互激荡。在这一大环境下,九年级的学生受其心理发展水平、认知能力及辨别是非能力的限制,在一定程度上会缺乏对中华优秀传统文化价值的认识,容易忽视对中华优秀传统文化的继承发展。初中学生正处于世界观、人生观和价值观形成的关键时期,本课题以中国大运河历史文化为基础,将运河沿线相关的不同知识板块串联并设置探究性问题,有助于学生奠定中华文化底色,传承中华美德,弘扬民族精神,自觉培育和践行社会主义核心价值观。把大运河文化"保护好、传承好、利用好",推动中华优秀传统文化进校园,"以立德树人为目标,构建大运河文化校本课程体系""努力使大运河国家文化公园的文脉效能成为实践教育的原动力,最终实现从大运河文明向中华传统文化和未来教育纵深关联的多领域融合的综合教育"。

融合教学分析

1. 融合学科:政治、英语。
2. 融合依据:新课程标准明确了德育工作的重要性,并要求各学科教学应该全面渗透德育。德育是素质教育的有机组成部分,政治教学中渗透英语内容,可以在发展学生语言能力的同时,塑造学生正确的价值观,培养学生良好的思想道德品质。英语教师要结合学生思维、学习特点与认知规律,采用科学有效的方法渗透德育,注重通过挖掘文本、依托生活、拓展活动,引领学生感知、思考英语教材中的德育内容,为学生营造积极、向上的学习氛围,促进学生健康成长。从这节课来看,中外皆有运河,对比中外运河,了解和尊重外来文化,增强本民族文化自信,增强与世界文明交流、对话,领悟中外文明在交流互鉴中不断发展,提高学生辩证思维能力和理性精神。

教学准备

1. 感受扬州是个好地方,运河滋养两岸城市和人民,是运河两岸人民的致富河、幸福河。师生合作编排情景剧《运河美食》《运河美景》《运河美人》。

2. 利用周末时间实地参观扬州中国大运河博物馆,尝试根据图纸讲解导游词。

3. 收集大运河发展与扬州城历史变迁关系方面的相关资料,明白中国大运河属于世界文化遗产,知晓扬州在保护好、传承好、利用好历史文化遗产方面做出的努力。

教学过程

总议题 延续文化血脉,凝聚价值追求

【导入新课】

视频导入:《绚烂多姿的中国文化元素》。

师: 视频中,我们感受到了绚烂多姿的中华文化元素。所谓文脉通国脉,文化兴则国运兴。今天就让我们走进博大精深的中华文化,感受中华文明绽放的五彩魅力。同学们,从这段视频中,你感受到了哪些中华文化元素呢?

生: 中华武术、剪纸、运河、梯田、书法、雕版印刷……

师: 作为与运河同生共长的原点城市、中国大运河申遗的牵头城市和南水北调东线源头城市,扬州认真贯彻落实习近平总书记"统筹保护好、传承好、利用好"重要指示精神,积极抢抓重大历史机遇,将感恩运河、守护运河、反哺运河的绵绵情怀融入城市血液和基因,以责无旁贷的使命与担当,努力谱写新时代扬州运河发展的崭新篇章。那么就让我们走进中华文化遗产,一起学习探究"融古运千秋,通文脉万里"。

(设计意图:通过视频,引导学生感受到文化就在身边,意识到文化已经融入我们的生活之中。激发学生学习兴趣,引导学生初步感知文化兴则国运兴。)

环节一：美人之美，各美其美

子议题1　中华文化特点和内涵

【议学情境】

大运河是中国东部平原上的伟大工程，是中国古代劳动人民创造的一项伟大的水利建筑，为世界上最长的运河，也是世界上开凿最早、规模最大的运河。大运河始建于公元前486年，包括隋唐大运河、京杭大运河和浙东大运河三部分，全长2700公里，是中国古代南北交通的大动脉，至今大运河历史延续已2500余年。

大运河是世界上最长的人工河，北起通州，南至杭州，肇始于春秋时期，完成于隋代，繁荣于唐宋，取直于元代，疏通于明清，连接了八省市，连通了五大水系，全长1700多公里。大运河融汇了京津、燕赵、齐鲁、中原、淮扬、吴越等地域文化，孕育了漕运文化、水利文化、商事文化、民俗文化等多种形态的文化，是我国文化和旅游资源高度聚集的地区。纵贯南北的大运河，架设了一座沟通中华民族两千多年文明的桥梁。

【议学活动】

师：假设你是导游，提到中华文化，你会向外国游客介绍什么？

生：扬州清曲、扬州包子、戏曲、木偶……

师：总结中华文化的形成、内容、特点。

形成：各族人民团结互助，相互学习，用自己的勤劳和智慧共同开发建设祖国的大好河山，创造了灿烂的中华文化。

内容：独具特色的语言文字，浩如烟海的文化典籍，名扬世界的科技艺术，异彩纷呈的文学艺术等。

特点：源远流长、博大精深。

师：同学们，大运河是中国古代创造的一项伟大工程，是流动的、活着的世界级人类文化遗产，生动记录着国脉与文脉的世代赓续，传承着中华民族的悠久历史与文明。在大力推进社会主义文化强国建设、实现中华民族伟大复兴中国梦的新时期，如何保护、传承、利用大运河文化是时代赋予我们的新命题。下面我们来看一段运河资料的简介。

那么我们扬州的变迁与运河与什么关系呢？

生：扬州城址的变迁与运河开发密切相关。据《左传》记载，公元前486年，"吴城邗，沟通江淮"。吴王夫差在扬州开凿的邗沟，成为大运河的起始河段。隋炀帝大规模全线开凿大运河，以扬州为中心，在邗沟的基础上进行南北扩掘和连接。日本数百名求法的僧人也都在扬州登陆，波斯、大食等来中国贸易的阿拉伯商人在扬州随处可见。两宋时期，为了使扬州城更加靠近运河，南宋建炎二年（公元1128年），在运河边的蜀冈下修筑"宋大城"。明清两代，京杭运河达到鼎盛时期，其经济功能发挥到了空前的程度，扬州城也因此发生了重大变化，修筑新城，城址再次南徙，扬州成为濒临运河和长江的大都市。清代"康乾盛世"时，盐运和漕运的发达使扬州又一次进入鼎盛时期。

师：同学们，中国大运河，不仅是一份宝贵的历史遗产，更是中华文化的一张金名片，展现出巨大的民族凝聚力、向心力和文化力。千百年来，运河滋养了扬州人民，是扬州人民的致富河、幸福河，她汇集了八方资源，造就了扬州的繁华鼎盛，也孕育了今日扬州之开放、包容的城市特质。下面有请三个小组同学带来的运河美食、运河美景、运河美人情景剧表演。

生：运河美食、美景、美人展，学生通过情景剧表演展示。

第一小组：

生：运河美食展。

大运河，奔流汹涌2500年，带来了交通的便利、经济的繁荣，也促进了饮食文化的发展与交融，她不仅是一条经济命脉，同时也是一条"美食之路"。

请欣赏陈平妍和马艺灵同学带来的快板，她们说出了许多扬州名小吃，结尾的一句"呱呱叫"给节目增添了幽默色彩。

接下来是田明诚和杨洲同学带来的相声，他们在相声的基础上增加了快板元素，讲述了狮子头的美味。

最后是由钟文旭、曹淑玥、汤雅睿、朱子涵、郭筱晓、李思颖为我们带来的歌舞《万疆（节选）》，曹淑玥优雅的舞姿让同学们耳目一新、眼前一亮。

第二小组：

生：运河美景展。

京杭大运河从绿杨城郭穿城而过。这条象征着智慧、古老、青春的河，千百年以来，滋润灌溉着扬州城，这片美丽富饶的土地，哺育着这儿的人民，给这里带来了无限的繁荣与生机。

请欣赏方天佑和孙忻桐同学带来的手势舞"祝我祖国"，表达对祖国母亲的感恩。

接下来是王玥和路丹桂同学带来的相声"运河风光",展示扬州依水而建,缘水而兴,因水而美的风光,感受习近平总书记的盛赞:"扬州是个好地方"。

最后是展示同学们亲自书写的对联。上联:烟花三月下扬州,下联:运河千年登船游,横批:运河之都欢迎您。

第三小组:

生:运河美人展。

大运河是一部史诗,也是一卷画轴:早晨,满河朝霞,灿烂如锦;夜晚,灯火楼台,华灯齐放。大运河哺育了扬州这座城市,也哺育了聪明勤劳的扬州人,滔滔运河水孕育了扬州人的生命力。

自古扬州出美女。大运河滋润哺育了扬州女子的天生丽质和灵秀之气。扬州美人有美妆,扬州美女好梳妆。运河为扬州美妆的兴起提供了便利。所谓天下香粉,莫如扬州。粉饼王中王,当属扬州谢馥春。学生实物展示并介绍谢馥春。

师:感谢三组同学的精心准备,带来精彩的情景剧表演。大运河催生了以扬州学派、扬州画派、扬州曲艺、扬派盆景、淮扬菜系、扬州"三把刀"等为代表的特色淮扬文化,其中雕版印刷、古琴、剪纸3项传统工艺技艺被列入世界非物质文化遗产名录,漆器髹饰技艺、扬州玉雕、金银细工制作技艺等19项传统工艺技艺被列为国家级非遗项目。

师:中华传统美德是中华文化的精髓,内涵丰富,博大精深,蕴含丰富的道德资源,接下来老师要考考大家,运河人民身上有哪些传统美德呢?

生:游戏环节,运河人民美德。

师:民族精神是民族文化的精髓。运河人民在长期的发展过程中,形成了伟大的运河精神。同学们,你们觉得运河人民具有什么精神呢?

生:游戏环节,运河精神。

师:运河人民是具有伟大创造精神的人民(辛勤劳作,发明创造),运河人民是具有伟大奋斗精神的人民(革故鼎新,自强不息),运河人民是具有伟大团结精神的人民(团结一心,同舟共济),运河人民是具有伟大梦想精神的人民(心怀梦想,不懈追求)……

图片展示:赓续亚运精神,砥砺奋进力量。

人无精神不立,国无精神不强。在这场"人文、绿色、智能、简约、惠民"的体育盛会中,我们的运河人民展现出了伟大的民族精神。比如有哪些精神呢?

请同学们结合以下图片回答。

生:团结统一、勤劳勇敢、自强不息、爱好和平、敬业奉献……

师：这些民族精神凝聚人心，给予我们温暖和力量，让我们能够拼搏进取，砥砺奋进。承办大型国际赛会是中国体育发展水平的体现，更是国家综合实力的展示。习近平主席指出，以"亚洲运动会承载着亚洲人民对和平、团结、包容的美好向往"作为办赛的时代价值，对本届亚运会提出了"以体育促和平""以体育促团结""以体育促包容"的殷切期许。杭州亚运会向世界彰显中国力量。

同学们，在杭州的这场体育盛会中，你知道哪些感人的故事和大家分享呢？

师：是的，从竞赛场馆到亚运村，再到城市的大街小巷，随处可见赛会志愿者和城市志愿者的身影。他们默默奉献，周到服务。杭州亚运会的志愿者用贴心的服务，为赛会顺利举办提供保障，让亚运会参赛运动员以及八方来客感受到东道主的热情、赛场内外的温暖。让我们向这些志愿者们致敬。

价值观是文化最深层的内核。杭州亚运会中，又体现出了什么样的核心价值观呢？请看一下图片。

生：这场团结友爱、追求卓越的亚运会上，社会主义核心价值观熠熠生辉，闪闪发光。富强、民主、文明、和谐、爱国、敬业、诚信、友善、自由、平等、公正、法治核心价值观体现得淋漓尽致。

师：少年强则国强，少年有志则国兴。构筑中国价值，中国少年争先。

挖掘运河精神，结合杭州亚运会时政联系中华传统美德、民族精神、中国精神、核心价值观等，总结大运河精神是中华优秀传统文化的重要组成部分。挖掘、凝练大运河精神的深刻内涵，充分发扬大运河中蕴含的中华优良传统文化，展现大运河精神的现实价值，对于涵养社会主义核心价值观，以高度的文化自信传承历史文脉，具有重要意义。那么我们应该怎样坚定文化自信，发展中国特色社会主义文化呢？

生：(1)中国人民的文化自信不仅来自中华优秀传统文化的积淀、传承与创新、发展，更来自当今中国特色社会主义的蓬勃生机，来自实现中国梦的光明前景。文化的优秀、国家的强大、人民的力量，是我们文化自信的强大底气，是文化自信的水之源木之本。(2)坚定文化自信，事关国运兴衰、文化安全和民族精神的传承发展。增强文化自信，既要夯实优秀传统文化根基，薪火相传，代代守护；又要在日新月异的社会生活中与时俱进，实现创造性转化、创新性发展；还要跨越时空展示中华文化的独特魅力，在交流互鉴中丰富发展。

师：我们要保护好、传承好、利用好文化遗产，不断铸就中华文化新辉煌。

辩论环节：有人认为"有些文化遗产在现代生活中没有实用价值，没有必要修复和保护"，你认同这种说法吗？

生：不对，要保护文物，保护文物就是保护文化……

师：此观点是错误的。无论是物质文化遗产还是非物质文化遗产都有必要进行保护。正是这些语言文字、文化典籍、科技工艺、文学艺术等组成了源远流长、博大精深的中华文化。这些文物承载着中华文化，文化是一个国家的灵魂。保护文化遗产，是让文物"说话"，有利于增强文化认同感，维护国家统一和民族团结，有利于实现经济社会可持续发展，把历史智慧告诉人们，激发人们的民族自豪感和自信心，坚定全体中国人振兴中华，实现中国梦的信心和意志。

（设计意图：引导学生加强对中华文化相关知识的了解，激发学生探究不同民族文化的兴趣。引导学生认识到大运河精神是中华优秀传统文化的重要组成部分，其中蕴含着中华传统美德、民族精神、中国精神、核心价值观等，必将激励人们树立高度的文化自信。）

环节二：美美与共，天下大同

子议题 2　对比国内外运河文化

【议学情境】

古往今来，运河承载着人类互联互通、共享资源的美好愿望。放眼全球，世界上有 500 多条运河，分布在 50 多个国家，这些人类的伟大工程滋养着沿岸 3000 多座运河城市和上万座运河古镇。从里程最长、工程最大的京杭大运河到连通亚非欧的苏伊士运河，从"世界桥梁"巴拿马运河到工业"黄金水道"曼彻斯特大运河，各大运河除了经济功用外，还为运河沿岸及流经区域点亮了人文光彩。"各美其美"的运河沿岸风情，传递着"美美与共"的真谛。运河文化已成为国际对话交流的通用语言，提示人类是同呼吸、共命运的共同体。列入《世界遗产名录》的运河目前有 6 条，依照被列入时间先后顺序，分别是法国米迪运河（1996）、比利时中央运河（1998）、加拿大里多运河（2007）、英国庞特基西斯特输水桥与运河（2009）、荷兰阿姆斯特丹 17 世纪运河区（2010）、中国大运河（2014）。

【议学活动】

师：提到运河，其实国外也有，下面有请英语王老师带领我们走进英语视角下的运河文化。

1. 世界著名运河

师：刚才大家和思政老师谈到了运河，那么现在老师将向你们介绍一些世界上的运河。让我们看这幅图,这是苏伊士运河。和我一起读运河这个词。

生：Canal(运河)。

师：它有多长？

生：(看图)190千米。

师：苏伊士运河最早修建于古埃及。看地图,它在哪个位置？

生：在埃及。

师：是的。它连接着地中海和红海,是一条海平面的水道。再看它连接了哪些洲？

生：非洲和亚洲。

师：非常好。让我们看这幅图。这是巴拿马运河。看它有多长？

生：(看图)81.3千米。

师：看地图,它在这里。有了这条运河,大西洋和太平洋之间的航程变得如何？

生：(看图比较)更短。

师：航海的途中,人们可能会遇到难以预料的危险。航程缩短,危险也就变少。因此,运河使得航程更短,更安全,更方便,更便宜等。下面我们再看一张运河建造图。

师：这些都是举世闻名的运河,你们同意我的看法吗？

(生讨论后自由回答)。

2. 京杭大运河

介绍大运河的基本信息：

师：中国也有很多伟大的运河。正如你们思政老师所说,如果想让世界了解中国文化,我们就应该把运河介绍给世界,因为它们代表着中国文化和精神。中国京杭大运河就是其中之一。从它的名字你们可以看出什么？

生：它北起北京南到杭州。

师：扬州是唯一一个和京杭大运河一起成长发展的城市。让我们观看一段关于京杭大运河的视频,并找出大运河的特别之处,注意times(倍数)这个词。

师：大运河长多少？

生：1794千米,是苏伊士运河长度的9倍,巴拿马运河长度的22倍。它是世界上最古老最长的水道。

介绍大运河的用途：

师：它是世界上最伟大的工程之一。下面看这些图,说说运河的用途。

生：过去人们用运河运输食物和其他货物，现在的京杭大运河是南水北调的大动脉。

介绍大运河的发展和中国人民的精神：

师：再看看运河的过去和现在，大运河和我们今天看到的大运河不一样，有什么不同之处呢？

生：如今的大运河比以前更美，更长，更宽。

师：是的。这么多年大运河得到了很大的发展。请大家思考一下，中国人民如何能建成这么伟大的运河？

生：因为中国人民的智慧、勤劳和勇敢！

保护和宣传大运河：

师：多么勤劳和坚韧的中国人民！京杭大运河是世界文化遗产，作为学生，我们应该如何保护它？

生：我们不应该往河里倾倒垃圾，不应该污染河流。我们应该种植更多的树，捡拾垃圾等。

师：是的。除了保护它，我们还应该继承和发扬运河精神和文化，现在轮到你们向世界游客介绍大运河。首先，可以谈谈它的总体信息包括长度、位置；其次，可以谈谈它的作用和功能；最后，展望未来并表达你们的希望。

（中学生谈大运河。）

3. 一些其他运河

师：今天，我们还邀请了扬州大学外国语学院的学生来给我们介绍世界上的其他运河。大家欢迎。

（大学生谈运河。）

师：感谢所有人精彩的发言！

（设计意图：带领同学从全球的视角探讨中外运河文化，在比较中，感知文化因交流而多彩，因互鉴而丰富。同学们激发了兴趣，锻炼了勇气，树立了自信。最后总结出中华文明一直以来都在交流互鉴中传承与发展，培养了学生的全球视野，中国情怀。美人之美，各美其美；美美与共，天下大同！）

环节三：凝聚价值追求，树立文化自信

子议题3 青少年要如何承担使命？

【议学情境】

作为世界遗产、国际语言的大运河，遗产保护必定要展现其世界胸怀。在大运河的原点城市扬州，我们看到了一部讲述世界运河史诗的"运河百科全书"——扬州中国大运河博物馆。为讲述世界运河故事，博物馆设置了"世界知名运河与运河城市"展厅，选取了包括以上世界文化遗产运河在内的15条运河进行展示。博物馆以它们所在的15座运河城市为主体，剖析了其共有的运河文化基因和身份认同。不仅从世界遗产、水利智慧方面阐述了世界运河的价值，更带我们领略了运河的城市风情。

【议学活动】

师：感谢王老师和同学们的介绍，让我们感受到了中外运河悠久的历史、流淌的智慧和深厚的文化底蕴。国家提出"一带一路"的倡议和命运共同体的理念，中华文明不断走向世界，外来文明也不断涌入中国，中外文明在交流互鉴中不断丰富和发展。下面我们观看一段视频，请同学交流感受。

生：中外文明不断交流融合，世界文明多样丰富。

师：总结本课，同时进行独特的板书设计："河—合—和"。保护运河文化遗产，是让文物"说话"，把历史智慧告诉人们，激发人们的民族自豪感和自信心，坚定全体中国人振兴中华的决心，这需要我们大家合作实现共赢，从而走上人与自然和谐共生的可持续发展之路。

坚定文化自信，事关国运兴衰、文化安全和民族精神的传承发展。增强文化自信，既要夯实优秀传统文化根基，薪火相传，代代守护；又要在日新月异的社会生活中与时俱进，实现创造性转化、创新性发展；还要跨越时空展示中华文化的独特魅力，在交流互鉴中丰富发展。

生：河文化亦是和文化，亦是合文化，代表着和睦、和美、和谐、融合、合作、天人合一等。

师：中外文明在交流互鉴中发展。文明因交流而多彩，因互鉴而丰富。美人之美，各美其美；美美与共，天下大同！

(设计意图：运用视频设置情境，引导学生关注现实问题，体会中华传统文化的美感。在讨论分享过程中，引导学生认识到中华文化薪火相传的意义及原因，激发学生更深层次的思考，明白中华传统文化将如何传承和发展。通过课堂小结以及板书，整体概述本课所讲内容，强调本课教学的重点内容，帮助学生梳理本课的基础知识点，达到概括提升的目的。总体把握本课所学内容，在明确本节课所需掌握的整体知识框架的基础上，引导学生结合课后的拓展活动达到巩固和落实的目的。）

【教学反思】

本节课内容包括两个问题，一是美人之美，各美其美，主要学习历史悠久、博大精深的中华文化；二是美美与共，天下大同，主要学习中外文化进行交流互鉴。本节融合课，较为抽象，学习有一定的难度，难点的突破在于多引导学生参与讨论，提高其对运河文化的认识，联系我国提出的"一带一路"倡议和人类命运共同体理念，逐步理解我国在各个领域与世界深度互动，不断发展。

本节课以"运河"为主线，充分挖掘扬州运河资源，在教学过程以教师主导、学生为主体，传统常规教育方法与融合教育紧密结合，结构紧凑、有条不紊、情景交融，从而取得较好的教学成果。通过这堂课，对于如何将运河文化资源融入政治课堂教学有以下几点认识：

1. 将技能和文化引入课堂，将典型、生动的具有扬州特质的文化素材推介给学生，能调动学生感官，激发学生思维，使不同层次的学生都积极主动全方位地参与融入、体验学习；板书设计新颖独特，将"河"文化、"和"文化、"合"文化串联起来，从而收到意想不到的学习效果。

2. 将情境教学一贯到底，使学生在"如闻其声、如临其境"的课堂氛围中学习，强化学生体验、增强感知，进而产生强烈共鸣，激发思维兴趣。

3. 充分调动学生积极性，引导学生有意识有目的地查找与课程有关的实例。对学生而言，收集资料的过程，既是接触、体验扬州文化的过程，也是预习课程知识的过程，一举两得。

4. 本节课升华部分，通过情境创设，结合教师激情寄语和学生情景剧表演，一定程度上可以让学生砥砺家国情怀，增强传承弘扬中华优秀传统文化、实现民族复兴的使命感。但仅靠课堂理论知识的学习远远不够，如果能开展社会实践活动，如带学生进行运河实地考察，进行沉浸式教学，相信效果会更好。

【教学点评】

本节课有三个亮点：

1. "用法"。德国教育家第斯多惠曾说："凡是能够引起学生的思想、工作和智力上的最具精神的方法,是最好的方法。"本节课开展"融合教学",做到了教学内容打通,让"立德树人关键课程"的思政课程与英语课程有机协同;教学活动贯通,让教学"主阵地"的教室课堂与社会大课堂有机协同,以"运河"为主线,充分挖掘扬州运河资源;教学路径互通,让"显性教育"与"隐性教育"有机协同。教师将大运河文化情境一贯到底,使学生在"如闻其声、如临其境"的课堂氛围中学习,强化学生体验、增强感知,进而产生强烈共鸣。尝试创新,不落俗套。本课是大运河文化融入思政教育一体化的融合课,能做到结合热点、围绕重点、突破难点,从真实的情境出发,真正激发了学生的学习内趋力,看家乡景、说家乡事、抒家乡情。由表及里,由浅入深。本课实现了古今中外的自然串联,开阔眼界的同时,激发深度的思考。多元互动,"运"味悠长。本课不仅有学生的情境参与、表演,还引入了大学生的外援助力,激发中学生同台表现的兴趣。两位不同学科的教师互动与总结可圈可点,相得益彰。

2. "用理"。教师引导学生从"河"文化引申到中华优秀传统文化"合"文化、"和"文化,使学生认识到:继承是发展的必要前提,发展是继承的必然要求,它们是同一过程的两个方面。要把握好文化继承与发展的关系,在继承的基础上发展,在发展的过程中继承,批判地继承传统文化,不断推陈出新,革故鼎新。教师引导学生从具体上升到一般,把道理讲透彻。本节融合课以中国大运河历史文化为基础,将运河沿线相关的不同知识板块串联,引入学生身边的人、景、事,引发学生的学习兴趣,激发其对中华优秀传统文化及所属地域历史文化、地理环境、古今科技的兴趣和自信,让学生在学习和实践中对运河本身拥有更深刻的理解,培养其探索精神、综合思维能力和动手能力。

3. "用情"。"思政"与"课程"的关系应当是"如月印水兮光入共微,如春在花兮香袭共袭",而非"眼中金屑,米中掺沙"。精神需要精神的浇灌。思想政治教育更要触及每个学生的精神世界,在学生的心灵深处种上幸福自信的"庄稼",从而排挤掉那些自卑、粗俗、自私的杂草。课堂上,师生关系能建立在尊重与信任的基础上,建立在宽容与乐观的期待上,课堂不是"干巴巴的说教",而是"热乎乎的教学",引导学生在心田里打下自信成功的底子,这才是教育的真谛。浓厚的乡土文化,激发其对家乡优秀传统文化及所属地域历史文化、地理环境、古今科技的浓厚的兴趣和自豪感,促进学生主动学习,热爱家乡,并对家乡文化的传承增强了使命与担当,从而加强对中华文化的认同感和归属感,形成一致的情感共鸣,凝聚起共同的价值追求。大运河距今 2500 余年,是一条历史文化的河,是当之无愧的中华文脉。众多璀璨的中华明珠都通过大运河串联起来,悠久的运河文化是我们的财富,是建设文化中国、提高民族自信力的源泉所在。引导学生重新认识大运河的精神文化品格,让珍贵的运河遗产在继承和传播中,释放薪火传承的文化精神,重新唤醒中华民族的文化自信,让大运河文化走向世界。

(点评人:闫彬　扬州大学马克思主义学院)

第 3 课
正确认识中华传统文化
——寻运河"廉脉",扬清风正气

授课教师:张媛媛(扬州市江都区大桥高级中学;思想政治)
　　　　　夏　嵩(扬州市江都区大桥高级中学;书法)
　　　　　张贺然(扬州市江都区大桥高级中学;语文)
　　　　　沈玉洁(扬州市江都区邵伯中心小学;音乐)

教学目标

1. 师生在大运河廉文化传承馆门前的甘棠树下诵读《甘棠》选段,通过讲述召公勤政廉洁的故事感受中华优秀传统文化的内涵及影响,增强学生的文化自信,从而培养学生的政治认同素养。

2. 师生参观馆内的"百廉墙",观察不同"廉"字的特点,了解书法的形成和发展史,通过体验书写"廉"字来感受中华优秀传统文化的源远流长、博大精深,培养学生的公共参与素养。

3. 师生参观馆内"尚廉阁",分析从古至今的"廉文化"故事,探讨"廉文化"在当今的价值,感受"廉脉"的传承以及江都古代吏治一心为民、不贪不腐的高尚品德,积极推动中华优秀传统文化进行创造性转化,培养学生的科学精神素养。

4. 师生参观馆内"承廉楼",观察每一处成列背后的廉政寓意,通过分享交流党的二十大报告中的廉政思想感受"廉文化"的当代价值,培养学生的法治意识素养。

教学重点和难点

1. 教学重点:"廉文化"的当代价值。
2. 教学难点:对待传统文化的正确态度。
3. 重难点确定依据分析:中华优秀传统文化的主要内容、特点及影响是本节课学生应知应会的知识点。从核心思想理念、中华传统美德和中华人文精神的角度掌握中华优秀传统文化的主要内容，感受中华文化源远流长和博大精深的特点。教学难点的确立，是基于教学中学生感到较难理解、掌握起来有些困难的问题，如我们对待中华优秀传统文化的正确态度以及它的当代价值，进一步思考如何对中华优秀传统文化进行创造性转化和创新性发展。

学情分析

本节课面向的学生涵盖小、初、高三个学段，因此，在教学时需要做到分层处理。对于小学生来说，掌握的系统化知识较少，更喜欢听故事和与老师互动，因此在教学的时候要多用趣味问题激发，避免枯燥说理；而高中生了解的"廉文化"知识更加丰富，对"廉文化"的内涵也理解得更加透彻，可以让学生通过表演、谈心得感悟等进行学习；初中生的年龄层和知识水平在两者中间，在教学方法上可以兼而有之。

融合教学分析

1. 融合学科：思想政治、书法、语文、音乐。

2. 融合依据：在我国源远流长的诗歌文化中，最早出现的呼吁大众保护"文物"的一首诗，便是我国第一部诗歌总集《诗经》中的《国风·召南·甘棠》。这就要提到廉文化传承馆门口的甘棠树背后的廉政故事了，这一部分由语文老师讲解较为合适。第二站中，"百廉墙"上的 99 个大小、字体各异的"廉"字欣赏及体验，就需要书法老师带领学生在写"廉"字的同时，感受中华优秀传统文化的源远流长、博大精深。第三站"承廉楼"内，政治老师带领学生参观"廉文化"与"非遗文化"融合的文创作品，让学生感受中华优秀传统文化的当代价值，并积极参与到"倡廉行动"中去。最后，在"清风苑"里，由音乐老师带大家唱响廉洁歌，将廉洁的种子播撒在学生心中，引导学生树立正确的价值观。

教学准备

1. 了解书法的特点，准备体验书法所需材料。
2. 搜集古今廉政故事，感受中华优秀传统文化的传承与发展。
3. 搜集党的二十大关于廉政思想的相关论述并尝试解读。
4. 以小组为单位，结合"廉文化"进行文创产品设计，推荐中华优秀传统文化创造性转化和创新性发展。

教学过程

总议题 寻运河廉脉,扬清风正气

【导入新课】

千年运河绵延千里,奔流不息不舍昼夜。运河之水浇灌了沿河经济的繁荣,更孕育了运河廉政的基因。

师:首先映入我们眼帘的是这样一棵老干虬枝的古树,同学们,我们走近看看,这棵树是什么树呢?

小学生:棠树。

师:邵伯镇别名就叫甘棠镇,还有一个人物召伯,他和这颗甘棠树、"廉文化"之间有什么关系呢?

师:老师先来给大家提一个小问题:我国的第一部诗歌总集是什么?

初、高中生:《诗经》。

师:其实,在《诗经》当中就有一首专门吟诵甘棠树的诗,让我们站在树下,一起齐声吟诵。

【师生朗诵】

蔽芾甘棠,勿翦勿伐,召伯所茇。
蔽芾甘棠,勿翦勿败,召伯所憩。
蔽芾甘棠,勿翦勿拜,召伯所说。

师:这首诗讲的是什么内容呀?

高中生:呼吁大家要保护甘棠树,不要损伤它,因为召公曾经在这里休息过。

师:召公是周代的贤臣,他在巡视乡邑的时候,为了不打扰百姓,选择在甘棠树下办理公务、处理政事,这正是"廉文化"的传承。而邵伯人将东晋太傅谢安比作邵伯,建甘棠庙、植甘棠树纪念他的勤廉一生。

1. 廉文化传承馆前,甘棠树下,师生诵读《诗经·国风·召南·甘棠》。
2. 分享甘棠树与召公的故事,感受谢安的勤廉一生。

提出话题:古老的运河见证了中华民族"廉文化"的发展历程。运河"廉"脉从何而来,在当下又有何时代价值呢?让我们一同走进廉文化传承馆,感受拂面而来的廉政清风,探寻运河"廉脉"。

环节一：百廉墙

子议题 1 运河"廉脉"文化从何而来？

【议学情境】 了解"廉"字的前世今生

师：同学们，现在映入大家眼帘的是一个"廉"字花窗。横平竖直、显得通透，透过大小空间可以见到对面的景致。我们传承馆的标志，包括启廉台的灯饰，以及此处地漏都用"廉"字来设计，污水流过留下清廉。此"廉"字花窗与周边 99 个大小不同、字体各异的书法"廉"字共同构成百廉墙。

师：书法上有书体和字体两个概念，古代混用、今则有别。共有哪几种书体？

生：篆隶草行楷。

师：百廉墙上大小不一、互相穿插着的是古今一些著名书法家书写的"廉"字。大家来找一找，哪一个是伟大领袖毛主席书写的"廉"字？

学生寻找"廉"字。

师：我再考一考大家，哪一个是改革开放总设计师邓小平写的"廉"字？

学生寻找"廉"字。

师：对，这个字就是邓小平所书写的"廉"字。这个"廉"字，我们选用的是 1989 年 9 月，邓小平在《我们有信心把中国的事情做得更好》中书写的一个"廉"字。当时，邓小平写道："我们要反对腐败，搞廉洁政治。不是搞一天两天、一月两月，整个改革开放过程中都要反对腐败。"我们党反对腐败、倡导廉洁，确实是旗帜鲜明、一以贯之。

师：中国书法历史悠久，书体沿革流变，书法艺术异彩迷人，接下来，让我们一起体验一下中国书法的特殊魅力，尝试书写"廉"字，感受不同书体的特点。

【议学活动】 书法体验与交流

学生分组临摹不同书体的"廉"字。

师：同学们，从书法字体的演变中大家对中华优秀传统文化有何认识呢？

生：廉洁本身就是一种优秀传统文化。

生：从书法的发展史中我感觉中华优秀传统文化真是源远流长、博大精深，为我们中华民族有这样的文化传承感到骄傲。

师：说得真好。其实在传承馆里，还有一个互动环节用于给游客临摹，我们一起来看下这张纸。这张纸上的"廉"字给游客留下了哪两个笔画去补全呢?

小学生:一横一竖。

师:你们知道让游客临摹这两笔画的含义吗?

初中生:写书法要横平竖直。

高中生:寓意我们要做一个公平正直、方方正正的人。

师:对,寓意我们不仅要写好字,更要成为清廉正直的人。

环节二:尚廉阁

子议题2 运河廉脉有何当代价值?

【议学情境】 古今廉政故事分享

师:那么,踏着岁岁清廉的地砖,让我们一同迈步走入尚廉阁,迎面而来的是一块甘棠树影的照壁,其中讲述的就是邵伯千年的"廉文化"积淀。

尚廉阁内,我们一同来挖掘"勤、谏、节、清"四个廉政基因,这里陈列了与江都密切相关的四位历史人物。在之前,几位同学已经认真准备了相关的人物小故事,下面由哪位同学来为我们分享一下呢?

高中生:谢安是东晋的太傅。在淝水之战后,谢安功高震主,被排挤而出镇广陵。到任广陵后,谢安亲自相度地形,治水建埭,解旱涝之苦,便航运之利,附近区域成为交通要道,繁荣兴旺,形成市镇,才有今天的邵伯镇。可以说,正是谢安的勤,成就了邵伯的古今繁华。

师:讲得真好。关于谢安,也有许多我们耳熟能详的故事,比如咏絮之才、乌衣子弟、言传身教,谢安才情出众,处理政事又公允明断,不专权树私,不居功自傲,是江都地区"廉文化"的代表。还有哪位同学来为我们做分享呢?

初中生:这里是张纲"都亭埋轮"的场景故事。东汉顺帝年间,朝政混乱,民不聊生。张纲离京出巡到洛阳近郊的都亭,想到乱国祸根就是朝廷奸佞,愤然宣称:"豺狼当路,安问狐狸!"他命人将车轮卸掉,埋在地下,回京冒死参劾当朝国舅、大将军梁冀及其兄弟梁不疑十五条罪状,京城为之震动。后张纲被贬至江都,筑沟引水、累死任上,百姓为表思恋,将其修筑之沟称为"张纲沟",两岸人口集聚,形成原江都张纲镇,现张纲社区。

高中生:这边是生于江都籍犹太人左唐,是有证可考的中国古代第一位犹太籍进士。明正德年间,左唐身负管理财税的肥差,却为官清廉、性格刚烈。遭小人诬陷后,他悲愤交加,一病不起,不饮不食,绝食而亡。他品格高洁、宁折不弯的气节永远地留在了百姓的心中。

初中生:左唐右手边,是近代诗文家董恂,邵伯人。董恂著书辑志,一生所著颇多,《甘棠小志》是其为家乡邵伯编纂的镇志。他曾作一首《浔溪棹歌》:"米凭转斗接青黄,加一钱多幸已偿。二月新丝五月谷,为谁辛苦为谁忙?"诗中可以读出董恂生活清贫,面对青黄不接的窘境,竟不得不以未来的新丝、新谷作抵押,清廉如此,令人钦佩。

师:运河流畔流淌着传承千年的运河故事,通过同学们的分享,我们了解了尚廉阁中陈列着的这四位江都古代吏治典范,也更加深刻地感悟了江都自古至今的"廉文化"传承。这样多的仁人志士,都书写出了关于廉洁的华篇。同学们,从中你们感受到了江都古代吏治怎样的精神?

生:坚守初心,正确行使权力;不贪污腐败,洁身自好;一心为公,为百姓做实事;刚正不阿,光明磊落。

师:文以化人,廉以养德,作为新时代的青少年,更要传承我们江都的廉洁基因,涵养清风正气。

【议学活动】 江都历代清官故事解读

师:东墙长廊以历史为卷轴将江都历代廉吏、清官其人其事串成主线,娓娓道来,以人文故事,提炼清廉精神。大家看看你们了解哪些人物呢?

高中生:顾图河,他是清文史学家。他为官期间清正勤政、才华横溢,去世的时候群众都围聚在他的官府中痛哭。为追思,他的家乡人在我们江都大桥镇为他筑衣冠冢。

师:从乡亲们的痛哭中大家能感受到顾图河是一个什么样的官员呢?

小学生:一心为民、清正廉洁。

初中生:他一定是将人民当成亲人,为人民谋幸福的好官。

师:所以为官者,只有秉公办事,心系百姓,才能赢得民心,得到百姓的拥护和爱戴。中国共产党也正因如此才能成为我国的执政党,这是人民的选择,历史的必然。正如党自诞生之日起就确立了自己的初心和使命:为中国人民谋幸福,为中华民族谋复兴!

再向前,我们看看共产党人是如何践行这一初心使命的呢?

初中生:老师,我来给大家讲讲江上青的故事。他是我们扬州人,抗日战争爆发后,组织成立"江都县文化界救亡协会",以笔为枪,宣传抗日。江上青在扬州、上海先后两次被逮捕。在监狱里,他坦然面对,对前去探望的同志说:"坐牢没关系,放出去再干!"牺牲时年仅28岁。

师:同学们,江上青烈士的一生,虽只有短暂的28个春秋,但他却用满腔热血和坚定信念寻求民族独立、人民解放,用生命谱写了爱国乐章,隽永悠长。

高中生:老师,我来给大家讲讲许晓轩的故事。他是小说《红岩》里的人物原型,是一名共产党员,也是我们江都人,江都许晓轩故居还是重要的爱国主义教育基地。

1940年,由于叛徒出卖,他不幸被捕。但是在狱中,许晓轩经常鼓励大家说:"越是关键的时刻,我们越要叫敌人知道,共产党人是不可动摇的。"

1949年,在重庆解放前夕,蒋介石下令对狱中的革命者进行血腥大屠杀,许晓轩从容就义。

临刑前,许晓轩平静地对大家说:"胜利以后,请转告党,我做到了党教导我的一切,在生命的最后几分钟仍将这样。"随后,他从容不迫地走向刑场,高呼"中国共产党万岁!"

师:讲得太棒了!许晓轩同志和狱友在生命最后一刻用鲜血凝成的"狱中八条",对加强党风廉政建设,保持党的纯洁性和先进性,至今都具有很强的借鉴意义。让我们一起朗读,感受这其中的警醒与启示。

同学们,"狱中八条"对我们有什么启示呢?

初中生:党员干部要树立正确的世界观、人生观和价值观,廉洁自律。

小学生:我们要传承烈士们的遗志,好好学习,和他们一样报效祖国。

高中生:"狱中八条"启示我们党要加强自身建设,反贪反腐,全面从严治党,保持党的先进性和纯洁性。

师:历史是最好的教科书。同学们,中国共产党之所以历经百年风华正茂,正是离不开一批批有坚定理想信念的共产党员,他们坚守初心,牢记使命,在大是大非面前旗帜鲜明,在各种诱惑考验面前立场坚定。谁都没有天生的免疫力,要增强抗风险、抗腐蚀能力,光靠人民群众的监督是不够的,还要增强自身的党性修养,坚定理想信念,随时准备为党和人民牺牲一切,为共产主义事业奋斗终身!

环节三：承廉楼

子议题3　运河"廉脉"如何传承？

【议学情境】 成列寓意解读

师：读过历史，走进当代；看过先贤，考量今人。接下来大家参观的是承廉楼。

承廉楼里的每一处陈列都有寓意，请大家仔细观察哦！

小学生：老师，这是雕版印刷。

师：对，这里为什么要拓印《爱莲说》呢？

小学生：告诉我们做人也要像莲花一样，高洁、清白，出淤泥而不染。

初中生：老师，这些字都是反的，应该是寓意反腐。

师：对！同学们，那这组杆秤和量具的寓意是什么呢？

生：公平公正，诚实守信，童叟无欺，货真价实。

师：邵伯作为运河运输重要枢纽，南北货物在此集散，粮行、豆行、饭店，百业兴旺，因而邵伯历史上出现了一系列米市粮行专用的计量工具。这里选取了杆秤和量具两组典型器具进行展示，分别是"邵伯秤""邵伯斛"，均因计量准确而远近驰名，让人从中可以看出邵伯人公平正直的基因，这也寄托了我们老百姓对于社会公平正义的期望。而人民对美好生活的向往正是中国共产党的……

高中生：奋斗目标！

师：所以新时代党员干部要坚持以"廉"启智润心，坚持人民主体地位，以人民为中心的发展思想。

同学们，这面墙上大家看见了什么？

小学生：孝悌忠信礼义廉耻。

初中生：为政在廉，处世以公。

高中生：社会主义核心价值观。

师：我们一起读一读。

生：富强民主文明和谐，自由平等公正法治，爱国敬业诚信友善。

师：同学们，清正廉洁是中国传统道德的一个基本规范，被视为"国之四维"之一，又被视为"仕者之德"。习近平总书记历来倡导学习我国古代廉政文化，他关于廉洁文化的论述也非常丰富,同学们在课前了解了哪些呢?

小学生:总书记说,理想信念就是共产党人精神上的"钙",没有理想信念,理想信念不坚定,精神上就会"缺钙",就会得"软骨病"。

初中生:总书记在二十大报告中强调,全面从严治党是党永葆生机活力、走好新的赶考之路的必由之路。作为党的干部,就是要讲大公无私、公私分明、先公后私、公而忘私,只有一心为公、事事出于公心,才能坦荡做人、谨慎用权,才能光明正大、堂堂正正。

高中生:习近平总书记在党的二十大报告中强调:"加强新时代廉洁文化建设,教育引导广大党员、干部增强不想腐的自觉,清清白白做人、干干净净做事。"

高中生:总书记强调,党员干部特别是领导干部务必把加强道德修养作为十分重要的人生必修课,自觉从中华优秀传统文化中汲取营养。

师:对,中华优秀传统文化中蕴含着厚德养廉、公而忘私、清正自守、光明坦荡等丰富的廉洁思想。加强新时代廉洁文化建设,要挖掘廉洁文化资源,以实际行动守护廉洁文化根脉。这也是我们今天这节课的意义所在。

【议学活动】 "廉文化"产品创作

师:同学们,在参观过程中,我们发现,"廉文化"三字经,创意尽显,"廉文化"书签,让人耳目一新。这都启示我们,对待中华优秀传统文化,要在继承中发展,在发展中继承,推动其创造性转化创新性发展。最后,让我们以小组为单位,结合"廉文化"进行文创产品设计。我们将评选出今天的最佳"倡廉"小组。

(小组合作进行创意展示。)

师:同学们,当代中国青年生逢其时,让我们以实际行动践行习近平总书记在二十大报告中的嘱托:坚定不移听党话、跟党走,怀抱梦想又脚踏实地,敢想敢为又善作善成,立志做有理想、敢担当、能吃苦、肯奋斗的新时代好青年,让青春在全面建设社会主义现代化国家的火热实践中绽放绚丽之花。

最后,让我们一起唱响廉洁之歌,共同传承中华优秀传统文化!

【教学反思】

本节"廉文化"教育实境融合课让我受益匪浅。这节融合课最大的困难在于"融合"二字,怎样将各学科知识巧妙融合在一节课里?怎样将小、初、高三类学生融合在一个情境里?为了上好这节课,我们"三下邵伯",来到廉文化传承馆进行实境学习、研究,分析课堂的衔接性、渐进性、上升性。各科老师借助自己的学科优势,从真实问题出发,引导学生从不同的视角发现、探讨、组合、再造,努力寻找学生最适切的学习步骤、程序、方法,让学生在真实问题的解决过程中得到综合提升。最终,我们以参观廉文化传承馆为本节课的明线,以"寻运河'廉脉',扬清风正气"为议题,在思辨、探问、动手、朗读、合唱中,实现知识和认知具体化、形象化、情趣化、生动化,让学生感受到中华优秀传统文化的源远流长、博大精深,坚定文化自信。

但同时,我觉得本节课还存在以下两方面问题。第一方面,当学生主体地位得到充分展现后,教师的主导作用就显得尤为重要,教师如能及时、精准地对学生的展示进行恰到好处的点拨、启发与引导,相信定能事半功倍。而在这一点上,教师的教学机智还有待提高。第二方面,探究活动时间的控制上不够精准。每个议学活动环节,在实际上课时,耗时稍长,有待改进。

【教学点评】

1. 深挖运河廉脉,弘扬清风正气。千年大运河,源正流清。大运河两岸涌现的清官廉吏留下诸多宝贵遗迹,以及动人的廉洁故事、丰富的廉诗警句。本课在运河廉文化传承馆开展沉浸式教学,在思政教师带领下,语文、书法、音乐教师先后引领学生来馆品读廉洁事迹。通过图片展示、文字解说、师生互动、生生合作等方式,促进廉政文化传承,感悟勤廉认知,积蓄廉洁能量。所有参与者在观景中一步步迈入历史长河,感悟先贤风骨,沐浴廉洁清风。通过回归真实的生活情境,让学生在活动中解决问题,坚持学科同频共振、有机协同、巧妙融合,达成理念"共信"、情感"共鸣"、思维"共振"、知识"共进"的理想效果,真正做到让教育回归本质,让教师回归本位。

2. 深度融合研学,讲好廉洁故事。本课由四位教师共同授课,课前,四位老师多次亲临现场,实地研究探讨怎样巧妙融合各自的学科优势,实现课程互助、资源互补、思维互鉴、情思互动的效果。语文教师引导学生观察馆外甘棠古树的外形特征,诵读《诗经·国风·召南·甘棠》,从中探寻召公与"甘棠树"背后的故事,从不同角度畅谈对"廉"的理解。接着切入正题,启发思考,如果把人生比作一棵大树,廉洁自律就是确保大树枝繁叶茂的根。书法教师带领学生一同寻找蕴含"廉"字的设计,从启廉台的灯饰及地漏中感悟其背后的寓意;参观讲解"百廉墙"上99个大小不同、字体各异的"廉"字,展示用不同书体写的"廉"字,讲解"廉"字演变过程,引导学生尝试书写,一同体验书法的独特魅力,感受中华优秀传统文化的源远流长、博大精深。这种跨学科实践所涉及的"课程群",就是要打破思政课及各门课程在价值引领时存在着的"信息孤岛",不仅能做到"守好一段渠,种好责任田",而且还能"同向同行,形成协同效应"。

3. 深情歌颂党恩,唱响廉洁之歌。思政教师讲述大运河沿岸城市的古今廉政文化建设、"廉文化"与大运河水的关系；引导感悟加强新时代廉洁文化建设，要以实际行动守护"廉文化"根脉；分享习近平总书记廉洁文化论述，师生共同感悟党的初心使命；小组合作开展"廉文化"产品创作，推动中华优秀传统文化创造性转化、创新性发展。教师们精诚合作，将学科融合、学段融通，共同讲好廉洁故事。最后，音乐教师带着学生一起唱响清廉之歌："学生们唱清廉，遵守纪律讲规范。有道德有理想，时时处处有底线……"学生纷纷表示，一定会以清为美、以廉为荣；生逢盛世当不负盛世，生逢其时当奋斗其时，一定会用实际行动践行习近平总书记对青少年的殷殷嘱托，一定会用自己的实际行动让大运河清风永远流传。

（点评人：丁玲　扬州市江都区教育局教研室）

第4课

传承红色基因

——赏《柳堡的故事》，扬"二妹子"精神

授课教师：施　玥（宝应县小官庄镇中心初级中学；道德与法治）
　　　　　夏　天（宝应县小官庄镇中心初级中学；音乐）
　　　　　任　健（宝应县小官庄镇中心初级中学；语文）

教学目标

1. 创设扬州市宝应县柳堡镇"九九艳阳天"情境，使学生了解中华文化的内涵，感受中华文化的魅力，热爱中华文化，传承并弘扬中华文化，从而培养学生的政治认同素养。

2. 创设"《柳堡的故事》赏析活动"情境，使学生认同中国特色社会主义文化，坚定文化自信，弘扬中华民族精神，树立民族自信心和自豪感，从而培养学生的政治认同素养。

3. 创设"探访柳堡'二妹子'民兵班"情境，通过讲解员的介绍，使学生提高对中华文化、中华传统美德的认知和运用能力；培育和弘扬中华民族精神，从而培养学生的政治认同和公共参与素养。

教学重点和难点

1. 教学重点：中国特色社会主义文化的丰富内涵。
2. 教学难点：坚定文化自信。
3. 重难点确定依据分析：本课带领学生围绕《柳堡的故事》这部影片展开学习，重点是帮助学生理解影片背后所蕴含的中国特色社会主义文化，因此将其设置为重点；在学习讨论的基础上，帮助学生坚定文化自信是本课最为重要的学习目标，因此将其设置为难点。

学情分析

本校八年级的学生在传统文化方面已有积累，对中华文化有一定的情感基础,但对于身边所蕴含的乡土文化了解不多。1957年,电影《柳堡的故事》上映,引起全国性轰动。电影中的歌曲《九九艳阳天》成为几代人心中美好的记忆,但学生因年龄限制,对于其了解不多,对其中深层次的文化内涵、文化价值缺乏深度的思考。目前,学生正处于世界观、人生观、价值观形成的关键时期,我们要让学生了解身边的家乡文化,使学生打牢中华文化底色,传承中华美德,这对学生的健康成长具有重要意义。

融合教学分析

1. 融合学科:音乐、语文。
2. 融合依据:本课的背景是电影《柳堡的故事》和音乐《九九艳阳天》,在授课过程中有必要让学生对歌曲进行一定的鉴赏,掌握一些乐理常识,在学习传唱的过程中继承和传播优秀的民族文化;同时,提前观看电影,在语文老师带领学生对影片情节、人物、立意分析的基础上,让学生理解其中蕴含的革命文化,了解人物身上的传统美德,才有利于在道德与法治课堂上进一步带领学生领悟其中的红色精神,坚定自身文化自信。

教学准备

1. 带领学生观看电影《柳堡的故事》。
2. 分实践小组围绕电影情节和音乐《九九艳阳天》展开校园采访。
3. 遵循公共场所秩序和充分开展安全教育的情况下,带领学生参观柳堡"二妹子"模范民兵班活动中心。

教学过程

总议题 唱响《九九艳阳天》,感悟"二妹子"精神

【导入新课】

1. 展示图片:大运河、柳堡。

师:照片中的场景大家熟悉吗?猜猜这是在哪拍的?

生:大运河、柳堡。

师:一条河孕育一座城,大运河犹如蜿蜒的长龙穿城南下。古城扬州应"运"而生。这里留下了许多文人墨客的足迹、优美动人的故事和脍炙人口的歌曲,其中,一部红色经典电影《柳堡的故事》,让革命老区宝应县柳堡镇为全国人民所熟知。影片中"二妹子"那甜美、清纯的笑靥,新四军战士李进英俊坚毅的面庞,还有小桥流水和

大风车……电影主题曲《九九艳阳天》也成为几代人心中美好的记忆。围绕这部电影,最近我校实践小组的成员们在校园里展开了一项随机采访,请看视频。

2. 播放视频:校园采访——(1)您看过电影《柳堡的故事》吗?(2)影片中的插曲您还记得吗?(3)您知道这部电影是在哪拍的吗?(4)影片中的哪个情节令你印象深刻?

总结提炼:同学们,作为扬州人,我们理应学习、了解和传承大运河所孕育的扬州文化,那今天就让我们一起走进这片运河宝地,共同品味这首艳阳新曲。

(设计意图:通过拍摄大运河、宝应县柳堡镇的照片,让学生辨认照片在哪里拍摄,导入影片《柳堡的故事》;提前在校内展开采访,调查师生对影片的了解程度,激发学生的学习兴趣。)

环节一:品艳阳新曲

子议题 1 为什么《柳堡的故事》这部电影可以久久流传,被人叫好?

【议学情境】 歌曲赏析:《九九艳阳天》

师:同学们听完之后有什么感受呀?能听出歌曲所讲述是什么吗?

(生交流、分享。)

师:非常好!同学们真棒,听得很仔细,这首歌曲采用了民族五声调式为主干的六声调式,所以听感像小调,歌曲中描写了冬九九结束时的初春美丽景色,成为纯朴、真挚、缠绵爱情的象征。这首歌曲已经传唱了半个世纪,是至今仍保持着旺盛生命力的经典作品。

师:展示图片和材料,1957 年电影《柳堡的故事》在宝应拍摄,在国内外产生了巨大的影响,一曲脍炙人口的"九九艳阳天"唱遍了全中国,流传了几十年。

【议学活动】

小组探究:为什么这部电影久久流传、这首歌曲唱响至今?

(生讨论、交流。)预设:(1)因为影片立足人民,扎根实践。(2)这是党领导人民在伟大的革命斗争中创造出来的革命文化,我们要传承这种文化。(3)影片里面的人物所反映出来的美好品质值得我们学习和传承。

师:一部电影之所以能被人叫好,就在于它有跌宕起伏的情节,埋藏已久的包袱,引人共情的情感,下面就让我们走进影片《柳堡的故事》,领略其中的文化之美。

九九艳阳天

影片《柳堡的故事》插曲

胡石言、黄宗江 词
高如星 曲

$1=C \dfrac{2}{4}$

| 5 5 6 1 | 6 5 3 2 5 · 6 | 1 1 6 1 2 3 | 2 — | 1 2 3 5 3 |

九九那个 艳 阳 天来 哟, 十 八岁的
九九那个 艳 阳 天来 哟, 十 八岁的
九九那个 艳 阳 天来 哟, 十 八岁的
九九那个 艳 阳 天来 哟, 十 八岁的

| 2 3 1 3 | 2 2 1 6 5 6 | 5 · 3 | 2 3 2 2 3 | 5 5 5 6 |

哥哥呀 坐在河 边 东风 呀呀 吹得那个
哥哥呀 想把军 来 参 这 呀呀 跟着
哥哥呀 告诉小 英 莲 风车 去 呀 那怕你 翻山
哥哥呀 细听的 小 英 那 怕 一去呀

| 2 · 3 1 2 6 5 | 3 5 3 2 3 | 3 3 2 1 2 3 5 | 2 2 3 7 |

风车 转 哪 蚕豆花 儿 呀呀
东又 风 过海 哥哥 记着 呀
千 万 里 这一去三 年 香两 呀呀
那怕你 十 载 八 载 呀呀

| 6 7 6 7 5 · 6 | 1 — | 5 5 5 6 | 1 1 1 3 | 2 3 7 6 5 6 |

麦 苗 儿 鲜。 风车呀 风车那个 依呀 呀
小 苗 儿 回 风向 这一去 不定那个 呀 难如
不 英 回 转。 呀 不要你 抢如林 车弹 英
不 莲。 那 不把我 呀 如 莲

| 3 5 3 2 3 | 3 3 2 1 2 3 5 | 2 2 3 7 | 6 7 6 7 5 · 6 | 1 |

唱 哪 小哥哥 为 什 么呀哪 不 开 言
转 哪 决心 下 有 胜利 忘 呀 开 见
雨 呀 这一去 革 命 红花 再 相 转
忘 只要你 胸 佩 何 回 家

(设计意图：本篇章首先由音乐老师带领大家初步鉴赏、了解电影主题曲《九九艳阳天》，在品味歌曲美好真挚情感的基础上，思政老师设问"为什么歌曲可以唱响至今"，在小组讨论的基础上挖掘歌曲中所蕴含的革命文化。）

环节二：赏文化之美

子议题2 主旋律电影为什么能牢牢占据大众文化主流市场？

【议学情境】 电影《柳堡的故事》

师：同学们，前几天我们观看了电影《柳堡的故事》。作为语文老师，我想请

大家一起讨论以下几个问题：1.请从不同人物的角度说一说这部电影讲了一个什么故事。2.结合电影情节评价给你印象深刻的人物。3.思考创作这部影片有什么意图。

生：（交流展示。）预设：

1. 情节：（1）李进和战友们在柳堡消灭敌伪汉奸解救二妹子等贫苦百姓的故事。（2）宋伟回忆抗战时期带领李进等新四军战士在柳堡消灭敌伪汉奸解救二妹子等贫苦百姓以及李进与二妹子美好爱情的故事。（3）柳堡二妹子一直被欺压，到被新四军解救，最后投身革命的故事。

2. 人物：（1）李进：对小牛很热情。看到田老头家房屋破败，就和战友帮助修理，打水、给米。得知二妹子等贫苦百姓受到欺负，帮助他们打击敌人，并解救他们（心地善良，同情百姓，热爱人民）。对欺压百姓的敌人十分愤怒（爱憎分明）。消灭敌人时冲锋在前（英勇无畏）。喜欢唱歌，对爱情充满向往（热爱生活）。经过教育放下爱情，果断出征（忠于革命）。（2）二妹子：生活苦难，勤劳勇敢，支持革命，拥护革命。

师：这部电影讲这些内容的目的是什么呢？

（生交流展示。）预设：

3. 立意：军爱民、民拥军的军民鱼水情。

师：因为故事发生在我们的家乡，电影《柳堡的故事》上映时产生了非常大的影响。我们刚刚从语文的视角解读出的诸多元素有哪些需要我们重点传承的呢？我们再次有请思政老师。

【议学活动】

在观看电影的过程中，也有人发出了这样的声音："如今我们早已身处和平年代，这样的影片已经过时了，为什么还要我们观看？"

师：小组探究，你们如何看待这样的观点？

（生交流展示。）预设：（1）虽然和平与发展是当今时代主题，但仍有一些威胁和平的因素存在，观看这样的电影可以提高我们的防范意识。（2）影片中人物所反映出来的爱国、勤劳、勇敢等中华民族的传统美德需要我们传承。（3）我们要坚定文化自信，大力弘扬中华文化。

师：如今，主旋律电影牢牢占据大众文化主流市场，拿2022年春节档电影为例，有期待再续家国情怀的《长津湖之水门桥》，抒写青春热血的《狙击手》，致敬情怀的《四海》……这些电影频繁引发外界关注、掀起讨论热潮，已然是文化自信的最好例证。

师：京杭大运河穿邑而过，《柳堡的故事》在这里诞生，历经60余年而不衰。我们的柳堡人民将"二妹子"身上所反映出来的军民鱼水情谊与共同革命的精神，称为"二妹子精神"。透过历史硝烟，走进新时代的"二妹子"民兵班姑娘们，接过爱国拥军的接力棒，谱写出一曲曲闪光的青春之歌。

（设计意图：由第一篇的音乐鉴赏过渡到第二篇探究影片中的文化之美。围绕影片，语文老师设计了三个问题带领学生分别探究"情节之美""人物之美"和"立意之美"；紧接着思政老师立足学生实际，以小组为单位探究学生在观看电影中产生的疑问，引导学生得出我们要坚定文化自信，大力弘扬中华文化的结论。）

环节三：传红色基因

子议题3　青少年该如何弘扬"二妹子"精神？

【议学情境】　参观宝应"柳堡二妹子"民兵连

师：首先有请我们的宣讲员，请他们说说在参观完民兵活动中心后有什么感受？

（生交流展示。）预设：（1）因为柳堡镇是革命老区，有着光荣的革命传统。当年柳堡人民为祖国的革命事业主动送子送夫参军。在纷飞的战火中，用小船、扁担加入支前队伍。那一个个动人的故事至今使我们心潮激荡。透过历史的硝烟，走进新时代的"二妹子"民兵班姑娘们，接过爱国拥军的接力棒，谱写出一曲曲闪光的青春之歌。我们也学习了他们的精神，观赏了电影《柳堡的故事》，更见到了他们那个时代的文物。他们的故事动人心魄，让我们从心底佩服。我希望大家可以一起学习"二妹子"的无私奉献、坚持不懈的新时代的劳模精神。（2）在老师的带领下，我们参观了柳堡"二妹子"民兵活动中心。在展馆内讲解员仔细介绍了柳堡人民革命斗争史，我仔细聆听并细心欣赏一幅幅珍贵的照片。对"二妹子"模范民兵英雄事迹十分敬佩，也被"二妹子"身上所展示出来的军民鱼水情谊与共同革命精神所感动。我们要学习和发扬"二妹子"模范民兵精神，以实际行动践行初心。

师：自由讨论新时代"二妹子"精神的内涵是什么？

（生交流展示。）预设：爱党爱国爱人民、无私奉献、坚持不懈等。

师：（展示材料与图片）今天的"二妹子"从人员装备到训练保障都发生了很大变化，但"见第一就争、见红旗就扛"的好作风没有变，巾帼不让须眉的那股子精气神没有变。《中国国防报》头版头条详细讲述了"柳堡二妹子"民兵连适应时代，推进转型发展的故事，称之为"唱响新时代的'九九艳阳天'"。

为传承"二妹子"精神，使"二妹子"精神永驻我们的校园，包括我校在内的许多学校也把"二妹子"民兵联袂共建纳入地方课程，使"二妹子"精神在我们学校生根、发芽、开花、结果，成为学校文化靓丽的名片。

【议学活动】

在新时代背景下，我们传承"二妹子"精神有着怎样的意义呢？

（生交流展示。）预设：(1)"二妹子"精神，是一种革命文化，是中华文化的重要组成部分，是中国共产党领导苏区人民在伟大的革命斗争中创造出来的先进文化。(2)这种精神是我们中华民族一种最深层的精神追求、精神标识、精神支柱，是激励我们为实现中国梦、扬州梦而奋斗的不竭动力。作为中学生，要坚定文化自信，传承红色基因，弘扬"二妹子"精神。

师：作为中学生，我们该如何弘扬"二妹子"精神，推动艳阳新曲走向全国，走向世界？

（生交流展示。）预设：学习科学文化知识，强健体魄，准备参军；办手抄报、黑板报，利用各种各样的平台去宣传等。

教师总结

"二妹子"，不仅仅是一个简单的名词，也不仅仅是一支普通的民兵队伍，更是一种信仰，一种坚守，一种最可贵的精神！千年京杭大运河，滋养扬州一方水土。扬州，不仅是有光荣革命传统的红色热土，还有着深厚的红色文化根基。本节课到这里就结束了，身为扬州人的我们，赓续文化血脉，传承红色基因，这是历史赋予我们的责任与使命，让我们一起共唱《九九艳阳天》。

师生：共唱《九九艳阳天》。

（设计意图：第三篇章聚焦影片背后所凝聚的"二妹子"精神。"二妹子"民兵连就是新时代"二妹子"精神的传承与延续，通过学生亲身实践探究新时代"二妹子"精神的内涵，理解弘扬"二妹子"精神的重要性，最后从实际出发，请学生们为"弘扬'二妹子'精神，推动艳阳新曲走向全国，走向世界"出谋划策。在学生交流本节课收获的基础上进行总结升华，作为扬州人，必须要赓续文化血脉，传承红色基因，在合唱歌曲《九九艳阳天》的过程中结束本节课的学习，将本节课情感推向高潮。）

【教学反思】

本堂课取材于本土文化,围绕电影《柳堡的故事》以及影片的主题曲《九九艳阳天》展开教学,极大地激发了学生讨论的积极性和主动性。在备课过程中,通过实践小组提前在校园内展开随机采访,发现初中学生对于革命老区柳堡镇并不了解,也没有看过电影《柳堡的故事》。我们在课前带领学生观看电影、学唱歌曲时发现学生热情高涨,初步了解了其中蕴涵的革命文化,同时带领学生参观柳堡"二妹子"模范民兵班活动中心,这种亲身感受的方式极大地提高了学生的爱国爱党爱军之情。在课堂上,音乐、语文、道德与法治老师从鉴赏音乐、品味情节、传承精神三个方面出发,以小组讨论的形式,循序渐进地带领学生感悟其中蕴涵的革命文化、传统美德、民族精神,学生主体性得到突出,核心素养也在一步步地构建。这也启示我们要立足社会发展,以学生的生活为基础设计教学,真正让学生的核心素养落地开花。

【教学点评】

1. 基于学科融合的情境创设

本课的"融合"不是三个学科知识的大杂烩,而是以"传红色基因,扬'二妹子'精神"为主题,以"柳堡的故事"为真实情境,以"千年运河育宝地,艳阳新曲传九州"为融合主线,有主次地统整三门学科知识。以"运河""柳堡"两组图片导入,并作为创设情境的切入口,道德与法治学科通过了解"柳堡的故事",明确"二妹子"精神内涵,领会弘扬"二妹子"精神的重要性等,在环环相扣、递进延伸的活动中教育学生坚定文化自信。音乐学科从音乐审美的视角欣赏歌曲《九九艳阳天》,带着学生寻找与主题相符的情感表达,在情绪感染中实现情意交融。语文学科则在赏析电影《柳堡的故事》的过程中,引导学生感悟革命文化。课堂三个篇章所精心设计的情境化学科融合教学场景,或音乐渲染,或经典电影镜头回顾,或视频再现⋯⋯无论是学生融合活动兴趣点的激发,还是思维进阶思辨点的生成,都与情境紧密联系。课堂因情境而丰满,融合因情境而精彩。

2. 基于乡情文化的现实关注

运河文化、红色文化、红色精神是一幅画卷,呈现扬州之美;是一本史书,展现红色爱国的底色;是一盏清茶,滋润人心,涤荡心灵。本课基于乡情文化的现实关注,增强学生文化认同感,需要引导学生亲近乡情文化。在此基础上,深刻领会与理解中华优秀传统文化的核心思想理念、人文精神和传统美德,弘扬民族精神,坚定文化自信。本课道德与法治、音乐、语文三位老师共同聚焦"乡情文化"的特质与"千年运河育宝地,宝地孕育'九九艳阳'"这一红色文化品牌,在传承和发展运河文化中,更加开放自信地赓续红色血脉,弘扬新时代"二妹子"民兵班的精神,在基于乡情文化的现实关注中,深化学生对书本理论知识的理解,活化学生对知识能力的迁移与运用。

3. 基于核心素养的价值引领

本课集中指向《义务教育道德与法治课程标准(2022年版)》所强调的培育学生核心素养的课程理念,尝试完成涵养人文精神的任务,精细打磨教学环节,环环相扣,递进式延伸。本课教师以多重身份出现,鉴赏音乐和影片时是导游和观光同行者,探究思辨时是合作参与者,升华主题时是慷慨激昂的演讲者、红色文化的传承者。传道、授业、解惑,教师多重角色扮演,如运河之水润物无声。其价值引领落实于"水乳交融"式的课堂浸润中,"寻觅探访"的实践体验中,"不同观点"的碰撞争辩中,利用三个学科与"二妹子"精神的联系,充分挖掘和精选本地优秀传统文化课程资源和红色资源,组织学生通过参观访谈、现场观摩等方式走向社会,了解国情、乡情、民情,厚植爱党爱国爱家的情感,充分体现道德与法治课程的政治性、思想性、综合性、实践性,发挥其立德树人的关键作用,激发学生自觉承担社会责任,实现情感升华,做到知行合一。

(点评人:方长明　宝应教育局教研室)

第 5 课

增强文化认同

——觅茉莉花香，建人文扬州

授课教师：张　婷（扬州市广陵区华东师范大学广陵实验初级中学；道德与法治）
　　　　　李军军（扬州市广陵区华东师范大学广陵实验初级中学；生物）
　　　　　李逸凡（扬州市广陵区华东师范大学广陵实验初级中学；音乐）

教学目标

1. 创设《茉莉花》艺术情境，通过对曲子的欣赏品味，了解中华民族音乐的传承与发展过程，感受优秀传统文化的力量，增强对中华文化的认同感和归属感；培养热爱中华文化和扬州古城的情感；增强对民族文化的自尊心、自信心和自豪感，从而培养学生的政治认同素养。

2. 创设茉莉花的真实生物情境，通过观察学习，能够描述茉莉花的品性及价值，训练观察、思考、分析、综合的能力，在问题解决中逐步培养科学精神素养。

3. 开展共建人文扬州的筹备会，知道中华文化的意义，知道弘扬中华传统文化的重要性，知道如何弘扬中华文化以及建设美丽扬州的措施，培养学生的公共参与素养。

教学重点和难点

1. 教学重点：弘扬中华文化。
2. 教学难点：树立文化自信。
3. 重难点确定依据分析：中华优秀传统文化是中华民族的根，扬州作为一座有着两千多年悠久历史的文化名城，拥有着丰富的文化底蕴。通过此课，教师从中华文化的丰富与发展角度，讲述中华民族在五千多年文明发展中孕育、创造的源远流长、博大精深的中华文化，有助于增强青少年对优秀传统文化的自豪感，坚定文化自信，为中华民族的伟大复兴提供精神动力。

学情分析

"人生的扣子从一开始就要扣好。"初中学生正处于世界观、人生观、价值观形成的关键时期,使学生打牢中华文化底色,自觉培育和践行社会主义核心价值观,对学生的健康成长具有重要意义。

随着年龄的增长以及学科知识的积累,九年级学生对中华文化有了一定的认知。但是,九年级的学生受其心理发展水平、认知能力及辨别是非能力的限制、在一定程度上会缺乏对中华优秀传统文化价值的认识,从而忽视对中华优秀传统文化的继承与发展。

基于以上考虑,通过学习本课,引导学生有意识地了解中华文化的传承与发展,从而使学生自觉重视中华文化的价值,形成对民族文化的认同,增强对中国特色社会主义文化的价值认同与自信,同时激发学生参与到文化传承的实践中去的热情。

融合教学分析

1. 融合学科:道德与法治、生物、音乐。

2. 融合依据:本课主题为"觅茉莉花香,建人文扬州",在道德与法治课堂教学中,以鉴赏传统文化为主线,打破其与生物、音乐的学科界限,有机渗透音乐及生物知识:了解中华民族音乐的传承与发展以及茉莉花的品性价值,实现道德与法治和音乐、生物的学科融合,激发学生兴趣,增强学习动力;活跃课堂气氛,强化学生感知;升华情感体验,优化教学效果,从而提升学生道德水平,促进他们形成良好的人生观、世界观和价值观。

教学准备

1. 利用周末时间游逛扬州历史景区或现代性标志建筑,感受到扬州古今结合的独特魅力。

2. 搜集资料,初步学习茉莉花的相关品性。

3. 聆听《茉莉花》,了解茉莉花传唱海内外的过程。

教学过程

总议题 觅茉莉花香，建人文扬州

【导入新课】

播放视频：《歌唱祖国·一首歌一座城》之江苏扬州《茉莉花》

师：国庆假期里，央视网《歌唱祖国·一首歌一座城》栏目播出了江苏扬州《茉莉花》篇。一首歌传万家，一座城美名扬，茉莉花的故乡，古老的扬州用歌声唱出古城的璀璨历史和新时代的荣耀。以歌传情，以情言志，让我们跟着《茉莉花》聆听扬州城的音乐故事。同学们在观看视频的时候关注这其中出现了哪些你熟悉的地方，看完视频你有何感想。

生：东关街、明月湖、个园、万福大桥、瘦西湖……扬州是个旅游城市，同时也是一座历史文化名城，景美文化美。

师：3分钟的短片中，既出现瘦西湖、个园、古运河、东关街等扬州历史景区，也出现了万福大桥、明月湖等现代性标志建筑，还有戏曲、扬州清曲等非遗技艺展示，充分展现了扬州独特的文化旅游魅力。《歌唱祖国·一首歌一座城》系列在全国每个省份只选取3首歌曲和3座城市，讲述"城"与"歌"的故事。在这种背景下，栏目制作人很早就定下了扬州，定下了《茉莉花》。我们会有些纳闷，为栏目制作人所钟情的茉莉花与扬州有什么渊源呢？让我们一起来探寻其中的奥秘。接下来让我们首先跟随生物李老师以茉莉花品扬州自然之美。

（设计意图：以《歌唱祖国》巧妙地导入新课，使学生的兴奋点转移到课堂上来，思维进入到美丽扬州的情境中来，在熟悉的景象和旋律中自然而然地感叹扬州古城的文化生态之美。）

环节一：花香涌流，领略自然之美

子议题1 茉莉花的生物品性你了解几分？

【议学情境】 认识植物茉莉花

师：2020年11月11日，中共江苏省委新闻网新闻显示，扬州连续四届获全国文明城市，这是中国大陆城市发展整体水平的最高评价。在刚才欣赏的两段视频中，我们深切感受到了扬州生态环境的美好。在视频中，同学们还听到了一段美妙的音乐,它是哪首扬州民歌?

(学生回答,)预设:茉莉花。

师:茉莉花是扬州民歌,承载了太多扬州人的情感,现在我们一起走进植物茉莉花的世界,去看看是不是和歌中主人公唱的那样值得冒着被骂的风险采一朵来戴?

【议学活动】

教师白板展示茉莉花植株图片,并提出四个问题驱动学生认识茉莉花:①从分类地位上讲茉莉花属于什么植物?②茉莉花的生活环境有什么特点?③茉莉花的花冠有哪些类型?④茉莉花有哪些价值?

生:课前自主阅读茉莉花学习材料,分析思考以上问题,课中展示并与其他学生及老师互动。

师:从分类地位上讲茉莉花属于什么植物?

(学生回答,)预设:被子植物。

师:茉莉花是被子植物,具有根、茎、叶、花、果实和种子六大器官。茉莉花的生活环境有什么特点?

(学生回答,)预设:茉莉花性喜温暖湿润,在含有大量腐殖质的微酸性砂质土壤的半阴环境生长最好。气温低于3℃时,茉莉花枝叶易受冻害。

师:根据茉莉花对生活环境的要求,思考为什么在扬州的野外茉莉花不常见。

(学生回答,)预设:扬州冬天气温偏低,茉莉花会冻死,无法生存。

师:环境影响生物的生存和分布,生物也能影响环境,每一种生物都有自身独特的适应环境的结构和生理。茉莉花的花冠有哪些类型?

(学生回答,)预设:重瓣茉莉、单瓣茉莉、双瓣茉莉。

师:不同分类标准,茉莉花的分类不同,从花冠类型看,茉莉花分单瓣茉莉、双瓣茉莉及重瓣茉莉。教师白板展示三种茉莉的图片,学生观察思考哪种茉莉花香味最浓?为什么?

(学生回答,)预设:单瓣茉莉,单瓣茉莉依靠浓郁的花香吸引昆虫完成传粉。

师:结合生活思考,茉莉花有哪些价值?

(学生回答,)预设:茉莉花茶、花店卖茉莉花,茉莉花香水等。

师:分析总结学生的回答,归纳茉莉的食用、药用、经济、生态及潜在价值;白板展示完整的茉莉花植株,结束生物部分学习,引出第二环节的学习。

(设计意图:承接导课视频,激发学生由《茉莉花》这首歌思考茉莉花这种植物,过渡到环节一。建构任务链,通过任务驱动学生学习茉莉花。反馈学生课前学习情况,师生互动生成课堂。回忆七年级生物上册内容,从环境与生物相互的关系角度思考回答问题,引导学生学以致用,分析解决简单的与生物相关的问题。)

环节二:鉴赏名曲,感受艺术之美

子议题 2 《茉莉花》的艺术之美你品到了几成?

【议学情境】 欣赏品味《茉莉花》

师:京杭大运河贯通南北,也使得音乐文化源远流长,小小的茉莉花在这股水流中大放异彩,刚刚我们欣赏了茉莉花,感受了她的芳香。下面,我们一起来看一看地道的老扬州人是怎么赞美茉莉花的。

师:同学们,在聆听《茉莉花》的时候,你在歌曲中都听到了什么样的情绪,歌曲的速度是怎样的?

(学生回答,)预设:对茉莉花的赞美之情,洁白的茉莉表达了人们对纯真情感的向往,旋律舒缓等。

师:非常好,看来大家都听得十分仔细。

【议学活动】

跟着音乐,一起来唱一唱《茉莉花》。(唱谱)

(播放音乐《茉莉花》)

师:请你来说,都出现了哪几个音?

(学生回答,)预设:出现了 1、2、3、5、6 这五个音。

师:这几个音都有他们自己独特的名字,有哪位同学知道?

(学生回答,)预设:宫、商、角、徵、羽。

师:没错,分别是宫、商、角、徵、羽。用这 5 个音创作的调式被称为中华民族五声调式。同学们还知道哪些歌曲是用中华民族五声调式来创作的?

(学生回答,)预设:《杨柳青》《无锡景》、云南民歌《小河淌水》。

师:民歌来源于生活,民歌中亲切抒情、委婉细腻柔美的曲调,我们将之称为——小调,所以今天我们欣赏学习的歌曲《茉莉花》也是属于民歌中的小调。

《茉莉花》作为经典民歌,流传甚广,她借着大运河这股激流,涌向了世界。意大利作曲家普契尼在歌剧《图兰朵》中,也采用了中国民歌《茉莉花》的旋律,这是最早走向世界的中国民歌。

下面我们一起来听一听意大利作曲家普契尼是如何将中国的民族五声调式

融入进西洋调式中的,一起来欣赏歌剧《图兰朵》选段,了解我们的《茉莉花》是如何展现中华民族音乐风采的。(播放《图兰朵》视频。)

师: 由茉莉花延伸而来的音乐作品丰富绚丽,我们喜爱茉莉花,同时也为江苏能够拥有这么优秀的音乐遗产而感到自豪。汇通中西,京杭大运河岸,伴着茉莉清香,沿岸风景如画。接下来,有请思政老师带领大家一起探索扬州城的生活之美。

(设计意图:以江苏扬州民歌《茉莉花》进行导入,作为一首同学们耳熟能详的歌曲,在进行欣赏时,可增加学生们的亲切感,能够更好地去感受歌曲,体会歌曲中所包含的情感。以中国五声调式为切入点,架起中西方音乐文化交融的桥梁,在感受中国音乐在西方发展的同时,也能体会到中华民族音乐的博大精深。)

环节三:传承弘扬,创造生活之美

子议题3 青少年要如何传承延续中华文化?

【议学情境】"共建人文扬州"我参与

师: "好一朵美丽的茉莉花,芬芳美丽满枝丫。"在动听的《茉莉花》旋律中,我们跟随着李老师探寻了《茉莉花》这首民歌传唱海内外经久不衰的奥秘,体会了《茉莉花》与大运河以及扬州历史文化名城之间千丝万缕的联系,感受了扬州的艺术之美。再次感谢李老师。

同学们,我们欣赏了《茉莉花》,了解了这首歌传唱海内外的奥秘,想不想知道它是如何诞生的?接下来,老师给大家讲一讲《茉莉花》这首歌的来历。1942年冬天,新四军淮南大众剧团来到南京六合金牛山脚下演出。当时,随团而至的何仿慕名拜访了当地一位弹唱艺人。随后,弹唱艺人为其表演了民歌《鲜花调》。何仿一下子就被《鲜花调》的旋律迷住了,于是他花了大半天的时间,用简谱记下了该曲,并且按照艺人的方法准确唱了出来。该曲属于小调类民歌,是单乐段的歌曲。它以五声调式和级进的旋律,表现了委婉流畅、柔和与优美的江南风格,生动刻画了一个文雅贤淑的少女被芬芳美丽的茉莉花所吸引,欲摘不忍、欲弃不舍的爱慕和眷恋之情。全曲婉转精美,感情深厚又含蓄。我国的前线歌舞团跟随周恩来总理先后走访世界许多城市,像莫斯科、布达佩斯、雅加达、金边、万隆等地,当地的华人华侨听到这首歌,都非常喜欢,因为它唤起了华侨对祖国和家乡的眷恋之情。1997年6月30日午夜时分,在香港回归祖国,政权交接仪式开始之前,由中国军乐队演奏的第一首曲子,就是这首《茉莉花》。至此,我们探寻了《茉莉花》从诞生到传唱海内外经久不衰的奥秘,也体会了这首歌所蕴含的深厚情感。现在,我们对这首歌有了更多的了解和更深的情感。

在漫长的岁月里,大运河边的扬州城犹如一块磁石,引得世人纷至沓来。李白送孟浩然来扬州,写下千古名句"烟花三月下扬州";刘禹锡在扬州为白居易写下"沉舟侧畔千帆过,病树前头万木春"的佳句。这些隽永美丽的诗词,随着运河水的潺潺声,将"诗书气质"深深印刻在扬州人民的血液里,增添了扬州的生活艺术之美。现在,让我们一起来吟诵《黄鹤楼送孟浩然之广陵》和《酬乐天扬州初逢席上见赠》两首美丽的诗词,感受扬城浓厚的文化底蕴。

生:(齐声吟诵诗词。)

师:美丽的扬州先后获得了世界遗产城市、国家历史文化名城、具有传统特色的风景旅游城市等美誉。为深入贯彻习近平总书记对大运河文化带建设作出的"保护好、传承好、利用好"的重要精神指示,扬州在做好文物本体保护的基础上,还颁布实施了《扬州市大运河文化遗产保护条例》,使书写了千年传奇的大运河,继续闪耀着灿烂的历史光芒。让我们一起通过一则视频看一看扬州人民与运河的故事。

(播放央视《焦点访谈》之《非凡十年 古运河的重生》。)

师:作为伴河成长的扬州人,我们深感幸福。扬州市民的幸福感来源于什么?视频中的店主是如何传递和延续这份幸福的?

(学生回答。)预设:扬州市民的幸福感来源于:周边优美的环境、丰富的文化活动、扬州城本身丰富的文化底蕴以及由此哺育出的热情阳光的扬州人……视频中的店主通过在扬州古街上开店以及展示售卖文创作品的形式向更多人介绍扬州的文化历史以传递延续这份幸福。

师:这位接受采访的老板助力了扬州文化、中华文化的传播与延续,我们也要进行思考,我们能够做些什么以传承延续中华文化,让扬州继续闪耀着历史光芒呢?现在让我们化身主办方,策划一场共建人文扬州的筹备会。

【议学活动】 策划一场共建人文扬州的筹备会

生:(1位学生宣读活动目的。)

全体学生以小组为单位思考活动主题,小组投票决出主题(传承传统文化,共创人文扬州);学生思考提出活动形式:人文扬城诗画作品、《茉莉花》歌曲齐唱、环保衣物T台秀、传统文化展示会……

师:我们同学的探究过程实质上也是一种探究如何将中华文化传承好、发展好的过程。

《茉莉花》这首歌在极具东方韵味的旋律中,作为中华文化的象征不时地在世界各地唱响,它集合了上百年的国乐精华,成为一首代表着和平和友谊的歌曲,成为一张中国送给世界的音乐名片。它曲调委婉悠扬,在中国乃至国际上,都具有极高的知名度,被广为传颂,成为中国文化的代表元素之一。我们不仅要传唱好这首歌,而且要把这样的优秀的传统文化保护好、传承好,创造更加美好的生活。

师: 同学们,今天这节课我们以茉莉花品扬州自然之美,鉴艺术之美,创生活之美,是一场美的体验。如今"好上加好"的前行号角已经吹起,相信"好地方"扬州将在我们的共同致力下好上加好,越来越好!书写新的璀璨历史!

(设计意图:通过思政教师给大家讲述关于《茉莉花》这首歌的来历环节,帮助学生充分探寻《茉莉花》这首民歌从诞生到传唱海内外经久不衰的奥秘,使得学生产生对中华文化的认同感、自豪感。教师带领学生共同吟诵与扬州相关的隽永美丽的诗词,体会扬州古城的文化底蕴,增添"诗书气质"。以一则视频帮助学生从他人传承传统文化的行动中获得灵感,自觉积极参与到传统文化的保护与传承中去,以小主人翁的身份参与到传承传统文化、共建人文扬州的行动中去。)

【教学反思】

本节课以扬州民歌《茉莉花》为切入点,从对植物茉莉花的分析,过渡到《茉莉花》这首家喻户晓的民歌的赏析,再延伸到扬州人民生态建市、文化强市,共建人文家园的发展理念。教学设计主线明确,符合学情,以小见大,巧妙地将道德与法治、音乐及生物三门学科串联起来,实现了思政课引领、其他学科协同育人的新尝试。

本节课将教学内容问题化,通过问题的精心设计引导学生认识茉莉花。教学目标切合学生认知水平,任务驱动造就高效课堂,学生学有所获。提问是教学的精髓,在一定程度上问得好就是教得好。之后的教学要继续强化问题意识,既要重视问题的预设,又要重视问题的生成,让课堂动起来、思维活起来。

《茉莉花》是扬州民歌,是扬州优秀文化的代表,对在教学中挖掘本土优秀资源育人有重要意义。音乐老师通过组织学生听《茉莉花》,带领学生唱《茉莉花》,引导学生分析曲谱的特点等几个活动,驱动学生感悟艺术之美。在思政课中,《茉莉花》不只是一首歌,老师要深入挖掘类似于《茉莉花》这样的本土资源内涵的思政育人的价值,驱动学生进入深度学习。

运河思政课重在思政,要重视思政课育人的本质,把活动和教学内容、教学目标结合起来,上有思政特点,又有跨学科融合育人特色的思政课。本节课有两个明显特点:一是视频多,选择画面清晰且学生能产生共鸣的视频,契合本课主题和目标,很好地引领学生对传统文化产生认同感和自豪感;二是活动育人,教师注重学生在活动参与中的感悟、内化和对知识的思考。在日后的教学中，课中活动设计要明确目标，注重任务驱动，关注教学内容，让学生能在运河思政课中既掌握核心知识又发展核心素养。

【教学点评】

1. 以明晰的主题探索学科融合。本节课以"茉莉花"为主线，以"人与自然和谐共生"为主题，旨在让学生在活动参与中感悟、内化、实践"绿水青山就是金山银山"的发展理念。本课从对茉莉花分类、生活环境、价值类型的介绍，过渡到《茉莉花》这首家喻户晓民歌的赏析，延伸到对人与自然关系的探究，对优秀传统文化的溯源学习和继承思考。整节课在设计和实施的时候3位教师明确同一个主题从生物生态、音乐鉴赏、思政引领这三个角度多方帮助学生充分了解茉莉花以及扬州古城的人文、生态情况，使得学生真真切切增强对扬州古城的探索欲和身在扬州的自豪感。教学设计主线明晰、主题鲜明，巧妙地将生物、音乐、道德与法治三门学科融合起来，有效探索了思政课引领、其他学科协同育人的新路径。

2. 以教师的主导提升学生素养。本节课中，教师"基于教材、活用教材"，挖掘运河文化资源，尝试跨学科教学。思政教师设置结合民歌，让学生思考"民歌说明了什么？""怎样去看待？""优秀民歌我们怎样去传承？"等问题引领学生进行深度学习。整个过程所利用挖掘的素材都是学生平常已经有所耳闻有所接触有一定认知的本土资源，这样素材的选取更有利于帮助学生在教师营造的情境当中真实主动地增强能力、增添情感。三位教师通过看视频、看实物、听音乐、读古诗、唱民歌、辩话题等活动形式，引领学生在丰富多样的活动中积极思考，增添了小主人翁意识并增强了学生参与建设美丽城市的责任感与积极性。

3. 以学生为主体实现灵动课堂。本节课秉持"以生为本"的教学理念，教师在课前通过和部分学生交流的形式了解学生已掌握知识的水平范围，继而基于学生成长的真实需求，通过搜寻资料、实物研究等方式充分挖掘本土教学资源，在看视频、看实物、听音乐、读古诗、唱民歌、辩话题等多样的教学形式中营造了真实的情境和轻松、愉快的学习氛围，学生沉浸在一环扣一环的教学过程中，学生主体的主观能动性得到发挥，个性得到和谐发展。在本节课中，三位教师在把学科知识力争讲生动的同时，都采取任务驱动的教学方法，让问题成为活动的起点，合作成为问题的延伸。师生之间的互动和对话效果良好，学生不时有精彩的表现，学生的思维、思想在生成中闪光。

(点评人：王超　扬州市广陵区教育局教研室)

第 6 课

文化传承与创新

——吃早茶，话文化

授课教师：曹　兰（扬州市朱自清中学；道德与法治）
　　　　　刘　玉（扬州市朱自清中学；语文）
　　　　　陈冬梅（扬州市朱自清中学；历史）

教学目标

1. 创设"乾隆南巡"的情境，通过学生课本剧表演活动，体会扬州早茶文化的源远流长与博大精深，感受家乡扬州在历史上的重要地位，培养热爱家乡的情感，认同扬州早茶文化，坚定文化自信。

2. 创设"飞花令"的情境，通过分享交流古诗词中的扬州，感悟运河畔丰富的文化历史内涵，激发学生对家乡的文化认同，增强文化自信心。列举古诗中关于扬州早茶的描写，创设"猜谜语"的情景，通过品读诗歌、品味早茶、品评扬味三个环节让学生在猜谜语的趣味中加深对扬州早茶文化的认识。

3. 创设"扬州早茶口碑老店与人气新店分析"情境，通过"观点思辨"活动培养学生的健全人格，理性平和地表达意见；通过"方案策划"活动培养学生的责任意识，关心社会发展，增强主人翁意识与担当精神。

教学重点和难点

1. 教学重点和难点：正确认识扬州早茶文化的传承与创新。

2. 重难点确定依据分析：扬州早茶文化历史悠久，自古流传着"早上皮包水，晚上水包皮"的民谚。其中的前半句，指的是当地人吃早茶的习惯。但初中学生对此关注或了解不多，对扬州早茶的历史及其中的文化气息更是知之甚少。引导学生从历史及语文的角度感受扬州早茶的魅力，并增强责任意识，思考扬州早茶文化如何更好地传承与创新以面向未来，既是学生思维的难点，也是本课教学的落脚点。

学情分析

当今时代,中外文化交流碰撞不断深入,西方快餐在年轻人中非常受欢迎。学生对于扬州早茶都有所耳闻,但由于生活节奏快、学习压力大、早晨胃口欠佳等种种原因,学生几乎没有吃早茶的习惯,对于家乡扬州优秀传统文化的重要组成部分——早茶文化的理解还停留在表面。初中学生处于价值观形成的关键时期,需要有意识地引导学生感受扬州早茶文化的魅力和力量,增强对家乡文化的认同感和归属感,坚定文化自信,以实际行动弘扬扬州早茶文化,增强责任意识。

融合教学分析

1. 融合学科:道德与法治、历史、语文。
2. 融合依据:扬州是人物荟萃之地、风物繁华之城,素有"雄富冠天下"之称。朱自清先生客居扬州的时候说过,"扬州是吃得好的地方",早茶文化是扬州饮食文化中极为重要的一部分。文化自信,是更基础、更广泛、更深厚的自信。当今世界,各种饮食文化相互碰撞,本课教学从扬州早茶文化中发掘资源,历史老师带领学生追寻扬州早茶文化历史,培养学生对家乡扬州的自豪感,语文老师带领学生品味诗词里的扬州早茶,培养学生热爱家乡的情感与文化自信,道德与法治老师带领学生思考扬州早茶文化如何在传承与创新中更好地走向未来,激扬责任担当。

教学准备

1. 教师准备:指导学生小组做好研学准备,搜集素材,制作PPT。
2. 学生准备:小组研学,制定研学计划,查阅资料、实地考察、初步了解扬州早茶文化并思考如何进行扬州早茶文化创新,做好展示准备。

教学过程

总议题 探寻扬州早茶文化,感悟文化传承与创新

【导入新课】
1. 视频欣赏:《扬州早茶》。
2. 学生分享"我最爱的扬州早茶"。

提出话题：扬州早茶文化是怎么产生的？又该怎样传承与发展？

总结提炼：扬州作为美食之都，早茶文化成为扬州美食的代表。那么扬州早茶文化是怎么产生的，在今天又该如何更好地发展呢？让我们一起探寻。

（设计意图：本环节通过富春茶社宣传视频的形式展现扬州独特的魅力，尤其是早茶文化，调动学生入课的兴趣，厚植学生热爱家乡、认同家乡文化的情怀。）

> **环节一：悠久的历史——早茶文化兴起缘由**

子议题1 扬州早茶文化的兴起缘由是什么？

【议学情境】 盐商之富

1. PPT展示：乾隆南巡图

师：1751年正月十三，乾隆皇帝率皇太后、皇后、嫔妃、大臣、侍卫等2000余人南巡，船只总计400多只。前呼后拥，浩浩荡荡，沿着京杭大运河下江南。他有没有来扬州啊？来了，乾隆六次南巡必到扬州，而且还要住上几天，足见他对扬州的喜爱，那么扬州有什么吸引着皇帝呢？

（生回答。）预设：园林、淮扬菜……

师：其实南巡之前，乾隆皇帝已经接到奏报，扬州盐商为此次南巡已经捐银100多万两。此外，盐商们为了迎接圣驾，还准备了一系列的惊喜。美味的淮扬菜、豪华的行宫、精致的园林、精彩的戏曲表演，比如我们最熟悉的瘦西湖中的五亭桥、白塔、钓鱼台等等。不仅仅清帝南巡，造行宫、造庙宇、平定新疆准噶尔叛乱、赈灾，扬州盐商都是要拿钱的。以至于乾隆皇帝不得不感叹：扬州盐商之富庶，朕不及焉！所以，当时的扬州盐商用一个词来形容就是"富可敌国"。

2. 盐商如何花银子

师：中国人有了钱之后会干什么？

（生回答。）预设：造很大的房子、还要有一群人伺候着，穿的要讲究、吃的要讲究。

师：所以财富让盐商们的生活精致而讲究，这种精致而讲究的消费风气促进了扬州饮食、理发、沐浴等行业的发展，据史料记载，这一时期扬州茶肆"甲于天下，多有以此为业者"（《扬州画舫录》），出现了很多茶楼，比如著名的富春、冶春茶社等，盐商们的享乐生活也影响了今天扬州人的生活。早上皮包水，也就是扬州人的早茶,晚上水包皮,也就是泡澡堂子,悠然自在。

【议学情境】 富之来源

1. 隋朝大运河

师:这时候,我们是不是有一个最大的疑问:为什么扬州盐商这么有钱呢?他们的银子是哪里来的呢?有趣的是,扬州盐商大部分都不是扬州人,其经营范围也不只是在扬州地区,那么他们为什么都不约而同地聚集在扬州呢?这一切还得从一条大运河说起(PPT展示隋朝大运河),请同学来介绍一下课前准备,小组代表展示,结合地图,介绍隋朝大运河。用一二三四五来进行概括:一指一条贯通南北的大运河,二指全长2700多千米,三指三点,以洛阳为中心,北抵涿郡,南至余杭,纵观这条河,就像一个人字一样,四指分为4段,从北向南,分为永济渠、通济渠、邗沟、江南运河四段,五指连接5大水系,分别是海河、黄河、淮河、长江、钱塘江五大水系。那隋炀帝为什么要修建大运河呢?魏晋南北朝时期,南方地区得到开发,而全国的政治中心在北方,长安洛阳,隋炀帝需要把南方的物资运到北方,于是兴建运河。

师:大家知道这4段当中,哪一段是最早开凿的吗?对了,邗沟,公元前486年春秋时期,吴王北上争霸,筑河道,把长江水引入淮河,成为一条军事运输通道。为打仗而开通的人工运河却在和平时期发挥的重要作用。隋朝时期,隋炀帝以扬州为中心,在古邗沟的基础上,不断向南向北延伸,就形成了隋朝大运河。邗沟被认为是大运河的开端,因为这条人工运河的开凿,还诞生了一座城市,扬州。那么在大运河的历史上,扬州到底扮演着什么样的角色呢?请看故事《扬州来的救命粮》。

2. 扬州的地位

[学生]表演课本剧《扬州来的救命粮》。

旁白:故事发生在唐德宗贞元二年,也就是公元786年。

大臣1:禀报皇上,都城长安一带,因为连年战乱和自然灾害,百姓食不果腹,草根树皮都已经吃得一干二净了。

唐德宗:哎。

大臣1:更加糟糕的是……

唐德宗:什么事?快说!

大臣1:禀报皇上,淮西节度使李希烈还在造反,霸据东南,自立为王。

唐德宗(强装镇定):赶紧派兵前去平叛……

大臣2:报!禀报皇上,由于叛军造反,致使由扬州起运,通过大运河运往长安的一批粮食,不得不停运了。

唐德宗:完了!完了!(与太子抱头大哭)我们可能要被活活饿死了……

旁白:(百姓早已饿得头昏眼花,就连守卫皇宫的禁军也已经几天吃不上饭了。眼看禁军的暴动一触即发,就在这危急时刻)

大臣3李泌(高兴地说):禀报皇上,江淮转运使韩滉从扬州发运的3万斛大米运抵陕州。

唐德宗(高兴地)对太子说:"米已至陕,吾父子得生也。"

师:这个故事说明了什么?说明了扬州交通地位的重要性。那么,扬州为什么具有这样优越的交通位置呢?请结合邗沟地图。

(生回答。)预设:扬州正好处在长江以北,淮河以南,又是在运河口。

师:总结扬州的地理位置特点,扬州正好处在长江以北,淮河以南,又是在运河口,而且运河从城内穿过,这样的一种交通优势,使扬州天然地成为一个集散地。而且南方的物资要到北方地区,必须要走扬州,扬州自然就成了大运河上唯一的转运枢纽,包括盐、铁、茶、丝、药材、瓷器等货物都是从这里转运到中国各地,甚至是世界各国。难怪当时流传着"天下之盛,扬为首"的说法。

3. 清朝"扬州繁华以盐盛"

师:虽然之后王朝更替带来的战乱,也让扬州几度萧条,但每一次,运河都会给这座城市带来新生的力量。

元朝建立后,定都大都,即现在的北京。为了更快捷的获取南方的物资,元世祖裁弯取直,使运河从杭州直达北京,形成了京杭大运河,全长比隋朝大运河减少了900多公里,而扬州依然是重要的交通枢纽,扬州城也逐渐恢复往日的繁华。到了清朝,其繁盛达到顶峰,而其中最富裕的莫过于扬州盐商了。那么盐商的钱是怎么来的呢?

(生回答。)预设:盐虽是一种不起眼的调味料,但却是平常老百姓必备的食物,所以需求量巨大。

师:当时清朝允许商人拥有食盐专卖权,所以经营盐业为商人群体带来了丰厚的利益。

师:当时全国有十一个盐区,为什么受益最大的群体,独属扬州盐商呢?

(生回答。)预设:因为大运河的便利。

师:以扬州为中心的淮河以南和以北的两大片产盐区,是中国最大的海盐产地。加上扬州在大运河上的运输便利,因此为了便于管理两淮盐务,清政府将两淮盐业的管理中心设在了扬州。于是两淮盐商聚居扬州,因为住在扬州,他们也被称为扬州盐商。

> **总结**

依托大运河,扬州盐商用盐换来了白花花的银子。他们垄断盐业,左右盐价,日进斗金。当时扬州一带的盐商富者以千万计,财产在一百万两银子以下的,只能算是小商人。家财万贯的盐商逐渐滋长了奢侈之风,他们出手阔绰,无论服装、饮食还是娱乐,都引领了扬州城的时尚风气、社会生活,扬州早茶文化也应运而生。所以纵观扬州历史,其因运河而兴,因盐而富,因富而孕育了早茶文化。所以扬州早茶文化历史悠久,没有大运河的孕育,扬州不会一次次焕发出无穷的生命力,也正因为大运河,扬州不断迸发出新的力量。

(设计意图:通过讲述乾隆南巡与扬州的故事,展现扬州盐商的富庶,盐商们精致而讲究的消费风气促进了扬州饮食等行业的发展,从而让学生明白扬州早茶文化的由来,体会扬州早茶文化的源远流长与博大精深。接着探究扬州盐商财富的来源,重点介绍大运河,通过课本剧使学生知道扬州优越的交通位置,以及其为扬州带来的繁华,使学生明白大运河与早茶文化的渊源,感受家乡扬州在历史上的重要地位,热爱家乡,认同扬州早茶文化,坚定文化自信。)

环节二:流淌的文化——诗词里的扬州早茶

子议题2　诗词里的扬州早茶是什么样的?

【议学情境】　诗话扬州

"胜日寻芳泗水滨,无边光景一时新。"《春日》是朱熹的一首代表作,他以哲人的笔触写下了生机勃勃的春天的景象。烟花三月,热门旅游城市是哪里?相信很多人会脱口而出扬州。作为一个被唐诗宋词拥抱的城市,自古以来的文人墨客就格外地偏爱扬州。这里有"二十四桥明月夜",有"珠帘十里卷香风",有"十里长街市井连",有"北郭清溪一带流"。扬州,这座清丽雅秀的城市在诗词里风雅了千年。

【议学活动】　飞花令"扬州"

(生回答。)预设:

故人西辞黄鹤楼,烟花三月下扬州。——李白

天下三分明月夜,二分无赖是扬州。——徐凝

春风十里扬州路,卷上珠帘总不如。——杜牧

二十四桥明月夜，玉人何处教吹箫？——杜牧

十年一觉扬州梦，赢得青楼薄幸名。——杜牧

人生只合扬州死，禅智山光好墓田。——张祜

谁知竹西路，歌吹是扬州。——杜牧

我梦扬州，便想到扬州梦我。——郑燮

北郭清溪一带流，红桥风物眼中秋，绿杨城郭是扬州。——王士祯

试问江南诸伴侣，谁似我，醉扬州。——苏轼

……

【议学活动】 品读—品味—品评

师：中国人对于滋味的追寻，从美味开始，但又不止于美味。"日啖荔枝三百颗，不辞长作岭南人"，面对生活的磨难，诗人笑对人生，用美食去抚慰内心的苦涩；"闻说故园香稻熟，片帆归去就鲈鱼"，跨越山海，家乡的滋味，足以洗去诗人漂泊的风尘。一方灶火，点燃的是信念，照亮的是人生。正所谓"人间有味是清欢"，接下来我们就来品一品扬州的味道。

（一）品读诗歌

师：请同学们猜一猜这是扬州早茶中的哪一道菜品？

（1）扬州好，茶社客堪邀，加料千丝堆细缕，熟铜烟袋卧长苗，烧酒水晶肴。——烫干丝

（2）翩翩起舞荷叶边，纤细窈窕花瓶腰。玲珑剔透翡翠色，精雕细刻金钱印。——翡翠烧卖

（3）横批竖切万丝缕，高汤鲜料大火熬。爽嫩鲜香满口绕，皆赞淮扬刀工好。——文思豆腐

（生思考、回答。）

（二）品味早茶

（学生品尝扬州早茶，并用多感官进行描写。）

（1）烫干丝：烫干丝，最初也叫"九丝汤"，用干丝外加火腿丝、笋丝、银鱼丝、木耳丝、口蘑丝、紫菜丝、蛋皮丝、鸡丝烹调而成，有时还外加海参丝、蛏干丝或燕窝丝。借用滋味鲜醇的鸡汁，多种佐料的鲜香味经过烹调，复合到豆腐干丝里，吃起来爽口开胃，异常珍美，令人食之不厌。现今大煮干丝，又有很大发展，以干丝、鸡丝为主，干丝洁白，外加鲜虾仁，缀以各种配料，称为什锦干丝，色彩美观，其味更鲜。

（2）翡翠烧卖：它以烫面手工擀成荷叶状薄皮，包入精制菜馅，外形酷似石榴，皮薄如纸，透出馅心翠绿。

(3) 文思豆腐：一块豆腐，在一位资深的大师傅手中，横切、竖切，几分钟的光景，一块豆腐就成了几千根豆腐丝，放在清澈的水中，根根清晰、粗细均匀。细如毛发的豆腐丝，被放入清水中润开，云雾般的形态，宛如一幅中国山水画。一眼看去，做好的文思豆腐，外形似菊花绽放；入口鲜滑无比，回味绵长。文思豆腐，流淌在盅中的，俨然是一幅活色生香的山水画卷。

（三）品评扬味

用一句话夸赞、宣传扬州早茶。

（生回答。）预设：

有品位，让味蕾不再平淡。

品扬州早茶，享惬意时光。

清早一杯茶，迎接一天的美好。

扬州早茶，美味到家。

师：大千世界，千滋百味，我们每天都在品尝各种各样的味道："烹羊宰牛且为乐，会须一饮三百杯"，那是最豪迈的味道；"莫笑农家腊酒浑，丰年留客足鸡豚"，那是最安心的味道；"西塞山前白鹭飞，桃花流水鳜鱼肥"，那是最风雅的味道；"至乐无声唯孝悌，太羹有味是诗书"，那是最清淡绵长的味道。每种味道都是从自然中采撷，经由生活酝酿。今天的扬州，虽早已没有富甲天下的光环，但吃早茶的传统风俗一直延续至今，延续着老苏中的慢生活，延续着弥漫在整座城市的烟火与温情，让我们在未来的日子里继续品味扬州早味。

（设计意图：通过分享交流古诗词中的扬州，感悟运河畔丰富的文化历史内涵，激发学生对家乡的文化认同，增强文化自信心。列举古诗中关于扬州早茶的描写，创设"猜谜语"的情景，通过品读诗歌、品味早茶、品评扬味三个环节让学生在趣味中了解扬州早茶文化。）

环节三：不息的精神——早茶文化走向未来

子议题3 扬州早茶文化如何更好地走向未来？

【议学情境】

习近平总书记在党的二十大报告中强调，发展面向现代化、面向世界、面向未来的，民族的科学的大众的社会主义文化，激发全民族文化创新创造活力，增强实现中华民族伟大复兴的精神力量。

师：浓郁的早茶文化是扬州的金字招牌。扬州早茶文化如何更好地发展呢？有请研学小组的代表介绍。

【议学活动】 观点思辨

（学生代表介绍课前研学成果。）

生1：扬州早茶有很多著名的老字号。我们在这里给大家介绍的是富春茶社。富春茶社是始创于1885年的老字号，被公认为淮扬菜点的正宗代表。（播放视频：寻访富春茶社）2022年11月，"中国传统制茶技艺及其相关习俗"被列入联合国教科文组织人类非物质文化遗产代表作名录，"富春茶点制作技艺"项目位列其中。我们认为，富春茶社的成功说明了，发展早茶文化，传承更加重要。

生2：我们要介绍的是扬州早茶届的"超级网红"趣园茶社。我们先来看一看，早上六点排队的盛况。面对这样的盛况，谁能想到，在2014年以前，趣园茶社还是一家经营不善的餐饮会所。近年来，趣园不断变革创新，利用"文化＋""精品＋""网络＋"，将传统文化、地方特色服务与现代市场营销、国际行业标准相融合，成为网红打卡地，促进了扬州美食文化的传承与发展。我们认为，发展早茶文化，创新更加重要。

师：发展早茶文化，传承更加重要VS发展早茶文化，创新更加重要。你支持哪个观点？请说出你的理由。

（学生抽签确定正反方，以小组为单位讨论后自由辩论。）

师：发展早茶文化，传承与创新都很重要。作为美食文化的重要组成部分，近年来，扬州在传承保护中坚持守正创新，大力推进早茶品牌化、特色化、国际化发展。习近平总书记指出："青年是常为新的，最具创新热情，最具创新动力"，他号召广大青年"到新时代新天地中去施展抱负、建功立业"。如果你是扬州早茶文化宣传小使者，你打算怎样促进扬州早茶文化的传承与创新呢？

【议学活动】 方案策划：我是早茶文化宣传小使者

要求：图文并茂的介绍小组策划的宣传方案

代表组1：提取早茶元素，运用流行产品为载体，设计研发文创伴手礼商品，多角度诠释早茶文化，引领年轻一代发现其魅力，从而传承早茶文化。（如"蒸笼"蓝牙音箱、"翡翠烧卖"零钱包、文化衫等）

代表组2：将传统早茶与年轻人的需求结合在一起，拓展原材料范围，创新早茶品种，设计生产适合年轻人快节奏生活模式的、可即开即食的扬州早茶。（如冰皮包子、五彩包子等）

代表组3：抓紧网络流量趋势，与直播平台合作宣传，开启"线上美食直播"模式，让品牌名气更上一层楼。同时，加强与自媒体大咖、美食达人的合作，提高宣传转化率。

师：同学们，没有奋斗的青春不算完整，没有创新的青春缺少色彩。希望你们将创新作为一种生活方式，用青春的能动力和创造力，让流淌了2500年的扬州文化，迸发出新的时代浪花，留下新的历史印记！

（设计意图："观点思辨"以课堂自由辩论引发学生对文化传承与创新的思考。课前学生搜集资料，课上充分讨论、辩论，培养学生搜集、整理资料的能力，小组合作探究能力，语言表达能力，全面看待问题的能力，学会倾听、理性表达。"活动策划"激发学生的创新兴趣与热情，培养学生综合运用所学知识解决现实问题的能力，为美丽家乡建设服务的主人翁意识和责任担当。）

【教学反思】

习近平总书记强调："大运河是祖先留给我们的宝贵遗产，是流动的文化，要统筹保护好、传承好、利用好。"道德与法治教师承担着传承中华优秀传统文化价值观的历史使命，要引导学生过积极健康的生活，做负责任的合格公民。本节课主要做到了：

1. 明确目标，精心设计教学活动。与协同教学老师共同备课，明确本节课教学目标。为了达成教学目标，将学习活动前置，带领学生到富春茶社和趣园茶社实地研学，学生充分感悟到文化传承与创新的重要性，并在课堂上积极展示研学成果。课堂上，无论是历史的情景剧表演还是语文品评等活动，都让学生在真情境、真任务、真分享中获得真知识、真感悟、真情感，充分印证了"生活永远是课堂的源头活水"。

2. 立足学情，提升学生核心能力。本节课三个环节的任务设置都关注学情、关注学生知识的生成过程，让学生充分运用学科知识解决问题。学生在思考、讨论、辩论中得出结论，从认识扬州早茶文化，到认可扬州早茶文化，再到认同扬州早茶文化。

3. 注重生成，培育学科核心素养。在三个环节的设计中，通过过程性评价与结果性评价相结合，教师评价、同伴评价与自我评价相结合，让学生不只学习知识，更提高能力，形成信念。

【教学点评】

1. 素养导向，课堂教学"有意义"。核心素养集中体现学科育人价值，是学生通过课程学习逐步形成的正确价值观、必备品格和关键能力。只有变成素养或智慧的知识才有力量,教师要思考,如何让知识变成素养?如何让知识变成智慧?本节课做了一次有益尝试。学生在表演历史剧《扬州来的救命粮》、分享交流古诗词中的扬州等活动过程中,感悟运河畔丰富的文化历史内涵,感受家乡扬州在历史上的重要地位,激发热爱家乡的情感,认同扬州早茶文化,坚定文化自信。在"观点思辨"活动中,学生遵循辩论规则,正反双方理性平和地表达意见,展现出较为全面的分析问题和解决问题能力,培养健全人格。在"方案策划"活动中,学生关心社会发展,用所学知识解决生活问题,培养责任意识、主人翁意识与担当精神。

2. 以生为本,教学活动"有趣味"。过去我们重视"教师怎么教",现在我们更重视"学生怎么学"。本节课堂教学设计体现了"一切从学生出发",以学生为本,以学生的发展为本,关注学生的整体发展。本节课教学活动设计时,创设思考问题的情境,教给资料运用的方法和共同探究的策略,提供学生表达和展示的机会,让课堂成为学生生命成长的地方。三位老师围绕扬州早茶文化这一主题,按照趣味性和生活化原则,创设"悠久的历史——早茶文化兴起缘由""流淌的文化——诗词里的扬州早茶""不息的精神——早茶文化走向未来"三个教学环节,开展课本剧、飞花令、品评早茶、观点思辨、方案策划等活动,在合适的时间,运用恰当的方式,引导学生体验。丰富多样的课堂教学活动,也搭建起情感交流的平台,拉近知识与学生的距离。学生积极自信、敢于表达,在思考、交流、讨论、合作中不断建构知识,培养关键能力。

3. 设疑启思,问题设置"有深度"。"学起于思,思起于疑",问题是科学研究的出发点,是学习新知识、掌握新方法、获得新思想的起点,也是激发深度学习的"动力引擎"。在本节课的教学中,历史老师引导学生思考"盐商富之来源"。语文老师带领学生品读诗歌,猜一猜扬州早茶菜品;品味早茶,从多感官角度描写;品评美味,用一句话夸赞、宣传扬州早茶。道德与法治老师则设置思辨话题"发展早茶文化,传承与创新哪个更重要?"等。一系列环环相扣的问题源于生活,贴近情境,让现实生活、学生经验和抽象知识之间建立联系,提升学生的课堂参与度,对问题的思考也逐渐深入。

(点评人:刘岚 扬州中学)

第 7 课
坚定文化自信

——缘：扬州与运河的前世、今生、未来

授课教师：方文凤（扬州市翠岗中学；道德与法治）
　　　　　李中霞（扬州市翠岗中学；历史）

教学目标

1. 创设古代扬州"因运而生、因运而兴"的活动情境，使学生感悟到家乡与大运河密不可分的关系，培养学生对运河文化的认同感、自豪感和珍视人类文化遗产的意识。

2. 创设现代扬州运河申遗、三湾改造的活动情境，让学生深刻理解"绿水青山就是金山银山"的科学论断，引导学生以责无旁贷的使命与担当，将感恩运河、守护运河、反哺运河的情怀转化为实际行动，努力谱写新时代扬州运河发展的新篇章。

3. 创设了解扬州非物质文化遗产的活动情境，让学生意识到保护大运河，不仅要把生态环境保护好，还要把历史文脉挖掘好，自觉保护、传承运河文化，从而实现文化认同的最高境界。

教学重点和难点

1. 教学重点：①缘续，理解扬州申遗及三湾改造的重大意义；②缘长，怎样拯救濒临灭绝的珍贵文化遗产？怎样让运河文化永续发展？

2. 教学难点：怎样拯救濒临灭绝的珍贵文化遗产？怎样让运河文化永续发展？

3. 重难点确定依据分析：本节课教学的重中之重在于让扬州的青年一代爱上我们的大运河，提升文化自信，增强文化认同。"申遗"是我们对运河文化的深深热爱，"三湾改造"是我们对运河保护利用的典范，让运河文化永续发展是实现文化认同的最高境界，所以这三部分是教学中的重点；运河文化的永续发展这一问题较为宏观抽象,虽然设计中通过对比扬州杖头木偶与高邮卸甲肩担(布袋)木偶不同的生存与发展现状来引导同学们探讨,但难度依然比较大。

学情分析

1. 劣势:七年级的学生知识积累不多,辩证思维能力、质疑解疑能力不够,以现有能力要理解这节课所学内容并积极参与其中,有一定困难。尤其第三板块要用到大量的扬州文化遗产的知识,教师要提前进行介绍和普及。

2. 优势:好奇心强、爱思考爱表达、喜欢参加课堂活动,这是七年级学生的优势。教师教学中要注重活跃课堂气氛,设计利于学生参与的教学环节,充分发挥学生的主体性,激发学生的好奇心,使学生对学习内容产生兴趣,这些都有利于教学目标的达成。

融合教学分析

1. 融合学科:政治、历史。
2. 融合依据:
① 以史可以启智——在形成历史认知中培育核心素养;
② 以史可以育情——在培养历史视野中厚植爱党爱国爱家乡的情怀;
③ 以史可以明志——在传承历史精神中坚定理想信念;
④ 以史可以导行——在肩负历史使命中践行家国责任。

具体到这节课,扬州是一座因运河而生,因运河而兴的城市,和大运河有着密切的联系。从历史学科的角度看,2500多年的历史可以挖掘的内容很丰富,从政治学科的角度看,运河发展过程中也有丰富的亲近自然、爱护环境、热爱家乡、文化认同等情感态度价值观的有效材料。没有历史的"缘起",政治的"缘续、缘长"就成为无源之水;没有政治的"缘续、缘长",就无法实现历史的"缘起"的升华。

教学准备

1. 了解我国运河开挖的历史,师生合作编排情景剧《夫差开邗沟》。
2. 利用周末参观唐城遗址博物馆,尝试根据图片讲解导游词。
3. 收集世界遗产与人类非物质文化遗产的资料,了解与扬州相关的知识,明白中国大运河属于世界文化遗产,明确扬州入选世界级、国家级非物质文化遗产(简称"非遗")的名目。

教学过程

总议题 探扬州与运河的前世、今生、未来之缘,传承文化血脉,坚定文化自信

【导入新课】

1. 播放视频:《畅游江苏扬州中国大运河博物馆:日月同辉"大运"千年》。

2. **师**:由国务院批准命名的扬州中国大运河博物馆已于2021年6月16日正式对外开展。该馆是新时代文旅融合在大运河文化展示的创新尝试,堪称是中国大运河的百科全书。同学们在惊叹之余,有没有思考过这样一个问题:中国有那么多运河城市为什么这座国字号的博物馆会在我们扬州落馆呢?今天我和方老师一起带领大家来探讨一下这个问题。让我们一起来探寻大运河和扬州的千年奇缘吧!

(设计意图:通过视频让学生直观感受扬州中国大运河博物馆与运河完美融合的设计,激发学生的自豪,培养学生的审美情趣。)

环节一:缘起

子议题1 如何理解扬州因运而生、因运而兴?

【议学情境】

(历史情景剧《夫差开邗沟》、文字史料、图片影音资料展示。)

师:同学们,你们知道我国运河开挖的历史,最早可以追溯到什么时候吗?下面让我们通过一段情景剧来了解一下吧!下面有请张景熙等同学为大家表演情景剧《夫差开邗沟》。

【议学活动】

1. 学生情景剧表演

师:感谢以上几位同学精彩的表演。公元前486年,吴王夫差开邗沟,筑邗城。《左传·哀公九年》记录了这一历史事件"秋,吴城邗,沟通江淮"。夫差开凿的这道邗沟,就是中国大运河最早的河段;而扬州有文字可考的建城史,也从这里开始了。扬州和大运河的千年奇缘从此开拉开帷幕。我们这座因运而生的城市,成为大运河的原点城市,成为大运河的"长子"!

师:那这种缘分在中国古代史上是如何持续下去呢?

(设计意图：情景剧形式生动形象地再现了《左传》里的"秋,吴城邗,沟通江淮"这段史实,让同学们在愉悦的小品欣赏中轻松领悟到扬州为什么被誉为"大运河原点城市""运河长子""中国运河第一城",为何有扬州"因运而生"之说。)

师：时间来到公元 7 世纪,唐朝时期的扬州是一种怎样的状况呢？下面我们通过一些史料来了解一下。

2. 阅读史料分析：以下材料反映出唐代扬州的什么状况？

"扬一益二"(《资治通鉴》)

"江淮之间,广陵(扬州)大镇。富甲天下。"(《旧唐书》)

"天下三分明月夜,二分无赖是扬州。"(《忆扬州》徐凝)

"夜市千灯照碧云"。(《夜看扬州市》王建)

"十里长街市井连,月明桥上看神仙。"(《纵游淮南》张祜)

"人生只合扬州死,禅智山光好墓田。"(《纵游淮南》张祜)

"夜桥灯火连星汉,水郭帆樯近斗牛。"(《宿扬州》李绅)

生：扬州当时非常繁华。

师：是的,通过这些史料,我们可以发现,唐代的扬州是全国的经济都会,也是国际港口城市,有"天下之盛,扬为首"的称誉。那谁能帮大家分析一下为什么唐朝时期的扬州如此之繁盛呢？

生：隋朝大运河的开挖。

3. 看图说史：唐代扬州繁华的原因

师：通过分析,我们发现隋朝大运河的开挖促进了沿岸城镇经济的发展,而扬州优势显而易见。虽然现在我们无法亲眼见到唐代繁华的扬州城,但通过一些历史遗址我们可以遥想一下当年繁华的扬州城。下面有请杨洲同学带领大家游览一下唐城遗址！

4. 忆繁华——游唐城遗址博物馆(学生依据图片讲解导游词)

师：到了清代,扬州继续着他的高光时刻。我们来看一下材料！

师：(史料分析)请分析材料所反映的清代扬州风貌出现的原因。

"东南繁华扬州起,水陆物力盛罗绮。"(《有事维扬诸开府大僚招宴观剧》孔尚任)

传说江春一夜造白塔,连最高统治者乾隆也发出了"盐商之财力伟哉""富哉商乎,朕不及也"的感叹。(《扬州历史》扬州市教育局)

"四方豪商大贾鳞集麇至。侨户寄居者不下数十万。"(《乾隆淮安府志》)

生：清朝的繁华是因为大运河贯通南北。

(播放视频：《最美扬州宣传片》节选。)

师：通过前面的分析，我们发现扬州和大运河有着千年奇缘。扬州是一座因运河而生，因运河而兴，因运河而美的城市！浩浩荡荡的河水既流淌着祖祖辈辈的深厚情缘，又沉淀着千年叠加的文化密码，更书写着新时代扬州人民勇立潮头、挥楫奋进的发展传奇……下面有请方老师和大家一起续写这段缘分！

（设计意图：诗词名句的赏析、学生导游等活动，进一步感悟扬州"因运而兴、因运而美"。在这一板块，通过精彩纷呈的活动，让同学们理解了扬州与运河同生共荣的城河关系，这独特的关系既让身为扬州人的同学们对运河文化的认同感、自豪感油然而生，又为下两个环节的学习奠定史实基础和情感基础。）

环节二：缘续

子议题 2　现代扬州围绕大运河保护、利用做出了哪些努力？

【议学情境】　新闻稿、人物采访视频、《新旧三湾对比》视频

师：随着我与李老师的换场，扬州与大运河的缘分由前世走到了今生，那又是什么让我们缘分的赓续掀开了崭新的一页呢？

【议学活动】

1. 读新闻析原因

师：大家看一则来自 2007 年 9 月的一则新闻：大运河联合申遗办公室在扬州揭牌，扬州成为中国大运河申报世界文化遗产牵头城市。

这里有两个信息点：

① 大运河申遗办公室设在扬州。

② 扬州成为中国大运河申遗牵头城市。

问题：扬州为什么能成为中国大运河申遗牵头城市？

生：因为扬州是大运河原点城市、运河长子、中国大运河第一城。

师：回答得很好，不过扬州之所以能成为中国大运河申遗牵头城市，不仅仅是得益于历史优势，还因为我们的后天努力。扬州在运河城市中做到了两个第一：第一家出台地方立法对大运河进行保护的城市；第一个建立大运河监测预警中心的城市。

2. 看视频谈感想

（播放《前申遗办主任孟瑶处长访谈录》。）

问题：你认为申遗对扬州来讲意味着什么？

生：我觉得是骄傲、也是责任。

师：是的，申遗源于我们对大运河文化刻骨铭心的热爱、自信、自豪，更是我们向全人类做出了庄严承诺。申遗的成功不是句号，而是全方位保护的开始。

师："扬州是个好地方"，这句话从 2020 年 11 月传遍大江南北、世界各地，你知道是谁说的吗？是在哪说的吗？

生：习近平总书记，扬州三湾。

师：同学们棒棒的！那你们知道扬州三湾以前是什么样吗？

3. 讨论

（播放视频：《新旧三湾对比》。）

师：扬州三湾发生的翻天覆地的变化，得到了国家、社会、人民的高度肯定。"世界运河看中国，中国运河看扬州，扬州运河看三湾。"三湾改造成为大运河保护利用的典范。你们知道在这翻天覆地变化的背后，我们扬州付出了什么吗？

（出示材料：算算三湾改造背后的一笔账。）

扬州的投入：2014 年以来，扬州市投入 60 多亿元，搬迁了三湾周边的 691 户居民、89 家企业，拆除清理了一批码头和违建。

扬州的损失：以其中一家化工厂为例，以往每年能交税 2 亿多元，但对周边环境污染很大，扬州果断关停这家企业。

小明的疑问：对运河的保护和利用原来要以牺牲经济利益为代价，是不是有点得不偿失啊？

生：（讨论，代表发言）不赞成小明的观点。通过改造，环境美了，周边居民告别了脏乱差、臭气熏天的日子，有了特别好的休闲娱乐场所，幸福指数高了；扬州作为旅游城市，不仅能吸引更多的国内外游客，还能吸引更多的投资……

师：同学们分析的特别好，三湾改造扬州是付出了许多，但对扬州人民有利，从长远来看有助于扬州高质量、可持续发展，用习近平总书记的话说就是绿水青山就是金山银山，我们的付出非常值得。

（设计意图：本课设计以扬州与运河的千年奇缘串起，以追求文化认同为价值导向。在这一环节通过设计"算算三湾改造背后的一笔账"及针对小明疑问展开讨论的活动，让学生深刻理解习近平总书记的"绿水青山就是金山银山"的科学论断。如果说"申遗"缘于我们对运河文化的深深认同，而"三湾改造"更是我们以实际行动践行这份认同。）

环节三：缘长

子议题3 从扬州非遗看运河文脉如何在新时代永保生命力？

【议学情境】

（视频：《非遗扬州系列宣传片片头曲》、木偶表演、扬州486非遗聚集区图片）

师：保护大运河，不仅要把生态环境保护好，还要把历史文脉挖掘好。与大运河2500多年的同生共长中，扬州孕育了深厚的文化底蕴。同学们作为土生土长的扬州人，对扬州的非物质文化遗产了解的怎么样呢？

【议学活动】

1. 看视频回答问题

（播放视频：《非遗扬州系列宣传片片头曲》。）

师：片头曲中呈现了扬州哪些非遗文化？其中联合国人类非遗代表作（世界级非遗）有哪些？国家级非遗有哪些？

生：有联合国人类非遗代表作3个，雕版印刷、古琴、剪纸；国家级非遗4个，扬剧、扬州评话、扬州清曲、扬州弹词。

师：把扬州各类珍贵文化遗产按世界文化遗产、世界级非遗、国家级非遗三类进行归类。

生：世界文化遗产：中国大运河。

世界级非遗：雕版印刷、古琴、剪纸。

国家级非遗：扬剧、扬州评话、扬州清曲、扬州剪纸、扬州玉雕、扬州漆器髹饰技艺等。

（设计意图：保护大运河，不仅要把生态环境保护好，还要把历史文脉挖掘好，在这一板块的设计遵循的是由浅入深的思路。通过观看视频《非遗扬州系列宣传片片头曲》设置抢答，让同学们对扬州各类珍贵文化遗产有初步认识。）

师：通过游戏环节，同学们对扬州的非遗文化有了更进一步的了解。所谓高手在民间，据老师所知，我们班有一个同学是木偶表演高手，下面我们就请苏浚淇同学给大家表演一段。

2. 杖头木偶表演、采访

（苏浚淇杖头木偶表演。）

师：你是什么时候开始接触木偶表演？是在哪学的？

苏：小学四年级，在学校开设的第二课堂中接触了木偶表演，从此就喜欢上了。

师：你这个木偶是哪买的？我在网上、实体店都没有看到制作这么精美的木偶。

苏：这是手工制作的木偶，非常难得，外面基本买不到，即便能买到价格也要5 000元以上。我这个木偶是我们班同学尹妙匀的爸爸替我制作的，他是扬州木偶剧团杖头木偶制作者。

师：太好了，老师之前在网上看过一个宣传片，介绍我们扬州木偶剧团的工匠师傅，那手艺可是了不得，下面我们就欢迎尹妙匀同学到前面来。

师：爸爸他们制作的木偶畅销吗？单位效益怎么样？演出多吗？

尹：非常畅销，海外订单也很多，基本上是一偶难求，木偶剧团的人自己想买都买不到，苏浚淇的那个木偶还是我爸爸利用休息时间为她专门制作的。演出国内外都有，《嫦娥奔月》《神奇的宝盒》等在国家大剧院演出。单位效益很好。

师：真为我们扬州木偶剧团骄傲！尹妙匀同学，你知道刚才苏浚淇表演的木偶，也就是你爸爸他们团队制作的木偶属于哪一个种类吗？又属于什么级别的非遗呢？

尹：扬州杖头木偶，国家级非遗。

师：正确，扬州杖头木偶发展的这么好，有什么诀窍吗？课前请同学们作了小调查，我们各小组谈谈自己的发现。

3. 调查反馈

生1：我觉得是因为我们扬州木偶戏一直以来都是刚柔相济、细腻传神，不是真人、胜是真人，特别是那个水袖，舞起来太漂亮了。

生2：善于吸收其他剧种的长处，例如川剧的变脸、喷火。

生3：传统与现代科技结合，例如《嫦娥奔月》，就采用了声光电等高科技手段，那种大场景，真让人震撼。

生4：不管是剧本内容还是呈现形式，都能与时俱进，充分考虑观众的需求。

生5：扬州杖头木偶发展得这么好，我觉得和我们扬州重视其宣传和培养也很有关系，苏浚淇同学就是在学校二课堂喜欢上它的。

师：同学们的发言太精彩了，确实扬州杖头木偶正是通过传承与创新走出了一条良性发展道路。

师：老师也准备了一个木偶，给大家演示几个动作。有同学知道这是什么木偶吗？它又是什么级别的非遗呢？

生：应该是布袋木偶吧，省级非遗。

师：是的，它可不如扬州杖头木偶发展得那么好，它不适合大场景演出，是过去农村集市时，民间艺人走街串巷时表演用的。这一类文化遗产因为时代变迁，市场价值逐渐丧失，发展极其艰难。

4. 我为文脉传承献计策

出示材料：高邮卸甲肩担木偶在申报非遗前，71岁的吴锦田老人已是高邮卸甲镇上唯一会玩木偶戏的，他原以为始于民国初期的卸甲木偶戏会从他手上就此失传。

对于拯救濒临灭绝的珍贵文化遗产，你有什么好建议？

生：① 对濒临失传的民间绝技，组织人员抢救整理；

② 建立专门性博物馆，走文旅发展道路；

③ 对技艺高超的工艺大师发放政府特殊津贴，鼓励其带徒授业；

④ 通过"非遗进校园"及"研学"，为非遗传承输入更多新鲜血液。

教师总结

展示扬州486非遗聚集区图片，486，寓意着与大运河同生共长的扬州建城已有2500多年的历史；推开门，扑面而来的是扬州2500多年璀璨的历史文化。从缘起，到缘续，相信在我们一代又一代扬州人的努力下，扬州与大运河的缘分必将长长久久，书写更多人间佳话。

（设计意图：通过对比扬州杖头木偶与高邮卸甲肩担布袋木偶不同的生存与发展现状，引导同学们探讨怎样拯救濒临灭绝的珍贵文化遗产，怎样让运河文化永续发展，从而实现文化认同的最高境界。）

【教学反思】

一定要爱点什么，恰似草木对光阴的钟情。扬州人共同喜爱的、能被广泛认可的乡土文化代表，有淮扬美食、园林建筑、扬州八怪等，这一切的发生、发展，都离不开大运河。而这也正是我这节课设计的初衷：让扬州的青年一代爱上我们的大运河，提升文化自信，增强文化认同。

如果要问对于这节课我最满意的是什么？应该就是用"缘"串起了历史和政治学科，用"缘起、缘续、缘长"串起了运河与扬州的前世、今生、未来。不生硬，很自然，真真正正实现了融合，自然而然达成了目标。"缘起"部分李老师从历史角度让同学们理解了扬州与运河同生共荣的城河关系，这独特的关系既让身为扬州人的同学们对运河文化的认同感、自豪感油然而生,又为后面我负责的两个板块"缘续、缘长"的学习奠定史实基础和情感基础。没有历史的"缘起",政治的"缘续、缘长"就成为无源之水;没有政治的"缘续、缘长",就无法实现历史"缘起"的升华。

如果要问我这节课最幸运的是什么?我觉得应该就是能和历史李老师合作并且遇到了初一(6)班的孩子们。"缘起"部分他们自编自演的情景剧《夫差开邗沟》以及小小导游活动让人太惊艳了;"缘长"部分我想通过对比扬州杖头木偶与高邮卸甲肩担(布袋)木偶不同的生存与发展现状,引导同学们探讨怎样拯救濒临灭绝的珍贵文化遗产,怎样让运河文化永续发展,竟然那么巧,班上既有能表演扬州杖头木偶的苏浚淇同学,还有家长就在扬州州木偶剧团制作木偶的尹妙匀同学,身边鲜活的素材让这节课接地气,师生互动真实而又有效。

如果说这节课最大的遗憾是什么?扬州古运河、扬州中国大运河博物馆、邗沟、唐城遗址博物馆、大运河申遗办公室原址、三湾、扬州486非遗聚集区等扬州的珍贵乡土资源,在课上均是以视频、图片的形式出现,有机会我也希望和同学们沉浸其中,在亲密接触中更增强对家乡的热爱、对中国运河文化的认同。

【教学点评】

1. 价值立意高远。唐代杰出的诗人、散文家杜牧有云:"是以意全胜者,辞愈朴而文愈高;意不胜者,辞愈华而文愈鄙"。立意高远文自胜。何为立意的价值性呢?那就是所立之意,能反映教学的主流本质,能显示教学的最大价值取向,能展示教学的最新视野。具体来说,在课堂上,能预见事情发展的走向;能透过现象揭示本质;能激发人们对美好事物的追求和向往;能着眼深厚的文化底蕴,给人以文化艺术的熏陶和审美感受。一言蔽之,向善、向真、向美。本节课,教师能以"缘起""缘续""缘长"三个"缘"字,将运河与扬州的前世今生及未来自然地呈现在学生面前,结合习近平总书记讲话精神,引导学生爱自然、爱家乡、爱祖国,激发学生的家国情怀。

2. 情境选择适恰。情境素材是实施情境教学的有效载体。然而,在道德与法治教学中,很多教师对情境素材认知不到位,存在着情境素材选取相关性不大、新颖性不够、内容不真实、距离学生较远等问题,从而影响教学任务的完成和学生核心素养的培养。因此,情境素材看似信手拈来,实则需要精挑细选。本节课,两位教师以习近平总书记夸赞"扬州是个好地方"导入,以大运河扬州三湾段的改造作为情境素材,引导学生去"算算三湾改造背后的一笔账",让学生明白对运河的保护和利用可能会牺牲暂时的、局部的经济利益,但从长远来看有助于扬州高质量、可持续发展。川流不息的大运河不仅给扬州带来生生不息的生机,也给思政教学带来源源不断的情境素材,让我们"身临而入境""体验而晓理""感悟而动情"。

3. 活动开展新颖。在思政课教学中,促使学生乐于学习、学会学习、主动求知,让教学"活"起来,充满魅力,确是一门精湛的艺术。一堂"活"的思政课,就像一部跃动的电影,欣赏之后让人回味无穷,可以尽情感受思政教学的美,充分享受学习的快乐。本节课上有学生的课本剧表演、有学生导游唐城遗址博物馆,有三湾改造背后的算账、有非遗知识抢答、有学生扬州杖头木偶表演、有教师肩担(布袋)木偶展示等,学生在诸多的活动、体验中感悟到家国情怀、社会责任。

4. 融合教学出色。这是一堂思政、历史融合课,思政老师和历史老师同台授课。学生在道德与法治学习中增强唯物史观、时空观念,学习史料,同时在历史学习中增强政治认同、责任意识,健全人格。两位教师在课堂上把不同学科、课程内容、探究性学习、践行体验进行融合,由单个的信息教学演变成立体、多层次的教学,真真正正实现了以史启智、以史育情、以史明志。

(点评人:王恒富　扬州市教育科学研究院)

第8课

延续文化血脉

——再学《春江花月夜》

授课教师：陆　慧（江都区大桥镇中学；道德与法治）
　　　　　臧　平（江都区大桥镇中学；历史）

教学目标

1. 通过诗朗诵《春江花月夜》，历史老师讲述大桥历史创设情境，从而提高中华文化认同感、归属感、民族自豪感，坚定文化自信，加强民族认同感，以培养学生的政治认同素养。

2. 学生通过实地走访，了解大桥古迹背后的人文精神，从而坚定文化自信，自觉弘扬社会主义先进文化、自觉践行中华传统美德，为中华文化传承发展担当责任，逐步培养学生的责任意识素养。

3. 以大桥政府、学校对传统文化进行保护创设情境，通过"我想对你说……"这一活动，让学生在感受中华文化魅力的过程中热爱中华文化，体会中华传统美德的力量，自觉践行中华民族传统美德，培养学生的道德修养素养。

教学重点和难点

1. 教学重点：弘扬中华文化，弘扬中华传统美德。
2. 教学难点：中华文化的意义。
3. 重难点确定依据分析：本着道德与法治新课程标准，在吃透教材基础上，我确定了以上教学重点和难点。在教学的过程中，不仅要使学生"知其然"，还要使学生"知其所以然"，所以我认为难点应该注重理解，理解中华文化的意义，而重点更侧重于如何去做，如何去弘扬与继承中华文化。

学情分析

随着年龄的增长以及学科知识的积累，九年级学生对中华文化有了一定的认知,且近年来,中国风被广泛运用于流行文化领域,学生通过音乐、服饰、电影、电视、艺术设计等,也可以感受到浓厚的中国风。中国风的兴盛,让年轻人感受到中华文化的独特魅力,这些优秀的中华文化也有利于强化青少年的文化自信,民族情感则赋予我们更强大的精神力量。但是,随着经济全球化与信息技术的发展,历史的和现实的、本土的和外来的、先进的和腐朽的,各种各样的文化相互激荡。在这一大环境下,九年级的学生受其心理发展水平、认知能力及辨别是非能力的限制,在一定程度上会缺乏对中华优秀传统文化价值的认识,容易忽视对中华优秀传统文化的继承发展。初中学生正处于世界观、人生观和价值观形成的关键时期,为了更好的帮助学生理解中华文化,热爱中华文化,本课在设计上以"家乡、地方特色文化"为主线,通过呈现学生身边的景与情,达到让学生在有话可说中更深刻地理解本课知识的目的,强化他们对家乡文化、中华文化的认同感,承担起自己的历史使命。

融合教学分析

1. 融合学科:道德与法治、历史。

2. 融合依据:随着教育体制的改革与发展,新课程改编中明确要求,要对学科之间的知识进行融合,把各个学科的优势充分地发挥出来,以不同的视角对同一个知识点进行解释和分析。在课堂教学的过程中,把政治和历史教学进行有机地整合,不但可以激发学生的开放性思维,还能提高学生的理解分析能力。通过对历史故事的讲解和运用,以古今对比的形式去理解政治制度,在对历史知识的分析中推导政治理论,运用历史文化去诠释政治内涵,把政治和历史教学进行有机的融合。

教学准备

1. 教师制作PPT课件、搜集当地相关文化、美食、美景的图片。

2. 学生预习新课,课前分小组活动(每组六人,探访当地特色文化,并拍摄照片),收集关于"中华文化"的内容和图片。

教学过程

总议题 绘山水人城图景,再学《春江花月夜》

【导入新课】

1. 播放图片:大桥月景照片

师:这是我拍摄的大桥月色,现在你们脑海中肯定浮现了很多关于写月的诗篇,比如"床前明月光""小时不识月,呼作白玉盘"。但你们知道吗,写月诗篇上百首,一篇《春江花月夜》压过所有风华,下面就有请朱夕彤、张浩俊为我们带来诗朗诵《春江花月夜》,让我们一起感受诗人家乡的月。

2. 学生诗朗诵:《春江花月夜》

师:这是诗人张若虚笔下家乡的月,而据记载,诗人是我们扬州人,他笔下描写的景色也正是我们的大桥。一轮月光穿越千年,今天就让我们伴着这月色沿着江水,来探看大桥的悠久历史与文化。首先有请历史老师臧老师,为我们讲述一段有关大桥的悠久历史。

(设计意图:导入环节从学生所熟悉的环境入手,大桥月色让学生脑海中的家乡面貌再现、重合,一下子就抓住了学生的兴趣,再以一篇《春江花月夜》让学生感受诗篇中描写的月色之美,诗人家乡之美。学生与诗人同赏一轮月,拉近了学生和诗人张若虚的距离,为下面授课环节作出铺垫。)

环节一:因水而生,忆白沙

子议题1 为什么要倾听历史的声音?

历史教师讲述大桥镇的人文历史——白沙的前世今生

江都东南部,面积160平方公里,人口近15万,是江都沿江开发区的前沿阵地。远古时期,这里是东海边,一眼望去滩涂成片,唯独有一块地方是白色的沙子,尤其醒目,后来人们在这里围垦开荒,有了村落,形成集镇,因为是在白沙滩上建起来,故名白沙。

白沙出土过汉墓葬,可见其历史悠久。隋唐时,已人丁兴旺,形成规模,据说张若虚《春江花月夜》描绘的就是白沙镇风光,也有人说他就是大桥人,取景自大桥江边的景致。

宋代白沙改名大桥,成为南来北往的交通要道。元代的大桥镇是扬州东乡重镇,成了总驻扎区和农产品集散地。到了明代,大桥迎来了新的发展机遇,谈大桥自然离不开河,离不开桥。

明成祖迁都北京,国家政治重点到了北方。为了解决北方军民的吃饭问题,漕运就成了一个国家的生命线。当时大运河入江口有两个,一个是瓜洲,一个是仪征江,隋朝大运河年久失修,那从江南过来的漕船又该怎么进入运河？平江伯陈瑄考察了地形,就在大桥附近开了白塔河。

白塔河连接了运河与长江,促进了漕运的畅通。

白塔河

浩荡的人流、物流、车流进入大桥港口,漕运也带动了港口的兴盛,港口的兴盛又带来了乡村的振兴,渐渐地这边形成了一个很大的市镇。《嘉靖惟扬志》就说,惟扬这个地方有四个大镇,邵伯、宜陵、大仪和大桥,而我们不能忘记这条白塔河。

集 镇

大桥镇的兴盛发展、壮大,源于漕运和货运,可谓因运成市,因市成街,因街成镇。然而万事有利弊,白塔河发挥了重要的作用,便利了南北水上交通,却阻隔了东西的陆路通行。清朝时,大桥镇有一位家境殷实的名士——朱江挺身而出,他联系镇上十多个大商户,在白塔河上造桥,后来由他一人承担下来。他说,我造桥以济行人。后来人们就把这个桥叫作永济桥,最初的永济桥是石板桥,四角飞檐为龙头雕饰,屋脊为龙身,从远处观望犹如四条凌云而降的飞龙前来戏水,典雅大气。

永济桥的建成,让古镇成了名副其实的"大桥镇",明清时期大桥镇得到进一步发展,镇上设13道圈门,早启晚闭,使得集镇能防范盗匪,保境安民。镇内的商铺寺庙众多,民众纷纷出资选购大量花岗石铺设条石街道,扩大了集镇范围。

白沙及生景园、永济阁

一座桥就是一段历史,永济桥在白塔河上坚守了三百多年,见证了大桥的历史过往与兴衰。1939年春,江南人民抗日义勇军挺进纵队第二支队长方钧企图叛变,奉命前来执行任务的新四军挺进纵队政治部主任龙树林在实施缴械时牺牲。老桥1964年拆除,1998年重建,2010年建成。如今,白塔河沿岸打造了

18公里风光带,成为大桥的风景,古往今来不管是平江伯开白塔河,还是朱江建永济桥,乃至龙树林在大桥镇牺牲,这些人与事,都留痕在有形的历史遗迹里,融入无形的岁月记忆中。

(设计意图:历史是对过去的记载,政治是看当下讲未来,我们想要让学生明确文化的产生、作用,并且能够自发的去弘扬文化、继承文化,就需要将我们自己的文化、身边的文化讲清楚。历史教师从历史的角度谈文化,并结合图片讲当地文化的起源、发展过程,让学生更直观、更深刻地感悟大桥厚重的历史。)

环节二:人文之美,爱家乡

子议题2 我们为何要热爱家乡文化?

师:感谢臧老师为我们讲述的大桥悠久历史,江都大桥镇古称"白沙",千百年来,因为长江和运河的滋养,这片土壤"因运成市、因市成街、因街成镇"。进入21世纪,新的大桥镇由三镇两乡合并而成,面积广阔,文化灿烂。我们是土生土长的大桥人,在臧老师的讲述下,我们更近一分地了解了大桥,接下来就请同学们说一说你记忆中的大桥,你每天所见到的风景和感受到的文化。

(学生走访大桥风光进行分享)

生:在南湖,跨过一座白色的拱形小桥,便来到湖中小岛。只见湖面荷叶田田,芙蓉朵朵,菡萏待放,不时传来阵阵清香,令人心旷神怡;文化艺术中心之所以命名为"若虚",实因江都乃唐代大诗人张若虚家乡之故。在若虚文化艺术中心一楼,辟有邵志军书法工作室、乔军音乐艺术展览室以及古琴室。室内陈列的桌、椅、条、台、笔、纸、墨、砚,尽显古色古香古韵,极具传统文化底蕴。

生:进入三江革命烈士纪念馆,映入眼帘的也是那高耸的革命烈士纪念碑,上面不仅刻着"三江营革命烈士永垂不朽",还有新四军渡江北上抗日第一站和无数烈士的姓名,我曾清明节前随学校大部队去此处缅怀烈士们。不仅如此,我们还开展了党性教育活动,浏览了记录在墙框上,曾经在三江营发生的每场战争与牺牲的烈士的资料。既丰富了我们对于党与历史的认知,也让我感触颇深,由衷钦佩那些烈士革命、不畏牺牲、不怕艰苦的伟大精神。而就是这样的一个地方,它叫三江营,它坐落在扬州,它在大桥。

生："过雨开楼看晚虹,白云相逐水相通。"这是大桥镇的开元寺,是大桥镇的千年古刹,也是当地居民心中信仰寺。唐朝时鉴真和尚生于扬州,他东渡经过此地,便向当地百姓弘扬佛法,让老百姓有了信仰,因为是唐玄宗开元年间,开元寺因此而得名。寺中有一古银杏,树上系有许多红绸缎,这代表着大桥人民对生活的期许,更体现大桥人民对生活的乐观和豁达。一叶一菩提,一花一世界,普度众生,便是那永远的佛心。请让我们一起感受开元寺之美,感受佛蕴之美,感受佛心之美,谢谢大家!

生:老师、同学们好,今天我给大家分享的是星北湖。这是我拍摄的照片,这一面坐落在古镇大桥的人工湖,以伟大的"中国雷达之父"束星北的名字命名,蕴含丰富的人文底蕴。当然,自然环境也优美怡人。我喜欢在清晨去湖边慢跑,初升的金黄阳光洒在如明镜一般的广阔湖面上,波光粼粼,水天一色,充满生机。沿道前行,小草嫩嫩,杨柳青葱,香樟的清香钻入鼻腔,与新鲜空气一起荡去生活的尘埃,心旷神怡。鸟儿唧唧啾啾,水鸟翻飞,与游人的欢声笑语交织在一起。令人幸福满满! 去年,大桥镇在星北湖建成"幸福河湖水文化园"和文化艺术中心。人文与自然相互融合,相得益彰,让星北湖更美啦。

师:感谢同学们的分享,从你们的字里行间,我忽然想到一句话,谁不说家乡好!

师:为什么你们如此热爱自己的家乡呢? 你对你的家乡自豪吗? 自豪感来自何处?

生:对文化的自信。

师:正如这位同学所说,我们之所以热爱这片土地,不仅是因为它是我们的家,更因我们对这片土地上所产生的文化自信。我们要坚持四个自信,道路自信、理论自信、制度自信、文化自信,文化积淀着人们最深层次的精神追求。

师:运河之水连接江水将大桥环抱,水赋予我们生命,同时也涵养了大桥人民的美好品格。接下来,就请同学们说一说,大桥文化背后有哪些值得我们去延续的美德?

生:永济桥背后的不忘家恩、为家乡做贡献的美德;星北湖背后的"中国雷达之父"心怀"科技救国"抱负,远赴美国求学的探索精神、科技精神;三江营背后的士兵的爱国精神。

师:中华传统美德是中华文化的精髓,是世代相传的民族智慧,是一种精神力量,是中国人刻在骨子里的文化基因,美德走进生活,人生才会更幸福美好。

(设计意图：学生通过实地走访、亲身感受、查找资料，记录下最真实的感受并在课堂中进行分享，通过这种分享方式，体现了新课改中以学生为主体的思想。在学生分享结束之后，以学生分享的内容作为铺垫，顺势提问，引发学生进行思考"为何如此热爱家乡文化？"此举调动了学生主动去了解、学习、传承我们身边文化的积极性。)

环节三：根植本土，悟使命

子议题3 青少年要如何勇担传承文化之使命？

师：诗人张若虚为家乡写下了月之华章，千古传唱，也让大桥这座千年古镇被更多的人了解。为了延续这份文化血脉，我们都在做出努力，青石板上的编号就是最好的见证。这是先人教会我们的处事原则和美德，我们需将这份文化与美德继续传承与弘扬下去，不信你看，政府修缮老街，我们的大桥政府在行动。

师：前段时间，政府对我们的老街进行了修缮，这是修缮之后的照片，请同学们找亮点。

(出示图片：老街上的青石板，每块石板上有个编号。)

师：这个编号的意义是什么？

生：为了更好地还原石板街的面貌。道路修缮之后，路更好走了，人民生活变得方便，体现了政府以人民为中心的发展思想。

师：修缮老街是政府为保护当地物质文化而做出的努力，而我们的大桥小学生同样也在为弘扬传统文化做出贡献。

师：大家应该都知道扬剧是我们扬州的非物质文化遗产，我们的大桥小学生们正在用自己的方式传承文化，我们一起来看。

(播放大桥小学生学习扬剧操的视频。)

师：不仅大桥小学，我们大桥镇中也在行动，你们看这就是我们大桥镇中为弘扬传统文化而开展的活动。

(视频以校歌为背景音乐。)

大桥镇中学校歌写道："滚滚长江水，映照着千年古镇的繁华，古老的石板街，传承这人杰地灵的繁华……"由此句作为出发点提出问题。

("我想对你说"环节)

师：我们应该如何"传承这人杰地灵的繁华"？

活动要求：让学生写下_____我想对你说……，并上台进行分享

参照格式：你好大桥，我喜爱你的（环境、文化、饮食、风俗、美德……），我将……，去传承人杰地灵的薪火……

生：你好大桥，我喜欢你的文化，如大桥的古银杏，他见证着大桥的发展，传承着大桥的佛教文化，我将用乐观的心态处事，努力学习科学文化知识，以实际行动去传承这人杰地灵的薪火，为大桥文化的传承贡献自己的一份力量。

生：你好大桥，我喜欢你悠久的历史，她深深地打动着我，我将好好学习天天向上，将来为自己的家乡作出一份贡献，去传承这人杰地灵的薪火。

生：你好大桥，我喜欢你的环境，我将保护好每一块绿地，积极参与公益活动，去传承这人杰地灵的薪火。

生：你好大桥，我喜爱你的历史悠久，我将传承文化，积极学习你的美德，去传承这人杰地灵的薪火，让你的风光无限被延续下去，不让你被丢失在尘埃中。

师：同学们对这片土地的热爱以及真情让我感到欣慰，从远古时期的白色沙滩，到如今的欣欣向荣的繁华胜景，大桥镇的发展变迁令人鼓舞和赞叹。相信在长江和运河的润泽下，这座千年古镇会发展得越来越好，我们生于斯长于斯，应为我们生活的这片热土感到自豪，更应为文化的传承与发扬作出贡献。

（设计意图：通过图片案例呈现引发学生思考，能进一步理解知识，同时在行为习惯及情感态度方面发生变化，进而突破本节课的教学重难点。"我想对你说"这一环节避免了以往"说教式"的教学模式，学生在情境中获得情感的体验和道德的实践，从而发扬良好的道德品质。）

【教学反思】

"兴趣是最好的老师"。由于这节课是政治学科与历史学科的融合，一方面学生感到课堂的新奇，另一方面在教学过程中我也采用了学生喜欢的形式上课，课堂气氛轻松活泼，给予学生学习自主权，学生的学习主动性得到激发，学习效果明显。由于课前做好充分准备，分组搜集了资料，课堂上进行集体交流，再加上教师的有效引导补充，这节课教师上的轻松，学生也学得轻松。但这节课的前期准备并不轻松，需要组织学生分组对各地进行走访，将感想进行汇总整理，教师前期也需准备很多资料，所幸最后呈现的效果达到了预期，学生在课堂上表现出了对所学内容的兴趣，甚至在课后还与周围的同学继续互相分享交流本课的收获。习近

平总书记说,思政课的本质是讲道理,要注重方式方法,把道理讲深、讲透、讲活,老师要用心教,学生要用心悟。这也提供这堂课的思考,在今后的教学中,我会更注重方式方法,不断改进创新,把道理讲深、讲透、讲活。

【教学点评】

一切景语皆情语,本课以景寄托情,以全新的形式,丰富的图片,多样的手段,引发学生以景见情,激发强烈的情感共鸣,使学生在接受传统文化洗礼的同时,无形中增添了文化自信,强化学生文化认同,调动学生弘美德传文化的积极性。

1. 感知历史温度,交织现实情感。感受文化先知其中历史,大多数学生只知大桥是古镇,通过本课学习,学生对大桥历史有了较为系统的认识,知道"白沙""白塔河""永济桥"等耳熟能详的词,在大桥发展史上的节点作用。对家乡历史的了解,有助于学生爱国主义情感的养成,因为爱家乡是爱国的基础,家国情怀的起点是对家乡的情感。教师先从张若虚的一首《春江花月夜》中的"汀上白沙看不见"的"白沙"为切入,通过学生"家乡打卡日记"的活动来给学生明确的价值引领,从远古时期的白色沙滩,到如今的欣欣向荣的繁华胜景,给学生深刻的思想教育。课堂有温度、也有厚度,始终流淌着思想的涓涓细流,沁人心脾,使学生的爱国情怀和社会责任感得到升华。

2. 增强文化自信,突出学科融合。优秀的教学设计既要简约,也要精致。本课精心设计,细致准备,让学生感受大桥丰富的文化。许多文化资源就在学生身边,比如开元寺、石板街。经过老师点拨,学生产生强烈的共鸣。让学生分享调动了学生探寻身边文化资源的积极性,进一步增强了文化自信。从"因水而生,忆白沙"到"人文之美,爱家乡"再到"根植本土,悟使命",三个板块的教学脉络,不仅打破了常规思维逻辑,同时基于政史学科综合架构,联系大桥镇的历史,再结合大桥镇的现在及未来,让学生写下"我想对你说",上台分享,激发学生保护、传承、弘扬文化的责任感和使命感,争做传承文化的守护者。教师自然流畅的过渡,紧凑到位的衔接,打造了一节具有立体感的融合课堂。

3. 一段心灵奇旅,升华育人效果。思政课作为立德树人的主渠道,尤其要追求润物无声的育人效果。本课情感教育效果尤为突出,包括对家乡的热爱,对传统文化的热爱,弘扬传统文化的责任感和使命感,对传统文化包含的美好品格的传承与发扬光大。上课伊始,老师从历史的角度为学生讲述了大桥镇是如何由一片白沙滩逐渐成为今天人民眼中的历史文化名镇,为学生的学习活动营造氛围。

教学活动中，我们感受到了教师无声的思想浸润和动情的对话交流，如在"老街保护"活动环节中，教师充分激发了学生参与讨论的热情，学生从自身实际出发，畅所欲言，并在师生交流中进一步提升了认识。在每个活动之后，教师都做了提炼和总结，但不是生硬的结论灌输，而是顺应需要的水到渠成。

（点评人：丁玲　扬州市江都区教育局教研室）

第9课

我的家乡最美

——小巷深深藏古韵,青砖黛瓦看扬州

授课教师:居逸祺(汶河小学东区校;道德与法治)
　　　　　李雪丹(汶河小学东区校;语文)
　　　　　李　燕(汶河小学东区校;科学)
　　　　　陈　婕(汶河小学东区校;综合实践)

教学目标

1. 师生创设"探访扬州古巷"活动情境,通过对比不同时代的扬州古巷风采,使学生感悟家乡古巷的灿烂文化,增强学生的文化自信,从而培养学生的政治认同素养。

2. 创设"古巷防火保护"情境,通过对"古巷防火的一系列保护措施"的讨论及研究,在实验模拟中逐步培养科学精神素养。

3. 开展"巷如其名,巧创特色"活动,让学生来当"小小设计者",焕发每条古巷独特的美丽,从而树立自觉保护、努力建设的观念,培养学生的法治意识和公共参与素养。

教学重点和难点

1. 教学重点:师生创设"探访扬州古巷"活动情境,通过对比不同时代的扬州古巷风采,使学生感悟家乡古巷的灿烂文化,增强学生的文化自信,从而培养学生的政治认同素养。

2. 教学难点:创设"古巷防火保护"情境,通过对"古巷防火的一系列保护措施"的讨论及研究,在实验模拟中逐步培养科学精神素养。

3. 重难点确定依据分析:扬州素有"巷城"之称,古巷里蕴含着丰富的教育资源。本节课引领学生感悟家乡古巷的灿烂文化,了解"古巷防火"等保护措施的重要性。这样有利于在学生的幼小心灵里,厚植对家乡的认同感、自豪感和归属感。同时,也能让学生树立学好本领、回报家乡的美好理想。

学情分析

随着低中年段中家乡主题的学习,学生已经具备了一定的组织和活动能力。他们开始关心身边的小事和周围事物的发展,喜欢思考积极讨论,发表自己的见解。通过走进古巷,真实深入地调查研究,引导学生开展研究性学习,全面地了解家乡的古巷,让学生既能欣赏家乡古巷的文化魅力、感受到家乡古巷的蓬勃发展,又能发现和关注古巷发展中出现的问题,从而为古巷的建设献计献策。

融合教学分析

1. 融合学科:道德与法治、语文、科学、综合实践。

2. 融合依据:本节课在教学中把统编教材小学《道德与法治》四年级下册《家乡的喜与忧》作为思政学科依据,有机融入语文、科学、综合实践等学科。语文教师能带领同学们领略条条巷道中隐藏着的历史文化。有古巷名称之美,有古巷诗词文章之美,有古巷延续的扬州千年精神文化,有古巷润物细无声塑造的城市气质与品格等。科学教师能讲解古巷防火的原理,展示现代人的创新发展与智慧。综合实践教师能开展"巷如其名,巧创特色"设计活动。让同学们根据巷名,合作设计,让古巷成为传扬古城特色的城市名片。四门学科融合,使本节思政课更加立体、更具实效。

教学准备

1. 探访你所住的古巷,能结合图片进行简单介绍。
2. 根据提前调查,思考并记录古巷发展建设方面存在什么问题。

教学过程

总议题 欣赏扬城风光,感悟"巷城"之美

【导入新课】

1. 视频欣赏:《一条大运河,千年扬州城》。
2. 感受古往今来扬城古巷的发展进程。

提出话题：聚焦家乡的喜与忧，关心家乡的发展，谈谈你从中得到的感悟。

总结提炼：扬州城500多条古老街犹如一本画册，有书有画，古巷里的一砖一瓦、一树一花、一井一石都诉说着美丽的故事。从家乡的古巷着手，一起关心家乡的发展。

（设计意图：本环节先以视频欣赏吸引学生兴趣，并顺势引出"扬州依水而建，缘水而兴，古巷景色幽美，文化独特"这一特点。再利用图文带学生感受古往今来扬城古巷的发展进程，调动学生学习主体性，以学生分享替代教师述说，以学生交流替代教师灌输，引导学生聚焦家乡的喜与忧，关心家乡的发展。）

环节一：古巷历史，我探访

子议题1 如何探访古巷独特风采

【议学活动】 探访你所住的古巷，结合图片进行简单介绍

师：课前，老师就请同学们在自己居住的古巷中慢步走走，记录下古巷幽美的风光，请同学们来展示一下吧。

生1：我探访了位于甘泉路中段南侧的粉妆巷。粉妆巷是一条南北向巷道。其宽不到3米，长近430米。因透过青石板路上的光影好似能看到了一群女眷"粉妆淡抹胭脂色"的可人模样而闻名。粉妆巷中保留了许多历史建筑，如"刘氏庭园"，还拥有着"粉妆巷牛肉店"等好口碑的美食老店。除此之外，我还看见粉妆巷一户门前长着一棵高大的槐树。听说每年开花之时满树雪白，香气袭人，堪称巷子里的奇特一景。

生2：我探访了以桥命名的街巷宛虹桥。据了解，宛虹桥曾经是架设在两片水域之间的一座屈曲之桥，因弯曲如虹而得名。但随着城市的发展变迁，河流逐渐消失，小桥两边的建筑物增多，便形成了一条不见桥影的街巷。

生3：我探访大流芳巷和小流芳巷。大流芳巷北至广陵路东段南侧，南至十八家，小流芳巷在大流芳巷中段，两条皆为南北走向巷道。大流芳巷19号为叶氏故居，是扬中早期的校长叶惟善和其儿子叶秀峰的居所。大流芳巷29号为八咏园，现为市级文物保护单位。

【教师总结】

同学们纷纷展示了自己课前探访的古巷风光，从独特风采、历史故事、名园名

居等多个方面展示,令人目不暇接。

（设计意图：本环节旨在让学生分享自己的前置探访成果。通过图文讲解,让同学们感受扬城的古巷里蕴藏着独特的风采、历史的故事、名园和名居等。让学生感悟扬州是个好地方,古巷是个好去处。）

环节二：古巷文化,我传承

子议题2 如何传承古巷灿烂文化

【议学活动】 如何从一条条古巷中感受扬州独具韵味的人文气息?

师：同学们,运河孕育了一条条古巷,也孕育了扬州独具韵味的人文气息。古巷的名字很美。刚才同学在汇报中就提到了"粉妆巷"。这条小巷的名字源于一句诗,谁知道?

生："粉妆巷"的名字源于这句诗："粉妆淡抹胭脂色"。轻轻念着这句诗,我们仿佛能看到一群身穿旗袍的少女笑眼弯弯。

师：古巷里孕育出的诗词文章很美。谁来说两句?

生：我知道"十里长街市井连,月明楼上望神仙"。就是这样的美景吸引了城外的人"腰缠十万贯,骑鹤下扬州"。

师：美景吸引人,那股热闹的烟火气也吸引人呐。《扬州西舫录》上面这样记载："小东门街多食肆,有熟羊肉店。……就食者鸡鸣而起,草裘起帽,耸肩扑鼻,雪往霜来。"鹅毛大雪人们也要早早出门,去熟羊肉店吃早饭,好不热闹。

教师总结：孩子们,古巷幽幽,文化也悠悠。那一个个名字,一句句诗词文章,拨开了岁月的年轮,让尘封在古巷的历史可感、可触、可见。

师：古巷中的文化美,古巷中延续着扬州千年的精神文化,更是看不见的瑰宝,于润物细无声中塑造城市的气质与品格。你又知道哪些呢?

生1：北柳巷中,董子祠青砖黛瓦,静静伫立,耳畔似乎能听到董仲舒一身浩然正气,朗声说道："正其谊不谋其利,明其道不计其功。"这"正谊明道"的文化气节从西汉传承至今。

生2：老师,我还知道安乐巷中,坐落着著名散文家朱自清的故居。朱自清先生的文章令人赞叹,朱自清先生的人格更让人敬佩。在抗日战争时期,朱自清先生即使身患重病,忍饥挨饿,也拒绝接受美国的救济粮,并笔耕不辍、奋斗不止。

教师总结

同学们，扬州素有"巷城"的美称。正是因为我们扬州的巷子不仅景美，文化更美。文化美，千年传承的民族气节更美！

（设计意图：通过图片和文字材料，品味古巷人文韵味。让学生明白古巷名字中的巧思，古巷里孕育出的诗词文章，古巷中延续着的扬州千年的精神文化和于润物细无声中塑造城市的气质与品格，都值得学生们传承和发扬。）

环节三：古巷发展，我参与

子议题3 如何参与古巷的建设与发展

【议学活动】 作为家乡的小小建设者，我们能为古巷的建设发展做些什么呢？

师：古巷蕴含着灿烂的历史文化，极具保护意义。近年来，扬州历届党委、政府始终高度重视历史文化名城保护，坚持"护其貌、美其颜、扬其韵、铸其魂"的总体思路，一以贯之、久久为功推进古城古巷保护和有机更新。作为家乡的小小建设者，我们能为古巷的建设发展做些什么呢？同学们，课前老师就布置了大家在探访时记录古巷建设中存在的问题，我们来交流一下。

生：(1) 我发现古巷靠近出口的位置布满了各种各样的垃圾，让我原本欣赏美景的心情都荡然无存了。

(2) 我发现古巷的某些角落堆满了住户的私人用品，把狭窄的巷道堆得满满的，如果发生火灾，那这条巷道里的住户根本没有办法及时逃跑，有严重的安全隐患。

(3) 我发现雨天古巷经常会排水困难，需要管理人员手动疏通。

(4) 我发现古巷墙上有被住户私自开洞、穿绳子、挂被子、晾衣服的现象。

(5) 我发现古巷部分住户的车乱停乱放乱占道。

（出示问题统计图。）

师：同学们，老师把大家发现的问题用清晰直观的统计图进行了汇总。同学们发现的最普遍存在的现象就是"垃圾乱扔不入桶"，除此以外还有"雨天排水难""乱停车乱占道""堆物堆料""消防安全隐患"等。那这些问题，哪些是我们小学生可以解决的呢？

生：(1) 我们可以不乱扔垃圾，做好垃圾分类。

（2）我们可以做小小宣传员，呼吁大家遵守文明秩序。

师：有些问题，我们力所能及，而有些时候，我们却力不从心。

（出示南门遗址最近所发生的火灾视频。）

师：这是由于电路老化而引起的火灾。对于人类来说，火灾是致命的，它可以毁掉生灵、房屋、财产，更能摧毁一个民族的文明史。为防御火灾，古代匠人在规划时有意识地拉宽了街道，房屋成组分布，相邻房屋之间留出一定距离。除加强戒火、慎火、设立救火机构之外，古人也投入了大量硬件设施，火巷就属于宋朝防火控火的首创代表之一。"火巷"，顾名思义就是为防止火灾蔓延而开辟的巷子，算是早期消防通道，每隔几座房屋就预留出一条火巷，巷道可以直达前门后院。开辟火巷其实和现代消防中的防火隔离带一样，在森林大火和街区火灾中，为阻止火势蔓延，会通过拆除等方式开辟一条空旷地带，这样一来当大火烧到边缘地带时，不会殃及隔离带另一侧。明清时，火巷却从京城彻底"消失"了。这并不是因为火巷没了用武之地，而是皇帝和百姓都不喜欢"火"字，更不喜欢"火巷"这个名称，于是将其名改为了"胡同"。

师：扬州的火巷是封建社会有钱人家大宅门内的狭长通道。火巷比寻常人家要宽敞许多，两侧高墙大屋，高低错落。墙体厚实，不加粉饰、清水本色、质朴古拙。

（出示扬州个园两条火巷：东火巷和西火巷的设计图。）

师：两条火巷一东一西平行包围在住房两侧。而个园的防火主要依靠西火巷高高狭长的斜置"八"字形防火道，它两边的墙一般都比较高大，万一有一边起火，由于火巷的存在也不至于让火势蔓延到另一边。西火巷的南首有一口井。水井紧邻两侧住房及前面门楼排房，便于前面住宅平时使用，若发生火灾还可及时取水灭火。

【写一写】

古人拥有大智慧，我们也有好建议。请同学们针对之前发现的问题，在组内完善预学单上的《古巷发展建议书》，让我们的妙思在古巷生花。

【说一说】

我们发现的问题是什么？我们的好倡议是什么？

生：我们组对以下发现提出了建议。例如，我们发现古巷经常会出现车驶进巷道，乱停乱放现象，我们建议和古巷安保部门对接，在巷口放置多个醒目的"禁止车辆驶入"的标志牌。我们还发现有些住户破坏古巷里的古树，在树杈上拴挂绳子，用树晾衣服晾被子，我们建议和古巷所属社区对接，做好居民文明意识的宣传工作。

师：我们不仅想让扬城古巷在建议保护下"美起来"，更想让古巷"活起来"，激发出生机和活力,吸引更多的游人驻足欣赏,宣扬家乡的美景与文化。像我们扬城的东关街、皮市街,不仅仅保留着古巷原有的意味,也在特色发展中迎来了新的生机。

(出示空白古巷设计图。)

师:今天老师带同学们一起举行"巷如其名,巧创特色"的活动,一起来当"小小设计者",让每一条古巷,焕发其独特的美丽。例如扬州石榴巷,南接花井南巷,西至沙牌坊,因巷内人家种有石榴树而得名。想让"石榴"这个名字活起来,我们可以在巷内多栽石榴树,做些石榴的旅游用品,做石榴的文化墙,代销石榴的文创工艺品等等。

【做一做】

同学们想让哪条古巷"活起来"?选择一条最感兴趣的扬州古巷,将它设计成别具特色的"扬州名片"。小组合作设计,再利用投影分享。

出示学生去探访古巷的小视频合集。

教师总结

扬州是个好地方,依水而建、缘水而兴。古巷是个好去处,景色幽美、文化独特。在同学们的设计中,幽美的古巷释放着它独具特色的魅力,成了传扬古城特色的一张张城市名片。今天这节课,我们从家乡的古巷出发,了解古巷,感受发展,并积极参与,致力于让家乡的古巷"美起来""活起来",相信我们的家乡也定能在不断发展中成为——最美家乡。

(设计意图:扬州古巷蕴含着灿烂的历史文化,极具保护价值。同学们记录古巷建设中存在的问题,并以《古巷发展建议书》的形式在课堂上直观呈现,培养了学生深入思考和分析的能力。在学生发现的问题中,古巷防火是同学们最关注的问题。以视频导入,让同学们直观感受古巷防火的重要性,增强学生对古巷的保护意识。再开展"巷如其名,巧创特色"设计活动,让同学们根据巷名,合作设计,以此提高学生的家乡发展参与度和动手实践能力。)

【教学反思】

本次教学让我对"道德是从生活中'生长'而来的"有了更深刻的认识。道德与法治课程要利用课本但不拘泥于课本。跳进学生所处的生活环境,鲜活地展开教育引导。如:第一次教学导入,我利用大量的图片带学生欣赏扬城各处古巷的美景,请学生说说感受。学生的形容只是某幅图的表面,毫无表达的欲望。第二次导入,我改成请同学们查找资料,记录你感兴趣的某处古巷,和同学分享。学生有了准备,交流积极性高了许多,但分享时大多都是对着资料朗读,吸引不了其他同学的了解兴趣。第三次,我请同学们在自己居住的古巷中慢步走走,记录下古巷幽美的风光并展示。这次选择的古巷就是同学们从小生活的地方,同学们从四季美景、古巷中的美食、名人名园甚至近几年的变化等多角度分享,生动又有趣,一下子点燃了同学们对古巷的兴致,真正沉浸在对家乡古巷的了解之中。在后续的问题讨论、参与设计等环节,同学们的热情也都居高不下,交流分享积极踊跃。道德与法治课堂真正"活"起来、"动"起来。

【教学点评】

本课以思政课为核心,统整语文、科学、综合实践等相关学科知识,打破学科界限。纵观本课,其亮点在于:

1. 体现教学前置,开拓教学场域。"运河思政"的教学实践,强调从真实问题出发,寻找重组开放的学习路径。本节课体现了教学前置。课前教师引导学生实地探访扬州古巷,走进生活场域,获得个性鲜明的教育素材,拓展小学思政课教学空间。教师布置前置任务"探访你所住的古巷,结合图片进行简单介绍""根据提前调查,思考并记录古巷发展建设方面存在什么问题"引导学生真实地探访扬州的古巷并记录,让学生腿勤起来,手动起来,在采访中、调查中、展示中学习,使学生在"如闻其声、如临其境"的课堂氛围中学习,强化学生体验,增强了小学思政课教学空间的拓展和实践性。

2. 基于思政教材,精心设计活动。本节课在教学中把统编教材四年级下册《家乡的喜与忧》作为依据,却并不是简单照本宣科。思政老师根据四年级学生年龄特点,基于思政学科立场,有机融入语文、科学、综合实践等学科。语文教师先带领同学们领略条条巷道中隐藏着的灿烂文化和城市品格。科学教师再讲解古往今来的古巷防火的原理,激发学生古巷保护意识。综合实践教师继续开展"巷如其名,巧创特色"设计活动,让同学们根据巷名,合作设计;让每一条古巷,焕发其独特的美丽;让一个个巧思在古巷中开花,一条条巷道成了传扬古城特色的城市名片。一节课四门学科融合,通过多种活动让学生主动参与学习与讨论,感受家乡古巷风采,积极参与古巷的建设并通过设计图呈现,大大激发了学生的成就感。整节课环节层次清晰、环环相扣,更加立体、更具实效。这些学科知识的自然介入,也初步培养了学生跨学科学习的思维。

3. 活用运河资源,厚植家国情怀。古城扬州就素有"巷城"之称。"石板路、黑漆门,老街小巷穿扬城。小巷窄、古井深,小巷生活很迷人。"扬州城 500 多条古老街犹如一本画册,有书有画。古巷里的一砖一瓦、一树一花、都蕴含着丰富的教育资源。本节课教师引领学生了解家乡的古巷历史,探访家乡的古巷文化,讨论家乡的古巷发展,让学生成为资源建设的主体,同向而行,立足运河文化优势,开发教育增量资源。本节课以学科育人为目标,多以学生分享替代教师述说,以学生交流替代教师灌输,真正做到以学生为主体。活动环节的设计,也重点在培养学生分析问题、解决问题的能力,创新发展的能力以及沟通交流、动手实践的能力。本节课,从始至终紧扣"家乡古巷",在学生的幼小心灵里,厚植对家乡的认同感、自豪感和归属感,树立学好本领、回报家乡的美好理想。

(点评人:陈芳　扬州中学)

第10课

守望精神家园

——寻瓜洲古渡，延文化血脉

授课教师：司赛赛（扬州市树人学校；道德与法治）
　　　　　李君红（扬州市树人学校；地理）
　　　　　孙诗萌（扬州市树人学校；语文）

教学目标

1. 师生创设"赏运河风采"活动情境，通过古渡船闸的分析对古瓜洲历史再现，培养学生的科学精神，从而培养学生的政治认同。

2. 师生创设"品明月韵味"活动情境，通过张若虚《春江花月夜》，引导学生用诗词、音乐的方式感受家乡的独特魅力，培养学生的文化自信。

3. 师生创设"扬古渡自信"活动情境，站在瓜洲泵站引导学生在遥望镇江美景的同时思考"如何再现瓜洲古镇的繁华盛景"，从而培养学生的公共参与和建设家乡的责任感。

教学重点和难点

1. 教学重点：感受运河文化独特，传承家乡优秀文化。

2. 教学难点：激发学生对家乡的热爱之情，自觉为家乡的发展做贡献。

3. 重难点确定依据分析："增强文化自信，热爱家乡，建设家乡"是本次实境课堂的重点和难点，更是本次实境课程的中枢。学生在亲身感受中真正从内心深处认同中华优秀传统文化的当代价值，并在社会生活中自觉做优秀传统文化的传承者、弘扬者和保护者。通过实境课程，学生亲身感知身边的文化魅力，进而让优秀传统文化的种子在心中生根发芽，最终做到自觉为家乡的发展做贡献。

学情分析

随着年龄的增长和学科知识的积累,九年级学生对运河古渡文化有一定认知。但是,随着经济全球化和信息技术的发展,历史和现实的、本土和外来等各种各样的文化相互激荡,学生在一定程度上会缺乏对运河文化价值的认识,容易忽视对家乡优秀传统文化的继承发展。目前学生处于世界观、人生观和价值观形成的关键时期,本节课有助于学生奠定运河文化底色,树立传承家乡优秀传统文化的思想,增强文化自信,自觉为家乡的发展做贡献。

融合教学分析

1. 融合学科:道德与法治、语文、地理。
2. 融合依据:学生核心素养的全面发展单单只靠单纯的"教师教—学生学"课堂教学是有限的,更需要与其他学科融合教育并通过学生广泛参与实践活动才能实现。在思政教学中融入语文、地理元素,增加了思政课堂的表现力和美感。教学深得学生喜爱,大幅提高学生学习兴趣和学习成效,实现了语言美、地理美、道德美的融合。

教学准备

1. 搜集有关瓜洲古渡、瓜洲船闸的资料。
2. 自主预习教材。

教学过程

总议题 透过瓜洲古渡学习延续文化血脉

【导入新课】

(师生站在瓜洲古渡牌前,生齐诵《泊船瓜洲》。)

学生:欢迎大家来到我的家乡——瓜洲古渡!

(设计意图:从学生熟悉的诗词入手,引导学生感受古瓜洲的魅力。)

环节一：觅古镇风采

子议题1　追根溯源，探中华文化根源

【议学活动】　历史探究

师：这里为什么叫瓜洲？

生：瓜洲最早在大江中，四面环水，后泥沙淤积，与陆地相连。因形如瓜，故名瓜洲。

师：这里被称为瓜洲古渡，它是有很悠久的历史吗？

生：据说瓜洲形成最早是在汉代，自从唐代伊娄运河开通后，沟通了长江与隋唐运河两大水系，瓜洲位于运河与长江的十字形黄金水道的交汇点，身处交通要道，从此开启了古渡口的千年繁华。

师：瓜洲古渡这里以前是渡口吗？

生：瓜洲是南北京杭大运河和长江交汇的地方，同时也是大运河入长江的一个重要入口。而大运河的主要功能是接通南北，运送大量物资。据史料记载，数百万的漕船要经过这，停在这。漕船带来了大量的财富，同时带来了大量的人。

师：瓜洲古渡是这一幕幕历史的见证者，多少精彩纷呈的人生大戏都在这里上演，也都化作了历史长河中滚滚的波涛。

生：眼前仿佛出现当年浩浩汤汤驳船停靠在这里的场面。

师：请大家继续跟随我一起参观瓜洲水利工程——瓜洲船闸。

【议学活动】　船闸探索

师：请同学们跟老师一起往远处望，这里就是瓜洲重要的水利工程枢纽之一——瓜洲船闸。那么大家仔细观察一下这座船闸，同时思考一下：船闸的工作原理是什么？在这里为什么要建立这样一座船闸呢？请同学们说说自己的猜想。

生：我猜想瓜洲船闸的原理可能是把水抽上来与另一边水齐平，从而改变水位。

师：很好，还有没有同学有其他想法呢？

生：老师，我猜想是不是因为长江与运河的水位有落差，所以才要建立船闸来让船更好地行驶呢？

师：很好，谢谢这位同学。那么真相到底是如何的呢？请同学们和我一起看一个动画演示。

你们看当下游的船只要去上游，需要先打开下游闸门下的阀门，这时闸室会和下游连通，当水位持平后，打开下游闸门，船舶进入闸室；然后关闭下游闸门下的阀门，打开上游闸门下的阀门，此时闸室会和上游连通，当水位持平后，打开上游闸门，船舶驶出闸室，来到上游。反之亦然。

生：老师，据我们调查资料所知，这个瓜洲船闸是20世纪70年代初建成的，那原来古时候这里就有船闸吗？

师：这位同学的提问非常好。其实在北宋年间，这里并没有船闸，那时候这里建造的叫作瓜洲堰，堰和闸不一样，堰是水从上面流过，闸呢，水是从下面流的。建立瓜洲堰最主要的一个目的跟当时的环境有关。运河是一条人工开挖的河道，它的河床会比较高，在北宋年间，运河扬州段处于严重缺水的状况，水位较低，航船无法得到水位保证。因此，建立瓜洲堰就是利用长江的涨潮，收纳长江的江水，保障运河的水位。但是这里有一个缺陷，只有等到涨潮的时候，运河和长江的水位才能持平，这时候才能通船。因此我们可以感受到在当时通船还是比较不方便的。因此当地有很多政府官员上书想要废除瓜洲堰以保障航运。

生：老师，那瓜洲堰是不是就此废弃了呢？

师：同学们猜想一下，这里有没有废堰呢？

生：应该没有吧。

师：对的，没有废堰。杨雨轩同学和老师一起做了一个调查，下面请这位同学为大家解释一下。

生：绍圣年间，瓜洲易堰改闸，后逐渐完善，成为三闸二澳的组闸，在当时是非常先进的水利工程。其中积水澳的水位高于或平于闸室高水位，可以补充船只过闸时的耗水，同瓜洲上、中闸间的闸室相连。归水澳的水位平于或低于闸室低水位，可以回收船只过闸时的下泄水量，同瓜洲中、下间闸室相连。为了满足航运的需求，在政和四年之前，瓜洲运河（上口河道）西侧分叉出一条新的河道，被称为下口河道，河道上修有单闸性质的通江上闸，两条河道分别航行不同方向的航运船只。

（学生根据手绘示意图讲解）

师：此后，瓜洲闸在历史的潮流中经历起起伏伏，终于在清末之际坍塌而未修复。附近居民饱受旱涝灾害。为了保障民生，1969年起，历时六载，终于建成具有多功能的中型综合性水利枢纽。同学们现在所看到的瓜洲船闸只是水利枢纽中的一项工程,还有一项工程就是我们刚刚经过的那座"瓜洲节制闸"。

(设计意图:通过参观瓜洲船闸,让学生直观感受到船闸的工作原理,以及瓜洲地理位置的重要性。)

环节二:赏瓜洲明月

子议题2 弘扬传承,畅中华文化魅力

【议学活动】 赏析诗词

师:同学们,熟读唐诗三百首,不会作诗也会吟。在唐诗史上有这样一位诗人,因为一首诗就获得了"孤篇压全唐"的美誉,他就是著名诗人——张若虚。他的这首诗就是《春江花月夜》。下面就让我们穿越时空,一起来走近这位诗人——张若虚。

师:大唐初肇,春江潮涌,万象更新。中华民族,山河一统,强盛空前!文坛诗坛,一洗六朝萎靡之气,咏唱出一派青春的诗行。扬州的张若虚,调用旧弦,辞翻新声,于扬子江畔,古津渡口,吟咏出千古绝唱《春江花月夜》。

师:大家来看,我们身后就是这首《春江花月夜》,同学们可以自己先读一读,说一说你看到了一幅怎样的画面呢?画面中有哪些景物呢?

(学生诵读古诗。)

师:请同学来说说,在诵读的过程中,你脑海中出现的画面。

生:我看到一幅幽美邈远,十分静谧的画面。春、江、花、月、夜作为这个画面的背景,月光下,有江水、沙滩、天空、原野、枫树、花林、飞霜、白沙、扁舟、高楼、镜台、砧石、长飞的鸿雁、潜跃的鱼龙。

师:在你的脑海中有没有出现人物呢?

生:不眠的思妇以及漂泊的游子。

师:的确,诗人对春江花月夜的描绘非常生动传神,表现出千年古镇瓜洲江畔清幽如诗的意境之美,尽情赞叹大自然的奇丽景色。刚刚这位同学提到的游子,其实就是谁的影子呢?

生:张若虚。

师：提到这，我们就一起去看看吴中四士吧，了解一下这位游子。

（同学们在老师的带领下参观浏览"吴中四士"以及《春江花月夜》古诗的历史来源，感受瓜洲月夜美景。）

师：下面请同学们把自己找到的关于瓜洲的诗歌加入自己的想象用优美的语言描绘出来吧。

生：我描绘的是《长相思》这首词，汴水长流，泗水长流，流到瓜州古老的渡口，遥望去，江南的群山在默默点头，频频含羞，凝聚着无限哀愁。思念呀，怨恨呀，哪儿是尽头，伊人呀，除非你归来才会罢休。一轮皓月当空照，让我俩紧紧偎傍，倚楼望月。

生：我描绘的是《题金陵渡》这首诗，夜宿金陵渡口的小山楼，辗转难眠心中满怀旅愁。斜月朦胧江潮正在下落，对岸星火闪闪便是瓜洲。

生：我描绘的是《泊船瓜洲》这首诗。京口和瓜洲不过一水之遥，钟山也只隔着几重青山。温柔的春风又吹绿了大江南岸，可是，天上的明月呀，你什么时候才能够照着我回家呢？

师：感谢我们同学们的分享。同学们我们现在就坐在了瓜洲古渡的桥头上，想象一下，当那个夜晚，皓月当空，月光洒下星光无数，照耀着长江，使得长江浩浩荡荡。多么优美的夜景呀，这样优美的夜景又怎能不触发诗人的情思呢？下面请赵房玲同学给我们带来一首古筝弹奏《春江花月夜》，将我们带到那个夜晚，与张若虚共同欣赏这个如诗如画的夜晚吧。

（学生欣赏古筝弹奏。）

（设计意图：通过朗诵、分享、古筝弹奏，让学生感受古瓜洲的月夜美景，为接下来思考瓜洲如何再现繁华盛景作铺垫。）

环节三：扬古渡自信

子议题3　继往开来，品中华文化未来

师：瓜州是如此之美，但是却经历着繁华与沉没。这是一段怎样的历史呢？请大家观看视频，寻求答案。

（师生观看视频、沙盘）

师：看到瓜洲曾经的历史，今天，我们的瓜洲镇应该怎么做才能免遭水患，让

人民安居乐业？请大家谈谈自己的建议。

生：古代的瓜洲是被水淹没的，我们可以尝试在江中建一个过滤网，过滤大量的泥沙，这些泥沙比较肥沃，可以用来浇灌农田，同时也可以防止水位上涨，阻止瓜洲被淹。

生：我认为我们可以定时地清理河道，延缓河流对河道的侵蚀。此外，我们还可以使用人工改道的方式来让瓜洲避免水患。

生：我们可以建立水库，把多余的水储蓄起来，以后还可以再利用。

师：解决内涝、水患问题，振兴瓜洲，同学们提出了很多的金点子，而我们的家乡确实也在这方面做出了努力，接下来我们就一起去看一看。

（师生来到瓜洲古渡公园。）

师：今天我们请到瓜洲镇冯书记来为大家讲讲瓜洲古镇的建设。

冯科书记：今天欢迎树人学校的各位同学。说起瓜洲，在整个中国的乡镇中都有它的独特地理位置和历史意义。关于瓜洲的古诗词有将近万首，这对一个乡镇是非常罕见的。说起瓜洲的建设，就要抓住瓜洲的魂，抓住"江河交汇"。我们要抓住长江经济带和大运河文化带发展契机，发掘诗词文化，展现水泵文化，体验滨江的生态文化，最终把瓜洲打造成古代文明和现代文明交相呼应的文明名镇。希望大家今天在瓜洲体验，未来能够通过你们来多多推荐瓜洲，宣传瓜洲。

（瓜洲镇党委书记冯科先生带领同学们参观瓜洲古渡公园，师生一行人来到瓜洲泵站。）

师：接下来，我们有请泵站的田经理来为大家讲讲泵站的工作原理。

田经理：请大家跟我先一起观看泵站的宣传视频。

（学生观看泵站宣传视频后随田经理进入机房参观。）

田经理：现在大家看到这部分是水泵的组成部分，直径是 3 米，它的流量是每秒 28.4 立方米，总装机容量为 9 600 千瓦，瓜洲泵站一共 6 台机组，每秒流量 170 立方米，同时启动，可以在两个小时之内排干瘦西湖。

生：这么大的工程是私人的吗？

田经理：不是，不是，这是国家的。国家在建造过程中花费了大概 3.8 个亿。瓜洲泵站建成后，扬州城市涝水外排将被动为主动，城区排涝标准、城市防洪标准都将得到大幅度提高。

（在田经理带领下同学们来到泵站控制室参观学习。）

师：瓜洲的沉没与抗争持续了将近 200 年，终于无法阻挡江水的冲刷坍塌进入这滚滚长江之中。但这条修建于唐朝的古运河依然完好，滚滚注入长江，沟通着江南江北。那作为未来家乡建设者的中学生,我们如何为家乡的发展繁荣做贡献呢?

生:首先我觉得工厂要严格控制有害气体的排放,其次在允许的情况下尽量绿色出行,少开私家车,实在不得已可以使用新能源汽车,减少二氧化碳的排放。

生:我认为当下我们应该好好学习,将来把自己所学的专业知识用在相对应的领域来建设家乡。其次,我们还可以多参加家乡的志愿者活动,更好地为家乡的发展添砖加瓦。

生:瓜洲是一个集旅游、生态、历史文化为一体的文化古镇,我们要在这里发展生态旅游经济。习近平总书记曾说过:"绿水青山就是金山银山。"瓜洲是一个非常有古文化底蕴的好地方,我们应该在这里发展古文化旅游、古文化建设,大力发展生态业,以保障我们瓜洲的生态经济和生态平衡的可持续发展。

师:今天我们了解到瓜洲的地理位置的重要性,领略到自然美和人文环境美,懂得了瓜洲镇建设的措施,勾勒出未来瓜洲的建设蓝图,对家乡未来充满信心。古人以一首《春江花月夜》盖全唐,今天我们用"我家住在运河边"打开瓜州新画卷。

(设计意图:在瓜洲古渡公园中的参观讲解,加深学生对瓜洲古文化,中华传统文化的理解和思考。)

【教学反思】

今日课堂,教师不再是学生获取知识的唯一来源,亲眼看、亲耳听、亲身经历、亲自体验,胜过教师千言万语。引导学生感受身边乡优秀传统文化的魅力,学生的心灵才能形成同频共振。从瓜洲镇中学生的讲述中,在观看瓜洲船闸找寻资料中、在寻访张若虚《春江花月夜》艺术馆中,学生感知到古瓜洲曾经的繁华与魅力,感受家乡悠久厚重的运河文化。在瓜洲镇党委书记的讲述中,在瓜洲泵站的参观中,学生在懂得理论的同时,也注重道德实践。学生以一个负责任的未来家乡建设者的身份在思考、在行动。但在教学设计中也存在一些不足,因为走访地方较多,使得实境课堂容量过于饱和。

【教学点评】

走瓜洲,话历史,看变迁,探文化

本节课以"走瓜洲,话历史,展风情,看变迁,议责任,思建设"为宗旨,老师们几度来到瓜洲古渡,欣赏古镇自然风光,挖掘瓜洲文化,寻求运河精神与学生教育接口,最终,借助三个环节:觅古镇风采、赏瓜洲明月、扬古渡自信,由思政老师、语文老师、地理老师合作创作,树人学生和瓜洲中学学生共同努力而成,做到了跨学科跨校际融合教学,把传承运河文化的种子播撒在运河儿女的心中,引领运河子民为家乡建设做贡献。无论是老师课程设计还是学生行走学习,环环相扣,紧凑自然。更主要的是整个过程以学生导游介绍,学生活动为主线索,不明白的问题与老师、与单位技术专家、与家乡建设领导者对话寻求解惑,激发学生对家乡的热爱之情,培养学生建设家乡的责任意识,达到核心素养的目标要求,因此,本节课真正起到了行走课堂的作用,达到了运河子民应为运河建设做贡献的教育效果。

1. 让瓜洲历史"讲起来"

在第一环节,同学在王安石《泊船瓜洲》"京口瓜洲一水间,钟山只隔数重山,春风又绿江南岸,明月何时照我还?"的意境中来到瓜洲古渡,由瓜洲中学学生导游介绍。千百年来,大运河一路播撒文明的种子,流经之处造就了无数的码头、集镇和商埠的繁荣,使运河成为一条南北经济、文化交流和传播的纽带。运河哺育了扬州,滋润了扬州,也发展了扬州,可以说是扬州的"根"。从商家云集到鉴真东渡,从康乾六下江南到战争烟火,从历史的角度说,没有古运河,就没有扬州古城;古运河的兴衰史,也就是扬州古城的兴衰史。古运河孕育了扬州城市,贯通了扬州湖河,扩大了扬州地域,奠基了扬州文化。运河已经成为扬州文化的重要组成部分。可以说是"无运河,不扬州"。

人们最早是通过古诗词认识瓜洲的。白居易有词《长相思》曰:"汴水流,泗水流,流到瓜洲古渡头,吴山点点愁";王安石有《泊船瓜洲》诗曰:"京口瓜洲一水间,钟山只隔数重山。春风又绿江南岸,明月何时照我还";张祜的"潮落夜江斜月里,两三星火是瓜洲";陆游的"楼船夜雪瓜洲渡,铁马秋风大散关"。所指瓜洲皆是此处。

瓜洲最早在大江之中,四面环水,后泥沙淤积,与陆地相连,因形如瓜,故名瓜洲。瓜洲历来是扬州的门户,有"江淮第一雄镇"和"千年古渡"之称。瓜洲古渡位于瓜洲,在古运河和扬子江的交汇处,处于扬州西南,与镇江隔水相望。

史料记载,瓜洲虽弹丸,然瞰京口,接建康,际沧海,襟大江,实七省咽喉,全扬保障也。且每岁漕舟数百万,浮江而至,百州贸易迁徙之人,往返络绎,必停于是,其为南北之利。到清代初叶,由于运河漕运发达,瓜洲更显繁盛,康熙、乾隆二帝数次"南巡",都巡游过瓜洲。唐代高僧鉴真大师东渡日本,其造船、买船、登船以及储藏粮食都在这个地方。意大利杰出的旅行家马可·波罗也曾游览过瓜洲,并将著名的《马可·波罗游记》第二卷第一章节题为《瓜洲市》,并对瓜洲的地理位置与历史作用作了详细描述。瓜洲地理位置十分重要,作为南北交通枢纽,人流、物流旺盛,地方富庶,城内大型建筑、私宅花园、庵庙、楼、亭、厅、堂等多达数十处。如此繁忙的渡口怎不令今人追溯?

在瓜洲中学同学的带领下,师生一行人来到瓜洲船闸处了解瓜洲水利工程的前世今生。在不断变迁的过程中,瓜洲的文化和经济文化逐渐灿烂与繁荣,这是运河与长江的馈赠,也是勤劳质朴的瓜洲人民用智慧和汗水共同开发和浇灌出来的。同学们看到船闸外观,带着一连串问题,与地理李君红老师探讨了船闸的运行原理,借助船舶辅助推进系统(APD)观看船闸运行过程,还有同学运用手绘示意图进行讲解,进一步形象表述,直到每个同学都听懂为止,同学们深深觉得扬州古人的智慧令今人佩服。

当同学们观看 APD 的船闸运行视频,手绘示意图时,眼里有光亮,心中有梦想,这种境界立刻使思政课堂变得丰盈起来:我的家乡——扬州瓜洲的古渡历史竟是这般厚重,历史的沉浮又是这样的令人唏嘘不已,为孩子将来投身乡建设奠定了情感基础。

2. 让运河文化"活起来"

第二个环节,同学们在瓜洲中学同学的带领下来到了张若虚纪念馆。若无众多诗人词家的诗魂相许,纵然扬州是千古名城,她还会不会如此情致婉转,缠绵得刚烈?霍霍地立在浩淼的水烟里,千年仍有自己的风骨。

张若虚就是在这里吟出《春江花月夜》,孤篇盖全唐。身为扬州人的张若虚,想必是在一个月圆之夜,面对江流婉转清风微拂,江潮连海月共潮生,随兴所至吟哦良久,从月升到月落,从春潮着笔而以情溢于海作结,时空跳跃空灵飞动,场景清新华丽。继而冥想"江畔何人初见月?江月何年初照人?"展开对宇宙对人生的无限遐想。闻一多先生誉《春江花月夜》为"诗中的诗,顶峰上的顶峰",一千多年来使无数读者为之倾倒。春、江、花、月、夜,这五种事物集中体现了人生最动人的良辰美景,构成了诱人探寻的奇妙的艺术境界,勾勒出一幅春江月夜的壮丽画面:江潮连海,月共潮生。

王安石和刘禹锡曾在这里偶遇,清风明月间把酒尽欢吟诗相和,传为佳话。文天祥也是到过瓜洲的,只是为了躲避元军追杀,一叶小舟颠簸江上,未及欣赏两三星火瓜洲景,更无暇吟诗一首,但瓜洲定是记取文天祥的,最终留取丹心照汗青更是英名千古。

传说杜十娘怒沉百宝箱,也是发生在瓜州。这样浪漫且有着浓厚文化气息的瓜洲，怎不令人神往？

  同学们站在张若虚纪念馆里，深情朗诵《春江花月夜》，赏析名句："不知江月待何人，但见长江送流水"，直接指出了是长江。但是长江那么长，哪一段哪个地点才是真正触动诗人灵感的地方呢？诗中的第五、第六句给出了答案："江流宛转绕芳甸，月照花林皆似霰。"这句诗说江水流到此处是曲里拐弯并且环绕了一个甸，古人所说的甸是指郊外，是相对于城郭而言的。而从"空里流霜不觉飞，汀上白沙看不见"这一句来看，汀是指水边的平地，而上文的江水环绕的一个甸，在长江六合至泰州一段，正好有这样一个地方刚好完全符合，综合来看，触动诗人灵感的地方那就是瓜洲古渡无疑了。同学们一起走上这座桥，穿越时空，与张若虚一同来到这个夜晚，春江、潮水、明月、芳甸、华林、白沙……在月光下，形成了一幅美轮美奂的梦幻画景。激动之余，女同学拿起馆内的古筝激情演奏了《春江花月夜》。音乐声中，依稀看到长空万里，一轮皓月如飞天悬镜一般当空，洒下星光无数，千里长江，浩浩荡荡，波光粼粼。

  观看《瓜洲印记》时，同学们看到瓜洲的沉浮历史，感慨万千，作为运河儿女深感责任重大，如何为家乡繁荣发展做贡献呢？学生交流后，瓜洲古镇书记带领大家参观了瓜州古渡公园，和同学们介绍瓜州近几年的发展形势，并号召同学们，党的二十大已经召开，我们应该乘着二十大东风，为家乡建设做贡献。同学们畅谈自己的想法，冯书记看着这群孩子，欣慰地描绘了家乡建设的宏图大业，希望同学们作为运河儿女，能传承运河文化，弘扬运河精神，发展运河科技，为运河建设添砖加瓦！

3. 让运河科技"新起来"

  第三个环节，由于同学们在张若虚纪念馆里看到了瓜洲古渡的历史沉浮，感慨万千。思政老师引领大家思考，问题1：我们的瓜洲镇应该怎么做才能免遭水患，让人民安居乐业？在解决内涝、水患问题，同学们通过探讨，提出很多金点子。问题2：那家乡人民是怎么做的呢？一句话勾起了同学们对这个问题的兴趣。瓜洲中学同学带着大家来到瓜洲泵站，在瓜洲泵站技术专家田经理的讲解下，同学们懂得了水泵的工作原理。在泵站田经理的带领下，同学们走进机房和总控室亲身感受瓜洲是如何实现由被动防御到主动排涝，解决了入江口冲淤难题的。参观泵站，同学们懂得用科技武装生产生活，科技是今天社会发展和国家兴旺的不竭动力。站在泵站观景台，眺望着这条修建于唐代的古运河，思政老师抛出第三个问题：新的瓜洲镇要如何紧紧抓住长江经济带和大运河文化带发展契机再现古瓜洲的繁华盛景呢？需在生生分享对话中激发学生保护、传承、弘扬家乡文化的责任感与使命感,争做守护者。

　　站在瓜洲古渡口,同学们唱着《我家住在运河边》的歌谣,用心回味《春江花月夜》中世间悲欢离合的那一轮明月,用脚丈量瓜洲古渡沧海桑田的那一片土地,用行动续今日奋斗,绘明天蓝图!

(点评人:殷翠云　扬州市树人学校)

第11课

延续文化血脉

——巧手成就卓越,匠心创造非凡

授课教师:李　敏(扬州市梅岭中学;道德与法治)
　　　　　王　慧(扬州市梅岭中学;美术)
　　　　　任光英(扬州市梅岭中学;语文)

教学目标

1. 创设扬州"扬州玉雕大师访谈"情境,通过对大师的深度访谈,使学生感悟家乡优秀传统文化的独特魅力,增强学生的文化自信,从而培养学生的政治认同素养。

2. 创设"动手制作玉雕作品"情境,通过亲身感受玉雕技艺制作的艰辛,初步感知工匠精神,在问题解决中逐步培养科学精神素养。

3. 开展"作品展示"推介活动,寻找身边的"大国工匠",在分析、展示深化对工匠精神认识的同时,培养学生的责任担当。

教学重点和难点

1. 教学重点:中华文化和中华传统美德的丰富内涵。

2. 教学难点:如何增强文化自信和自觉践行工匠精神。

3. 重难点确定依据分析:中华文化博大精深,玉与玉雕都承载着厚重的文化。本节课挖掘了高于玉本身的文化,带领学生感受玉文化里的美德。上升到哲学高度思考玉与人生,激发学生不断提升自己的内驱力。从对玉雕技艺的感受,上升到人生需要不断做减法,摒弃不必要的负担,用与时俱进的目光激发学生传承华夏文明的热情。

学情分析

文化自信,是更基础、更广泛、更深厚的自信。初中学生正处于世界观、人生观、价值观形成的关键时期。"扣好人生第一粒扣子"至关重要。让学生打牢中华文化底色,在世界各种思想文化相互激荡的浪潮中坚定文化自信,显得尤为重要。

梅岭中学的孩子总体素养比较高,九年级学生对中华文化在情感与知识经验上都有所认知。但调查中发现,学生存在以下问题:了解很多中华文化元素,并为之自豪,但对深层次的文化价值和意义认识与思考不多;同时,随着世界文化交流发展,在历史的和现实的、本土的和外来的、先进的和腐朽的等各种文化相互激荡中,难以理性客观地分析,不能理性看待中华文化面对的机遇与挑战;缺乏传承、弘扬中华文化的责任感与使命感。因此,需要帮助学生深刻理解中华文化的价值,辩证看待全球化趋势下的机遇与挑战,树立理性的文化自信,增强传承、弘扬中华文化的责任感和使命感。基于以上分析,设置了本课内容。

融合教学分析

1. 融合学科:道德与法治、美术、语文。

2. 融合依据:传统的分科课程知识之间相互割裂严重,教学过程中过度关注改变的生成和知识的掌握,这些显然已经不能满足新时期培养学生全面发展的需要。本节融合课,通过思政、语文、美术的融合,达到了良好的育人效果。挖掘玉里"宁为玉碎"的民族气节、"化为玉帛"的团结友爱的社会风尚、"润泽以温"的君子美德、"白璧无瑕"的廉洁品质;体验玉雕里"坚持不懈"的追求、"精益求精"的品质、"追求卓越"的执着,让课堂真正成为育人的平台。

教学准备

1. 学生准备:

(1) 合理分工,联络相关人员,确保外出寻访任务完成,并做好视频剪辑工作;

(2) 围绕主题收集相关资料,收集本地区工匠人物的成长故事;

(3) 准备朗诵文稿、配乐等,做好社区宣讲工作准备;

(4) 设计"小小工匠"的勋章。

2. 教师准备:

(1) 召开班委会,商讨班会课方案,并落实人员分工;

(2) 选拔、培训主持人,提前做好相关评比规则等准备工作;

(3) 为学生外出寻访任务,做好安全教育工作。

教学过程

总议题 走近玉雕大师，感悟文化魅力

【导入新课】

（教师呈现《翡翠白菜》和《螳螂白菜》两幅图片。）

师：《翡翠白菜》和《螳螂白菜》你喜欢哪一个？

（介绍《螳螂白菜》的作者是时庆梅大师，播放视频：《时庆梅大师访》，引导学生感受玉雕里的文化，导入课题：延续文化血脉。）

总结提炼：温润如玉是对一个人的褒奖，成为玉一般的谦谦君子，做一个有气度，有温度的人是对一个人美好的祝愿。玉和玉雕都蕴含着丰富的文化内涵，今天我们就跟随玉雕大师感受文化的魅力。

（设计意图：本环节引导学生发现玉雕文化的魅力，激发学生的学习兴趣。利用《翡翠白菜》和《螳螂白菜》的对比导入，让学生感受不同玉雕技艺的魅力，引入访谈的玉雕大师——时庆梅。通过视频重温访谈的过程，感受玉雕大师的风范。）

环节一：走近玉雕大师，品文化

子议题1 玉雕技艺中如何彰显文化魅力？

【议学情景】 大师访谈

板块一：流淌的历史

师："天下玉，扬州工。"扬州本身不产玉，为什么玉雕技艺如此闻名？此次文化延续之旅，我们也带着这个问题访问了大师，我们一起来看看一组组长的访谈。

【议学活动】

师：请一组组长汇报本小组的探究成果。

师：郭佐政同学就此问题对大师进行了访谈。大师详细介绍了运河的发展和扬州玉雕技艺发展的关系，郭佐政和本小组同学进行合作探究，详细介绍了在不同朝代运河对玉雕技艺发展的作用。

（小组展示访谈探究成果。）

（设计意图：通过对运河发展和扬州玉雕技艺发展的关系，探究运河与扬州

生产的关系,感受玉雕的发展历程,加深对"因运而生、因运而盛"的扬州本土文化的理解。)

环节二：走近玉雕技艺,感情怀

子议题2　玉雕技艺中蕴含着哪些崇高的情怀?

【议学情境】　动手做出你的作品

板块二：文化的印记

师：看到如此精美的玉雕工艺品,同学们想不想试一试呢?玉雕没有几年工夫无法雕刻出成功的作品,我们不可能实践,但是我们可以在肥皂上雕刻,感受一下雕刻技艺。下面有请美术老师王老师,请她现场指导同学们进行雕刻。

(活动时间：7分钟)

师：请学生展示自己的作品,并讲述自己的雕刻作品的含义。

第一环节　做出你的作品

美术老师王老师带领同学用肥皂雕刻作品,感受玉雕技艺。

王老师首先展示一组作品,让同学们猜一猜,哪一个是真正的玉?激发学生创作的兴趣。

接下来,王老师用一个简短的视频演示如何做好肥皂雕。在同学们动手操作的过程中,王老师一直进行指导。作品成型以后,王老师请部分同学展示并让同学给自己的作品取个名字。

在雕刻过程中,学生与雕刻技艺零距离接触,亲身感受雕刻工艺的不易。在给作品取名字的过程中,感受雕刻图案里蕴含的文化因素,无论是对美好生活的祝愿,还是对美好品行的追求,都蕴含着丰富的文化因素。

第二环节　文学之玉

【议学活动】

师：玉雕的图案蕴含的寓意是我们文化不可或缺的组成部分,那玉本身呢?它广受喜爱的原因又有哪些文化的因素在里面呢?请小组探讨,玉为什么广受人们喜爱?

师：请语文老师任老师从文学角度和我们一起探讨这个问题。

(语文老师任老师带领同学感受文学里的玉。)

任老师先请同学说说美玉之词,学生可以说出非常多的词,比如亭亭玉立、琼浆玉液、琼楼玉宇、如花似玉、雕栏玉砌、锦衣玉食、怜香惜玉、冰清玉洁、抛砖引玉、金玉良缘、金玉满堂、金枝玉叶、金玉良言、金相玉质、字字珠玉等。任老师又带领学生感受了诗歌里的玉,从白居易《琵琶行》到王昌龄《芙蓉楼送辛渐》,再到王之涣《凉州词》等,任老师带领同学们度过了一段难忘的文化之旅。最后任老师总结道:"因为玉,才有了'宁为玉碎'的民族气节;因为玉,才有了'化为玉帛'的团结友爱的社会风尚;因为玉,才有了'润泽以温'的君子美德;因为玉,才有了'白璧无瑕'的廉洁品质。"

教师总结

有的同学雕刻的作品本身蕴含着对美好生活的期待,希望生活越来越好。有的同学雕刻的作品蕴含着对美好品行的向往,希望自己成为品德高尚的人。这些其实都是我们的文化,是我们的精神标识。

师:就这个问题,我们也访谈了大师,请二组组长展示本组同学的探究成果。

(小组展示:请二组组长汇报一下本小组的探究成果。)

师:从谦谦君子温润如玉到成语里的故事,玉千百年来广受人们喜爱,是因为玉本身所蕴含的一些特质与中华民族的精神追求相契合。玉温润不张扬,对玉石的精雕细琢成就不凡的玉雕工艺,它是一种对内在美的追求,恰如我们中国人对自己内在品行的要求。

(教师展示两幅图,请同学们说明两幅图片的地点。)

师:图片是古希腊圣城德尔菲神殿,在神殿上刻着一句话千百来广为流传——认识你自己。这是西方哲学的追求。而从玉石到玉雕的过程,则体现了中国哲学的追求——提升你自己。玉雕本身就是一种非物质文化遗产,在制作过程中不断做减法的过程也是一个人成长的必修课,减掉不必要的负担、减掉不利于发展的不足,这也是我们中国人对自身发展的要求,这也是我们文化的一部分。中华文化独一无二的理念、智慧、气度、神韵,增添了中国人民和中华民族内心深处的自信和自豪。

(设计意图:青少年需要有以天下为己任的家国情怀,而文化是家国情怀培养的重要土壤。通过自己动手制作,初步感受工匠精神;跟随语文老师品味历代名人名言,从历史与文化的视角引导学生感受玉文化。)

环节三：走近工匠精神，强行动

子议题3 青少年要如何传承工匠精神？

【议学情景】 雕刻背后的故事

板块三：精神的传承

活动一：心目中工匠精神

【议学活动】

师：刚才同学们在雕刻的过程中，老师看到有的同学惋惜的神情、有的同学为难的表情，想必在雕刻的过程中遇到了一些困难，你能谈谈在雕刻过程中遇到了哪些困难吗？

（学生回答。）

师：我们雕刻的肥皂都遇到各种各样的困难，玉石比肥皂坚硬百倍，下刀就更艰难了，我们在访谈中时大师也谈到，在雕刻炉瓶环状扣的时候非常紧张，一不小心就会雕断，晚上经常做梦，梦到自己雕坏环状扣，一下被吓醒。正是怀着这种敬畏之心，在一次次雕刻中践行工匠精神，才成就了一个个不凡的作品。你怎么理解工匠精神呢？

师：此次文化延续之旅，就这个问题访问了大师，我们一起来看看三组组长的访谈。

（小组展示：三组组长汇报一下本小组的探究成果。）

师：习近平总书记对工匠精神的阐述是执着专注、精益求精、一丝不苟、追求卓越的工匠精神。如果我们把它细化一下，那就是"择一事终一生"的执着专注；"干一行专一行"的精益求精；"偏毫厘不敢安"的一丝不苟；"千万锤成一器"的追求卓越，这些都是我们中华民族的传统美德，是我们的民族品格，也是我们民族生生不息、兴旺发达的民族智慧。

活动二：我的收获

【议学活动】

师：从对玉雕大师的访谈和自身的雕刻经历，你有哪些收获？请用自己的喜欢的方式呈现出来。

（小组展示：四组小组进行展示。）

教师总结

在访谈的最后,我们和大师进行了促膝长谈,大师对处于青春美好年华的孩子们有很多美好的祝愿,我们一起来学习一下。玉雕是个细工夫,学习亦是,沉下心来,内心没有了杂念,才能勇往直前。玉雕是个慢工夫,大件玉雕几乎两三个月看不到进展,但正是一个又一个坚持的两三个月才有最后的成效。坚持不懈,舍弃对速度的过分追求,才能稳步提升。玉雕是个不断舍弃,做减法的过程。我们的成长也是如此,做好减法,丢掉不必要的负担,去掉阻碍发展的不足,才能轻装前行。今后,我们不一定要从事玉雕行业,但是,从玉雕制作工艺中感受到的文化、学习到的美德,都将是我们的无价的财富,把这些文化传播出去、践行这些美德,将是最好的传承和发扬,是对中华民族共同的精神家园最好的守护!

【议学活动】

拓展作业:寻找身边的大国工匠,进行访谈,制作短片,进行班级展播。

(设计意图:本环节意在挖掘高于玉本身的美德,带领学生感受玉文化里的美德,激励学生培养工匠精神。上升到哲学高度思考玉与人生,激发学生不断提升自己的内驱力。从对玉雕技艺的感受,上升到人生需要不断做减法,摈弃不必要的负担。教育不局限于围墙之内,拓展作业将社会大课堂的教学资源纳入学习,丰富了教学资源,开阔了学生视野。)

【教学反思】

1. 这是一节活动的课堂。教师通过社会实践和课堂实践搭建活动平台,激发内驱力;展现活动魅力,生成思辨力;丰富活动内涵,回归生长力。

2. 这是一节逻辑极强的课堂。初见本课以为外在美,玉雕的精美工艺美不胜收。再看发现是内在美,玉雕蕴含的文化因素和工匠精神超越它本身美丽的外在。再进一步思考,本节课从文艺到文化再到文明,一步步螺旋上升。三思顿悟,发现本节课不仅仅讲玉雕,更是从哲学高度讲玉与人生,玉雕在做减法,人生亦需要做减法,摈弃一些不必要的负担,把玉的价值上升到人的价值。

3. 融合课堂向跨科育人转型。传统的分科课程知识之间相互割裂严重,教学过程中过度关注改变的生成和知识的掌握,这些显然已经不能满足新时期培养学生全面发展的需要。本节融合课,通过思政、语文、美术的融合,达到了良好的育人效果。挖掘玉里"宁为玉碎"的民族气节、"化为玉帛"的团结友爱的社会风尚、"润泽以温"的君子美德、"白璧无瑕"的廉洁品质,体验玉雕里"坚持不懈"的追求、"精益求精"的品质、"追求卓越"的执着,让课堂真正成为育人的平台。

【教学点评】

1. 本节融合课打破了学科藩篱。一般来说,在学校的课表上各门学科都是"各自为阵",学科间的壁垒很难打破。本节课打破学科壁垒,形成知识和学科的融合。美术老师指导学生现场雕刻,在雕刻中感受玉雕技艺的不易;语文老师带领学生感受玉里的成语、诗词,从文学角度对玉文化进行深入剖析;思政老师则从哲学高度分析玉的价值和人的价值,引导学生在雕刻的实践中感受工匠精神。

2. 这是一节传承文明的课堂。教师用大教材观选择地方历史资源,从大格局出发传承传统文化,用与时俱进的目光激发学生传承华夏文明的热情。

3. 本节课强调真实体验。根据学生的认知特点和规律,实地采访玉雕大师、动手雕刻,让学生在亲历的过程中理解知识,发展能力,逐步形成正确的价值观。通过实地访谈、动手雕刻提升自身的实践能力,通过感受玉的文化,提升自己的文学修养,通过思政老师的点拨,提升思辨能力。

4. 本节课发挥了各学科优势。文化和工匠精神是一个很大的话题,很难在几节课里讲全、讲清楚,但是通过融合课,老师们用更丰富的手段、内容,从更多的角度,发挥不同学科的优势和特色,使同学们在一堂课内对文化、工匠精神能有尽量丰富、深刻的了解和体会,收到了传统的单一学科课很难达到的效果。

(点评人:应爱民 扬州市梅岭中学)

第12课

文明交流互鉴

——运河与丝路的邂逅

授课教师：盛逸文（华东师范大学广陵实验初级中学；道德与法治）
　　　　　高馨玥（华东师范大学广陵实验初级中学；历史）
　　　　　张婷婷（北京新东方扬州外国语学校；语文）

教学目标

1. 创设"中国方案"情境，通过时政导入、文字展示等方式，引导学生说出"中国方案"的内涵，让学生知道中国在经济、政治、文化方面对世界发展的担当与贡献，初步培养学生胸怀全球的国际视野，增强学生的国家意识和政治认同。

2. 创设"中国底蕴"情境，通过图片浏览、街头采访等活动，帮助学生知道文明交流互鉴的意义及学习借鉴其他文明的做法，帮助学生增强文化自信，自信心和自豪感，培养学生的政治认同。

3. 创设"中国智慧"情境，通过"电话邀请函"和分析"鉴真杯"线路调整等活动，带领学生感悟中西文明的融汇和碰撞。通过对运河美景的欣赏，感受乡土文化之美，提升学生的自豪感和爱家爱国之情。帮助学生树立开放心态，提升立足国际的责任意识。

教学重点和难点

1. 教学重点：中国对世界的影响。
2. 教学难点：文明交流与互鉴的做法。
3. 重难点确定依据分析：依据《义务教育道德与法治课程标准（2022年版）》，"国情教育"的课程内容要求，"了解世界正处于百年未有之大变局，了解全人类共同价值的内涵，领悟构建人类命运共同体的意义"，确定本课重点。

初中阶段的学生对中华文明与世界文明发展的关系认识不全面、理解不深刻,部分学生对民族文化存在或者盲目崇拜,或者缺乏自信,或者漠不关心等错误的倾向。文明的交流与互鉴要求学生辩证地看待传统文化以及外来文明,以辩证的观点看待问题,并且能够对传统文化做到"扬弃",在吸收外来文化时做到"以我为主,为我所用",这对初三学生仍有难度。

学情分析

初中阶段的学生,对中华文明的世界影响力思考不多,对中华文明与世界文明发展的关系认识不全面、理解不深刻,部分学生对民族文化存在或者盲目崇拜,或者缺乏自信,或者漠不关心等错误的倾向。作为祖国的未来,青少年肩负着实现中华民族伟大复兴的历史使命。在现实生活中,九年级的学生对我国的国情还缺乏较为全面的了解,对中国在促进世界发展、应对全球性危机和挑战等方面做出的努力和贡献关注不多;部分学生比较关心国家的发展以及我国在国际舞台上的作为,但存在了解不够全面、理解不够深入、观点不够客观等问题;有的学生对于中国发展与世界发展的紧密联系缺乏全面的认识,不能理解我国既然面临诸多发展问题,为什么还要担当起国际社会发展的责任。

融合教学分析

1. **融合学科**:道德与法治、历史、语文。

2. **融合依据**:教材是思政课教学内容的基本依据,但教材给出的是教学的基本结论和简要论述,往往比较概括、抽象。思政课教学内容如果仅仅局限于教材之中,必然会不同程度地存在从理论到理论、从结论到结论的自我循环现象。因此,思政课要让学生爱听爱学、听懂学会,要做很多创造性工作来实现从教材体系向教学体系转化,通过与其他学科的融合就是一种很好的方法。

比如本堂课,在讲述古代中国对世界的影响时,学生通过"鉴真东渡"这一历史事件的史料分析,对古代中国给世界带来深远影响,以及古代文明的交流与互鉴有了更加深刻的理解,体现了课堂的真实性、有效性。而语文学科讲究文以载道、以文化人,通过对"'扬马'线路图更改"事件的主题提炼,学生以系统的、专业的方式,体悟中西文明的交融。

教学准备

1. 教师准备

（1）教师要进行相关的知识准备。本课内容涉及国际关系学科的相关知识，教师要提前进行相关理论知识的储备。教师只有对当今世界的总体格局与发展趋势、经济全球化、文化发展、国家交往等议题有一定的了解，才能更好地组织教学。此外，教师还要熟悉中国在对外交往方面的重大方针政策，了解中华文明与世界文明交流互鉴的典型事例，并思考中华文明对世界的影响，以及世界上其他文明对中华文明的影响。

（2）教师要提前了解学生对中国与世界发展联系的认知情况。教师在备课时要认真分析学情，充分考虑学生的年龄特点、知识储备等。

2. 学生准备

学生根据本课所要学习的内容，以小组为单位，利用网络、报纸、书籍等搜集中国在各领域对世界和平与发展作出贡献的实例，了解中华文明与世界文明交流互鉴、共同发展的情况。

教学过程

总议题 探寻运河文化，感悟运河精神

【导入新课】

师： 同学们，当今世界国际形势风云变化、错综复杂，我们来看几组图片感受一下。

（展示图片：俄乌冲突、美国对俄无差别制裁、美国长臂管辖、英国脱欧、美国退群。）

师： 关于以上事件，你有什么感悟？

（学生回答。）

（设计意图：通过时政导入，材料具有时效性和真实性，体现道德与法治学科的学科特点；图片较为直观的展示各事件的情况，引起学生思考，吸引学生兴趣。）

环节一：中国方案：构建人类命运共同体

子议题1　为何构建人类命运共同体

师：同学们，当今世界正经历百年未有之大变局。一方面，和平、发展、合作、共赢的历史潮流不可阻挡，另一方面，恃强凌弱、巧取豪夺、零和博弈等霸权霸道霸凌行径危害深重，人类社会面临前所未有的挑战。世界又一次站在历史的十字路口，何去何从取决于各国人民的抉择。那么，对此我们的中国方案是什么？

展示文字：中国方案——促进世界和平与发展，推动构建人类命运共同体；坚持对外开放的基本国策，坚定奉行互利共赢的开放战略；尊重世界文明多样性，以文明交流超越文明隔阂、文明互鉴超越文明冲突、文明共存超越文明优越……

师：请同学们齐读。

（学生齐读文字材料。）

师：同学们，千万不要怀疑我们国家的政治智慧，中国特色社会主义制度和治理体系具有强大生命力和巨大优越性，一个重要原因就在于我们国家具有深厚的历史底蕴。今天我们特别邀请了历史老师高老师来帮我们回顾一段历史，感悟一些精神，更体会一种智慧。

（设计意图：面对全球化的国际背景与逆全球化抬头的现实问题，中国给出了自己的方案，就是构建人类命运共同体。这部分知识较学生来说有难度，且不熟悉，所以选择直接展示，进行讲解。通过齐读文字材料，加深学生对知识的理解，活跃课堂氛围。）

环节二：中国底蕴：以史为鉴可以知兴替

子议题2　中国如何影响世界？

（历史高馨玥老师登场）

师：读万卷书也要行万里路，下面请同学们跟随我的视野，一起浏览一座建筑，猜一猜，这是哪座城市？

（展示图片。）

师：首先映入我们眼帘的是一条宽阔的步道，在步道两侧，栽种着松树和樱花树，憨态可掬的小鹿穿梭其间。接着我们看到了一座恢宏的木质结构建筑，上面写着大华严寺四个汉字。穿过这座木质建筑，我们看到了一座恢宏的宫殿，我拍下了一张十分典型且略显"做作"的游客照。进入宫殿，是一尊庄严的佛像。猜猜这是哪座城市呢？

生：西安、洛阳、奈良。

师：没错，这是日本奈良市，这座建筑是日本奈良的东大寺。

呈现问题：2022年，是扬州市与日本奈良市缔结国际友好城市12周年。奈良与扬州有怎样的历史渊源呢？

师：这段渊源与鉴真东渡息息相关。扬州有不少以鉴真命名的建筑和街道，扬州市民对他了解多少呢？今年春天，我带领一个社会实践小组来到了鉴真樱花大道，对过往的市民做了一个街头访问。

（展示视频：社会实践小组街头采访视频。）

师：如果你在街头遇到采访，你会如何回答这个问题呢？

（展示文字：大和尚鉴真。扬州江阳县人也。俗名淳于。——真人元开《唐大和上东征传》。）

师：鉴真是我们扬州人，他14岁出家，沿运河北上巡游二京，学富五车后回到扬州大明寺，成了享誉江南的佛教大能。当时日本向唐朝派遣使者学习先进文化，被称为遣唐使，其中有两位僧人延请鉴真前往日本整肃佛教，鉴真出于大国胸襟，欣然应允。然而，东渡扶桑之路却充满了艰辛。

（展示图片、数据以及问题。）

师：扬州市民们大多知道这是一条艰辛之路，但对确切的次数大多不清楚，哪位同学可以为我们解惑？

生：应该是6次。

师：从742年开始，鉴真6次东渡，5次失败，3次航行，几经绝境，36人死于船祸伤病，200余人退出东渡行列。第五次东渡遭遇海难，在海上漂泊一个月到了海南岛，之后辗转一年才回到了扬州。在此期间中，邀请鉴真东渡日本的僧人病故，鉴真的弟子也坐化了。在悲伤和疾病的双重打击下，鉴真双目失明。753年，日本遣唐使阿倍仲麻吕等人来到扬州，恳请鉴真第六次东渡，尽管再次遭遇风暴，但是总算一路漂泊到了日本，这时，12年过去了，鉴真也已经66岁高龄。

（展示材料、图片以及问题。）

师：在抵日次年，鉴真在奈良的东大寺，设坛授戒，弘扬佛法。正如视频中很多市民提到的,鉴真对佛教传播做出了伟大的贡献。请同学们结合材料想一想,鉴真东渡传播的仅仅是佛教吗?

生1:还有文化、文学作品。

生2:还有建筑、中医。

(展示材料、图片。)

师:鉴真在日本传授佛经,还传播中国的医药、文学、书法、建筑、绘画等,为中日文化交流做出了卓越的贡献。

(展示材料、图片。)

师:"从扬州走出的伟大使者"鉴真,本身代表了一种不畏艰难险阻、追求友好往来的东方精神。当时日本也派遣多批遣唐使沿海上丝绸之路来到唐朝学习先进文化,中日之间有了双向的文化交流,传播与吸纳共同作用,铸造了盛世,唐朝的中国成了东方文化的中心,那么在今天,中国的影响力如何呢?接下来我们把课堂交给政治老师。

(思政盛逸文老师登场)

师:感谢高老师的精彩讲授,古代中国对世界的影响极其深远,那么当代中国对世界产生怎样的影响呢?下面我们一起探究。

(展示表格。)

中国影响	具体表现(参照课本,列出关键词)	实例(多多益善)
政治方面		
经济方面		
文化方面		

师:请同学们结合书本内容,自主学习并完成表格。

生1:中国是世界格局中的重要力量,正以新的发展理念、务实的行动推动着构建人类命运共同体的伟大进程。中国秉承"和而不同"的思想以及共商共建共享的全球治理观,倡导国际关系民主化,坚持国家不分大小、强弱、贫富一律平等,使世界向着公平公正、多元共治、包容有序的格局发展。比如"一带一路""人类命运共同体"。

生2:中国正为世界经济增长注入新的活力。中国日益成为世界经济发展的引擎与稳定器。比如"made in China"的货物。

生3:随着中国的发展,中国文化对世界的影响越来越大。在中国与其他国家的深度互动中,外国人感受中国文化的魅力,接受中国文化的熏陶。比如唐人街、中国美食在世界风靡。

师：曾有人把中国比喻成沉睡的雄狮，而新时代的中国绝对是一条腾飞的东方巨龙。这个正在崛起的发展中国家，以惊人的速度和不可忽视的能量，影响世界。现在我们把目光放回扬州。大家知道扬州有一个非常有名的体育赛事是什么吗？

生：马拉松比赛！

生：鉴真杯！

师：没错，扬州鉴真半程马拉松赛将在2022年11月13日迎来重启，和往年相比，今年扬马的路线做了一些调整。

（展示图片：2022扬州鉴真半程马拉松赛线路图和2019扬州鉴真半程马拉松赛线路图。）

师：这次线路变化体现了什么理念？我们能从中提炼出什么主题？我们今天特别邀请语文老师张老师带领大家一起学习探究，大家欢迎。

（设计意图：在唐朝的中外文化交流过程中，灿烂的中华文化深深地影响了友好邻邦，使中国成为东方文化的渊源，对日本等亚洲国家文明的发展产生了重要影响。鉴真东渡以及遣唐使是这一时期中外交流的典型事例，显示了中国对外友好的态度，促进了中外文化交流，扩大了中华文化的影响力。通过了解鉴真东渡的事迹，感受他百折不挠的精神，体悟"从扬州走出的伟大使者"鉴真，本身就代表了一种不畏艰难险阻、追求友好往来的东方精神，正因为唐朝时期以中日文化交流为代表的文明互鉴铸就了盛唐，唐朝的中国成了东方文化的中心。"当代中国对世界的多方面影响"在教材中可以直接得出结论，通过自主学习完成表格的形式，既锻炼了学生的自主学习能力，又构建知识框架，便于学生清晰明了的梳理知识内容。通过列举实例，检验学生对国家政策和国家政治生活方面知识的掌握情况。通过不同时空的中国对世界产生的影响的总结，感受中国从古至今都与世界进行了深度交流，增加学生民族自豪感和爱国之情。）

环节三：中国智慧：丝路运河的浪漫邂逅

子议题3　如何发扬古今文明

（语文张婷婷老师登场）

师：同学们，你们喜欢跑步吗？参加过马拉松吗？每年，来一场痛快淋漓的马拉松,这是五湖四海的跑者与扬州这座古城的约定。还记得2019"扬马"的盛况吗?由于疫情,时隔三年,"扬马"再次起航,我们迫不及待向喜欢跑步、喜欢"扬马"的跑者发出邀请。

来自肯尼亚的帕里恩是上届2019扬州鉴真半程马拉松的冠军,接下来就由我们班的语文课代表负责代表组委会电话邀请他,有请!

师:课代表同学的电话涵盖了邀请语的相关内容了吗?通常情况下,这样的邀请就可以了,但是注意这里的帕里恩是上届的选手,作为热心的"扬马"组委会的一员,我们还有必要细心地提醒他什么呢?

生:线路的变化。

1. 聚焦扬马路线,感受城市风光

(展示图片:2019马拉松路线风光图片。)

师:为什么2022年后启用新路线?

学生自由回答。

(展示图片:"三湾公园"图片。)

师:我们不禁感叹这哪里是赛道分明是景点啊!既有颜值,又有文化内涵。约21公里的赛道,阅尽了千年名城的前世今生,扬州的宜居、整洁、美丽在奔跑的过程中尽收眼底。调整后的路线更是兼顾日新月异的城市发展变化,与时俱进地展示了扬州城市的地方特色。

2. 聚焦鉴真马拉松,感知文化内涵

师:这仅仅是一场体育盛事吗?这个名字好在哪里?

生:锲而不舍的鉴真精神与永不止步的马拉松精神浑然一体。

师:文明因交流而多彩,文明因互鉴而丰富。"扬马",有利于把扬州文化、文明传递给每一位参赛人员、外来游客、观赛观众,这已经成为讲好扬州故事、传播扬州声音、树立扬州城市形象的金字招牌。扬州鉴真马拉松不仅是体能与视觉的碰撞,更是一场文明与体育的碰撞,是一场文化盛宴。让我们向全世界喜欢"扬马"的跑者发出邀请——相聚金秋、相聚"扬马"、相聚好地方。接下来将课堂交给思政老师。

(思政盛逸文老师登场)

师:感谢张老师的精彩讲授。我们扬州是运河的原点城市,是当之无愧的运河第一城,因为大运河,扬州也是海上丝绸之路的重要港口。受语文老师启发,我也总结了一个标题:运河与丝路的邂逅。

(板书:运河与丝路的邂逅。)

(展示图片：扬州运河美景，如三湾公园、邵伯古镇、扬子津古渡、鉴真大道、大运河博物馆、瘦西湖。)

师：我们扬州还是一个古代文明与现代文明交相辉映的城市。

(展示图片：扬州的古代文明，如运河钞关、东关街、扬州小调；扬州的现代文明，如汽车文明、二十四礼、高铁动车。)

展示问题：① 传统文化是财富还是包袱？

② 如何让传统文化变成财富而不是包袱？

师：请同学们结合今天所学的内容和书本知识，小组合作完成以上问题。

生1：我们小组认为传统文化是财富，比如我们扬州有很多传统建筑，这就是我们的旅游资源，带来了经济收入。

生2：我们认为传统文化也有糟粕，比如一些落后的习俗和思想，重男轻女之类的，这些就是包袱。

生3：传统文化既是财富也是包袱，要继承好的部分，改革落后的部分，让它变成财富。

师：我们要学习和借鉴人类文明的一切优秀成果，坚持以我为主，兼收并蓄；中华文明在交流互鉴中发展；文明因交流而多彩，文明因互鉴而丰富。

师：习近平总书记在第一届亚洲文明对话大会上指出，今日之中国，不仅是中国之中国，而且是亚洲之中国、世界之中国。未来之中国，必将以更加开放的姿态拥抱世界、以更有活力的文明成就贡献世界。青少年是祖国的未来，民族的希望。我们应该接过文明的接力棒，向文明致敬，自觉践行文明！让祖国因我而自豪，世界因我而精彩！

(设计意图：通过"电话邀请函"和分析"鉴真杯"线路调整的内涵两个活动，带领学生感悟中西文明的融汇和碰撞。通过对运河美景的欣赏，感受乡土文化之美，提升学生的自豪感和爱家爱国之情。"传统文化是财富还是包袱"是一个具有思辨内涵的问题，具有一点难度，是本节课的难点。通过小组合作的方式，既锻炼了学生的合作学习能力，又帮助学生树立了思辨意识，提升思辨能力。)

【教学反思】

一名老师的教育生涯中总会有一些瞬间使人印象深刻，本节课由我和另外两位老师合作完成，这是不曾有过的新经历。

乡土文化无疑是一笔财富，大运河本身就代表了一种开放与包容的精神，这和我们国家对外交往的态度不谋而合。对于运河文明这座宝库，我们不仅要挖掘好，更要运用好，要真正让它服务于德育、融入德育过程。本堂课我们三位老师分工协作,通过对"鉴真东渡"的回顾、"'扬马'调整线路"的梳理、扬州城运河美景和古今文明的欣赏,带领学生了解国际交往中的中国力量,掌握文明交流与互鉴的重要作用和有效实行方法,树立文化自信,增强政治认同,激发民族自豪感和爱国主义情感。

【教学点评】

本节跨学科的融合课堂以"立德树人"为导向,深入挖掘运河文化资源,推进课程思政和思政课程同向同行,做到了:

1. 让学生心中的"运河故事"鲜活起来。本节课中,教师通过对"鉴真东渡"的回顾,帮助学生了解了更多鉴真东渡的故事细节,并通过活动设计,让学生成为讲故事的主体,使学生深刻认识了当时艰辛的历程。

2. 让学生心中的"运河文化"新颖起来。运河文化这座宝库,我们不仅要挖掘好,更要运用好,要真正让它服务于德育、融入德育过程。本节课中,教师颇具创造性的使用运河文化资源,挖掘出"运河与丝路的邂逅"这一线索,引导学生感受到文明因交流而多彩,文明因互鉴而丰富,更加体会到家乡扬州是一个古代文化与现代文明交相辉映的"好地方"。

3. 让学生心中的"运河精神"丰富起来。新时代的新运河承载着"运河精神"的新表达。本节课以"文明交流互鉴"为核心主题,融合了思政、历史、语文三门学科,对运河精神做了自己的阐述。通过探讨"扬州鉴真半程马拉松",让学生感受到了东西方文化的交融与碰撞——锲而不舍的鉴真精神与永不止步的马拉松精神的完美结合。

(点评人:王超　扬州市广陵区教育局教研室)

第13课

守望精神家园

——赏传世名画,悟"三牛"精神

授课教师:仇清泉(扬州市翠岗中学;道德与法治)

唐玮玮(扬州市翠岗中学;美术)

教学目标

1. 创设关于运河铁牛的生活情境,了解在中国传统文化中牛的象征意义,进而联系"三牛"精神分析其实质,提升道德修养。

2. 通过认识"三牛"精神的优秀代表人物,深入理解以爱国主义为核心的伟大民族精神,从而增强政治认同和责任意识。

3. 结合中国古代十大传世名画《五牛图》的艺术特色,认识美、发现美,提升审美素养,强化对优秀传统文化传承的使命感和责任感,增强文化自信。运用传统绘画元素开展艺术创作,提升学生创造美的能力,同时引领学生领悟传世名画的精神价值并加以传承。

教学重点和难点

1. 教学重点:领悟"三牛"精神,并能进行人物分析,产生情感共鸣,增强使命感。

2. 教学难点:学会艺术表现手法的赏析,并运用艺术加工与创造的方式表现"三牛"精神的内涵。

3. 重难点确定依据分析:根据部编九年级《守望精神家园》,了解中华文化凝聚着中华民族共同经历的奋斗历程,其中,蕴含着中华民族共同培育的民族精神,贯穿着中华民族共同坚守的理想信念,是中华民族共同创造的精神家园。从运河沿岸的一头铁牛,引申出对"牛"精神的探讨,从具体到抽象,从个体人物到一群奋斗者的精神图谱,让学生从认识到认同,是以爱国主义核心的民族精神助推着中华民族的伟大复兴。

学情分析

中学时期,学生的独立意识、批判思维逐渐增强,青春期也是"扣好人生第一粒扣子"重要阶段。本课主要内容虽然源自《道德与法治》九年级,但因与美术融合,可以在初中三个年级开展。学生的认知能力,以及动手能力都能与之相适应,并且不同年级的学生产生的学习效果会有所差异,对精神家园的感知度和认同度也将随着年龄的增长、年级的升高而不断升华和内化,产生的共鸣也将更持久。初一的学生对感性的知识较为感兴趣,比如劳动模范的光荣事迹,从故事情境中了解民族精神的体现;初二的学生在故事情境的基础上,融入了理性思考,他们选择奉献与牺牲的原因,是使命,是责任,国家利益第一的意识逐渐增强;初三的学生则能举一反三,延伸拓展精神家园在现实生活的体现及其价值意义,增强实现中华民族伟大复兴的使命感,树立文化自信,增强政治认同、责任意识。

融合教学分析

1. 融合学科:道德与法治、美术。
2. 融合依据:思政与美术学科的融合有着天然的基础。美育在中学思政教育中是实现学生的立德、启智、塑魂的重要途径。美育能够促进德育的发展,因为它能净化人的心灵,进而使之更加纯洁;美育能陶冶人的德性,进而使之更加善良;美育能熏染人的情操,进而使之更加高尚。苏霍姆林斯基曾说:"美是人的道德财富的源泉。"基于以上理解,守望精神家园一章,通过对传统文化中的"牛"的精神解读,到如今其精神的传承与发扬,结合中国十大传世名画《五牛图》的经历,引领学生了解民族精神,感受民族精神进而内化于心,在理解中升华,在传承中发扬。

教学准备

布置学生课前了解中国十大传世名画《五牛图》的相关内容。从了解其作者、创作背景、艺术特色,到了解《五牛图》经历丢失到回归的历史波折。

教学过程

总议题 了解"三牛精神",感悟民族精神

【导入新课】

1. 展示图片:江都邵伯大运河边静卧的一只铁牛。

师:它叫铁犀,是一种形似水牛的神兽。我们通常也叫铁牛,它位于江都邵伯大运河边,据说是康熙四十年的端午这天开铸的,如今铁牛已经三百多岁了。在中国传统文化里,人们常常在江河岸堤旁放置铁牛,同学们知道是为什么吗?

(学生回答。)预设:镇水、祈福、保平安等。

师:作为典型的农耕文化的中国古代社会,牛是社会生产、生活不可或缺的部分。如今,邵伯的铁牛依然日夜镇守在大运河边,以保两岸人民幸福安澜,牛也成了中国文化里许多美德的代名词。牛是勤劳、奉献、奋进、力量的象征。

(设计意图:通过学生生活中的场景,运河沿岸的实物,引领学生进入课堂的学习内容。引出对牛的话题。)

环节一:一头牛

子议题1 "三牛精神"为什么与国家命运联系在一起?

【议学情境】 一组对比图片:改革开放前后深圳的变化图片

师:深圳,从最初的小渔村,发展成现代化国际大都市,从1980年改革开放之初的3万多人口,到如今的2000多万人,改革开放40多年来,深圳创造了城市工业化、现代化发展史上的奇迹,被世界惊叹为"深圳速度"。

【议学活动】 一张《开荒牛》雕塑图片

师:雕塑家潘鹤以开拓进取的深圳精神为题,创作了城市雕塑作品《开荒牛》。请同学们试着为我们描述一下《开荒牛》雕塑的艺术形象和想要表达的意思。

(学生回答。)预设:像是一头在埋头苦干,奋力拼搏的牛。

师:雕塑《开荒牛》展现的是一头老黄牛奋力向前努力拉起树根。这个树根代表的是一些落后观念和意识。深圳经济特区的建设者们犹如开荒牛一般,不断破除保守观念,解放思想,四蹄奋力,埋头苦干,奋力向前。才成就了今天的深圳。除了"开荒牛""拓荒牛",生活中还有哪些精神与牛有关的?

(学生回答。)预设：还有"孺子牛""老黄牛"等。

师："孺子牛"出自《左传·哀公六年》，在鲁迅的《自嘲》一诗中得到意义上的升华，诗中原句为："横眉冷对千夫指，俯首甘为孺子牛"。比喻那些为人民大众无私奉献的人。

（设计意图：深圳是我国改革开放成就的典型代表和缩影，通过形象对比让学生感知变化引出促进变化发生的背后是深圳人的"三牛"精神。）

【议学活动】

师：请同学们联系生活实际，说说生活中哪些人是"孺子牛"的代表？

（学生回答。）预设："孺子牛"精神的典型人物有焦裕禄、孔繁森、王进喜、雷锋、张桂梅等。

（图片展示：彰显"孺子牛"精神的相关人物图片。）

师：民间有一句形容牛的俗语："吃的是草，挤出来的是奶"。尤其表现出了"老黄牛"一般艰苦奋斗、吃苦耐劳的精神。

师：请同学们说说生活中哪些人是"老黄牛"精神的代表？

（学生讨论、回答。）预设：清洁工人，农民伯伯，守卫边疆的战士们等。

（图片展示：中国劳动模范人物代表图片。）

师：生活中"老黄牛"的代表人物，可以说也是比比皆是。如在戈壁罗布泊，隐姓埋名、舍小家为大家的两弹一星的功勋科学家们；新中国第一代劳动模范掏粪工"宁愿一人脏，换来万家净"的时传祥。可以说各行各业都有像老黄牛一般默默无闻的劳动者。正是一代又一代有着"牛"精神的中华儿女，创造了中国速度、中国奇迹。

（视频播放："三牛"精神。）

师：牛的积极精神，自古以来就被人们所信仰和传颂。在实现中华民族伟大复兴中国梦、实现两个百年目标的奋斗过程中，也离不开"三牛"精神的积极作用。

（设计意图：通过生活中人物的列举和故事的分享，同学们更深入地了解到一个民族、一个国家的强大离不开积极精神的支撑，离不开发扬着这样精神的奋斗者们。）

环节二：一幅画

子议题2 如何通过艺术作品向"三牛"精神的代表们致敬？

【议学情境】 评析《五牛图》

师：在中国绘画史上，十大传世名画之中，有一幅以牛为主题的画，同学们知道是哪幅吗？

（学生回答。）预设：《五牛图》。

师：通过同学们课前的收集和调查，请分享一下对《五牛图》的了解，以及它的沧桑经历。

（学生分享。）

师：《五牛图》成为我国禁止出境展览的文物之一。国宝从当初的流失到后来的回归与国家的命运紧密相连，从中我们更能领悟到有国才有家的道理。

【议学活动】

我市准备表彰一批体现为国家发展建设做出杰出贡献的，有着"三牛"精神的模范人物，向同学们征集以牛为主题的文创作品。

师：为了更好地完成创作任务，我们邀请了美术老师带领我们一起赏析这幅名画，帮助我们开展"三牛"精神文创作品创作。

三组图片展示：

（第一组《五牛图》局部与《五马图》局部对比。）

师：通过对比图，同学们感受韩滉选择厚实、具有块面感的线条表现牛的沉稳而行动迟缓；牛筋骨、牛角与牛蹄的对比，感受韩滉用劲挺的线条表现牛的强健和力量；牛颈部的褶皱与牛腹部的对比，感受线条力透纸背，简洁流畅，将牛的精神通过画家的笔力呈现纸上。

（第二组画中牛的眼睛与生活中牛眼睛的对比。）

师：韩滉刻意将牛眼夸大，让五牛炯炯有神，神采焕发。因此，同学们在创作时，要有意识突出眼睛部分，可以提升画面的生动感和精气神。

（第三组是五牛头部放大图片。）

师：同学们能否感觉到，这五头牛都有着怎样的情绪和性格？

（学生回答。）预设：有的温柔、有的调皮、有的沉稳等。

师：通过头部放大，我们看到这五头牛不同的表情表达，让这五头牛不但有生命，还有各自不同的情感。这是人格化的五牛，也是画家韩滉以牛自喻，对当时皇帝表白，兄弟五人尽职尽责、忠心耿耿。

（设计意图：通过任务驱动，学生学习牛的创作特色和技巧，为"三牛"精神模范人物设计文创，表达敬意，丰富了课堂内容，增加了趣味性和体验性。对德育和美育开展跨学科学融合的尝试，以文化人，以美育人。）

【议学活动】"牛"刀小试——文创设计

师：如今，社会在进步，以牛喻人，更多的是向国家和人民的奉献与表白。新时代"牛"被赋予了更积极的文化内涵。为"三牛"精神的模范人物设计文创，同学们可以借鉴《五牛图》中的元素（线条、造型等）进行创作与设计。

（学生现场创作。）

（两位老师现场指导、交流。）

（文创作品展示：学生介绍设计思路及表达的精神元素，以此向榜样致敬。）

（设计意图：改变仅用语言表达感情，尝试用艺术创作表达内心对模范人物的崇敬，且艺术作品的可视化程度较高。）

环节三：一群人

子议题3　青少年应如何理解并传承"三牛精神"？

【议学活动】《五牛图》的前世今生

师：《五牛图》作为十大传世名画之一，说明了其艺术价值高超。它是现存最古的纸本中国画，说明其文化价值历史悠久，源远流长。然而，1900年，八国联军洗劫紫禁城，致使大量国宝流失海外，《五牛图》也下落不明。1950年，周恩来总理给当时负责文物工作的文化部作出三条指示：一、派专家赴港鉴定，确定真伪，如系真品，立即购买；二、派可靠人员专门护送，确保安全；三、文物运会后，交给收藏条件好的单位妥善保管。至此，镇国之宝《五牛图》历经劫难，终于回到祖国的怀抱，成为被禁止出境展览的文物之一。

师：为什么《五牛图》会成为我国禁止出境展览的文物？

（学生思考、回答。）预设：因为其价值意义非凡，是镇国之宝。

师：《五牛图》历经百转千回，从当初的流失，到后来的回归，又说明了什么？

(学生回答。)预设：国宝当年的流失是因为国家的衰弱，落后就要挨打。后来能顺利回归是党和国家以及人民的爱国团结，积极努力。特别离不开我们国家的强盛。

师：一幅画承载了国运的兴衰。正所谓，人民有信仰，国家有力量，民族有希望。

师：今后，我们如何才能让这样的国宝不再丢失，永远安全地留在自己的国土上呢？

(学生回答。)预设：人民要团结，国家要越来越强大。

师：要让国宝长长久久地留在自己的国土上，离不开一代又一代中华儿女的接续奋斗，发扬"三牛"精神，实现中华民族的伟大复兴。

教师总结

"一头牛"提炼出了为人们所传颂的"三牛"精神，是"以牛喻人"的体现。"一幅画"其价值不仅在艺术工艺上，更体现在精神和价值寓意上。一幅画可以承载国运的兴衰。"一群人"是一群发扬着"三牛"精神的人，努力成就自己的人生价值的同时，也在为中国的未来添砖加瓦，实现"以牛育人"。不负韶华，强国有我，是这一群人的写照，也是我们青少年的使命担当。

(设计意图：通过介绍《五牛图》国宝的沧桑经历，感受国运的兴衰，以此激发学生的爱国情、报国志，增强政治认同。国家的强大从来不是依靠一个人或某个人的力量，而是民族大团结的力量。一方面，增强学生团结的意识，团结就是力量；另一方面，引领学生认识到国家的发展需要的是一批又一批的奋斗者和接力者，每个人都有责任担当，提升责任意识，落实道德与法治学科核心素养。)

【教学反思】

本课基于道德与法治民族精神、国家兴亡匹夫有责两部分内容进行教学设计。改变传统课堂的讲授模式，增加了艺术体验，即通过任务驱动，引领学生结合"三牛"精神，借助《五牛图》的艺术手法，为模范人物设计文创作品。尝试思政与美术的跨学科融合教学，思政的德育和艺术的美育相得益彰，实现协同育人目标。通过"三牛"精神劳模人物事迹交流，以及《五牛图》命运的百转千回，增强学生的国家自豪感和使命感。但文创作品的设计创作要求高，也需要一定的时间，因此在一节45分钟的课堂上完成所有任务有一些困难，会给学生带来仓促感，无法全身心地投入作品的设计和创作，部分作品无法当场呈现，造成遗憾。因此基于以上考虑，建议此类课设计成大课时，如60分钟，落实学科核心素养有实效，以文化人,以美育人。

【教学点评】

1. 价值立意深远。大运河历史凝练的精神文化,是大运河文化的重要组成部分,也是做好大运河文化保护传承利用的宝贵精神财富。仇清泉老师、唐玮玮老师开设的"守望精神家园——赏传世名画,悟'三牛'精神"充分挖掘大运河文化蕴含的丰富思政元素,从江都邵伯运河边的一头牛谈起,以牛喻人,借牛抒怀,通过丰富多彩的活动,引导同学们逐步认识理解牛背后的"三牛精神"——"孺子牛""拓荒牛""老黄牛"精神,激励同学们不用扬鞭自奋蹄,努力做好新时代"新牛人",耕好"希望田",很好地起到了价值引领作用。

2. 情景选择真实、设问有效。如果这节课仅仅停留在由运河牛引出"三牛"精神,那就谈不上与众不同、匠心独具。这节课最出彩的地方应该是它选择的真实情境——《五牛图》的曲折经历,有效的设问——《五牛图》为什么会成为禁止出境展览的文物之一?国宝从当初的流失到后来的回归说明了什么?在真实的情境中通过有效的设问,激发同学们认识到一幅画承载了国运的兴衰,领悟到吾辈当为国家强大而努力,领悟到家国情怀、社会责任。

3. 融合教育出色。思政和美术在这节课中不是为融合而融合,而是确有必要。离开了美术的《五牛图》,思政课堂要着力培养的家国情怀、社会责任就失去了抓手;离开了思政,这节课就达不到应有的高度和深度。

(点评人:贡加兵　扬州市教育科学研究院)

第14课

促进民族团结

——登凌云高处,共谱民族情

授课教师:郝坤友(高邮市送桥镇初级中学;道德与法治)

　　　　　李　洁(高邮市送桥镇初级中学;地理)

　　　　　尹子梅(高邮市送桥镇初级中学;音乐)

　　　　　陈　瑄(高邮市送桥镇初级中学;语文)

教学目标

1. 通过追寻吴登云援疆的足迹,了解我国的民族分布状况,民族文化的多样性,国家的民族政策,增强民族团结的认同感。

2. 通过学习吴登云的事迹,感悟吴登云为民族团结所做的贡献,感悟我国为实现各民族共同繁荣所做出的努力,立志为促进民族团结作出自己应有的贡献。

3. 传递吴登云力量,牢固树立民族团结的意识,学习当代援疆榜样,为少数民族同学做自己能做的事,落实民族团结实践,为实现民族共同繁荣,促进民族团结,为实现中国式现代化努力奋斗。

教学重点和难点

1. 教学重点:传递吴登云力量,牢固树立民族团结的意识,落实民族团结实践,为促进民族团结,为中国式现代化的扬州版本作出自己应用的贡献。

2. 教学难点:通过学习吴登云的事迹,感悟吴登云为民族团结所作的贡献,立志促进民族团结。

3. 重难点确定依据分析:

重点确定依据:(1)吴登云是有影响力的感动中国人物,也是大运河畔一颗闪亮的"星"。本课着重要挖掘乡土资源,与乡贤对话,从名人身上汲取能量;(2)中国式现代化,一个民族也不能少,作为扬州的青少年既要团结身边的少数民族朋友,更要树立民族团结意识,大局意识,奋斗意识,最重要的是要落实行动。

难点确定依据:(1)吴登云的名字,大家都很熟悉,其感人事迹也是家喻户晓。但透过事迹看精神实质,需要学生有一定的分析总结能力,需要老师逐步的引导;(2)作为新时代的青年,我们该如何在民族团结上作出自己的贡献,需要在老师的引导下逐渐明确思路。

学情分析

区域内的学生对吴登云及其事迹有些了解,但了解不够全面,把握不够准确。还不能将吴登云的事迹与促进民族团结的话题自然地联系在一起,必须通过老师的逐步引导,慢慢建联。八年级学生对我国的民族分布状况通过地理、历史等学科的学习,有所了解。但对我国的民族政策、处理民族关系的基本原则还不熟悉,对国家支持少数民族地区发展的政策及其重要意义,需要在学习中逐步深化。民族团结的意识以及为民族团结贡献自己应有的力量要在学习中不断强化。

融合教学分析

1. 融合学科:道德与法治、地理、音乐、语文。

2. 融合依据:(1)由吴登云到乌恰援疆,引出我国的少数民族的分布,少数民族的文化,少数民族对我国经济社会发展作出的巨大贡献。地理老师通过专业的讲解,既能了解吴登云来到新疆工作的艰巨性,又能了解在国家现代化建设中一个民族都不可少的必要性。(2)音乐老师通过教授学生新疆舞蹈的基本动作,既能了解少数民族文化的多样性,又能增强课堂的生动性、活泼性。(3)语文老师通过引导学生品读吴登云的事迹、观看相关视频、课前实践以及小组合作探讨,感悟吴登云的感人之处,立志为民族团结作出自己的贡献。(4)吴登云是本节课的核心人物,但目的是要通过吴登云的事迹来引出我国的民族政策,处理民族关系的基本原则,以及国家对少数民族地区的支持,这一切需要通过思政老师来带领学生逐步解决,同时通过现场连线,和现场捐赠的方式在学生心中埋下一颗为民族团结贡献力量的种子。

教学准备

1. 带领学生到吴登云事迹展览馆、菱塘回族乡清真寺、菱塘民族文化宫参观,并写好观后感。

2. 请班级一名少数民族学生(回族)准备好最有特色的少数民族服饰,并用简短的语言进行介绍。

3. 联系谢蜀苏老师,准备好现场连线的软硬件。

4. 准备吴登云的简介及事迹材料。

5. 学生准备好自己已经读过的名著。

教学过程

总议题 感悟登云事迹,促进民族团结

【导入新课】

1. 播放视频《白衣圣人吴登云》。

2. 提问:视频中吴登云是哪里人?他去了哪里支援?被当地老百姓称为什么?

学生:是江苏扬州送桥人,去新疆乌恰县支援,被当地老百姓称为"白衣圣人"。

教师总结:他是新中国成立以来100位感动中国人物之一,他是2019年"最美奋斗者"称号获得者,他是全国民族团结进步模范个人。他是扬州大运河畔一颗闪亮的"星",他就是我们送桥镇知名乡贤吴登云。这节课就让我们一起踏着他的足迹去学习吴登云事迹,汲取民族团结的能量。

(设计意图:通过视频引入吴登云其人,通过简要介绍建立起与新疆的联系。通过老师的简要总结,展现其大运河畔一颗闪亮的"星"的身份,既突出课的性质又凸显主题。)

环节一:寻登云足迹

子议题1 吴登云不远万里赴新疆,民族情深勇担当

【议学情境】

中国地图1(扬州至新疆乌恰),全程4000多公里,从扬州到乌恰需要50小时左右。地图2,乌恰县地处高原地区,平均海拔3197米,而我们扬州最高海拔149.5米,最低海拔2米。地图3,乌恰县地处沙漠、戈壁地带,气候干旱,降水稀

少。地图4,乌恰县境内有11个少数民族。

【议学活动】

1. 读完4幅图,你感觉吴登云去新疆乌恰支援有何不易之处?
2. 他为何不远万里去新疆?

生:1. 路程远、海拔高、风沙大、饮食不习惯、语言不通等。

2. 他不远万里去新疆一方面是积极响应国家支援新疆的号召。另一方面表明他对少数民族有深厚的感情,愿为国家的民族团结作出自己的贡献。

师:虽然困难重重,但吴登云响应国家大力支持少数民族地区发展的号召,毅然走上了援疆的道路,由此可见他的民族深情,他的责任担当。乌恰县仅仅是我国少数民族地区的一个点,我们一起来了解一下整体情况。

【议学情境】

(我国少数民族的分布图。)

【议学活动】

1. 说一说,我国少数民族的分布有什么特点?

生:大杂居,小聚居,交错居住,主要集中在西北、西南等地区。

师:习近平总书记说,全面建成小康社会,一个民族也不能落下;全面建设社会主义现代化,一个民族也不能落下。

2. 想一想,我国为什么要维护民族团结?

生:因为少数民族主要分布在边疆地区,民族团结有利于边疆的稳定,有利于国家的统一,有利于国家的经济社会发展,有利于人民安居乐业等。

师:总之,国家支持少数民族地区的发展有利于边疆稳定,有利于国家统一民族团结,有利于实现社会主义现代化!

师:当然作为多民族大家庭的一员,少数民族也为国家的发展作出了突出的贡献,尤其是绚烂多彩的文化。昨天我们去了菱塘回族乡,参观了清真寺,了解了菱塘回族乡近年来发生的巨大变化。(多媒体展示图片)今天,我们就请班上唯一的回族同胞马小军同学来为大家简单介绍一下他们的特色文化。

生:介绍回族特色文化。(服饰文化,饮食文化)

师:感谢马小军同学的介绍,他让我们感受到了不一样的文化风采,少数民族的文化丰富多彩,在艺术上更是淋漓尽致。

(多媒体展示:新疆舞视频。)

师:请同学们跟我一起来学习一段新疆舞蹈。

(学生跟老师学习一段新疆舞的基本动作。)

师：同学们，一段新疆舞让我们对新疆充满向往，习近平总书记说，各民族要像石榴籽那样紧紧抱在一起。希望大家胸怀天下，努力为我国的民族团结事业作出自己应有的贡献。

（设计意图：由乌恰与扬州的距离，乌恰的地理条件引出吴登云支援新疆的不易。乌恰是我国少数民族的一个代表，从少数民族分布图，谈我国少数民族分布的特点，从民族分别特点及习近平总书记的话谈少数民族的重要意义。一切水到渠成。少数民族对国家发展也做出了巨大贡献，文化尤其突出。少数民族学生的介绍和艺术老师的现场教学增加了课堂的生动性。围绕民族的话题，用吴登云这一核心人物进行串联，有逻辑有层次有中心。）

环节二：学登云事迹

子议题2 吴登云献了青春献子孙，民族情怀著华章

【议学情境】

（播放视频《民族脊梁吴登云》。）

【议学情境】

材料一：1963年，吴登云从江苏扬州医学专科学校毕业，他响应党的号召，来到新疆乌恰县人民医院工作。吴登云刚刚进入医院时，医疗资源紧缺，连他在内一共只有3名医生。为了给患者提供更好的服务，吴登云发奋学习，一方面阅读大量医学书籍，丰富专业知识；另一方面，通过在动物身上做各种手术实验，弥补临床经验不足。为了进一步提高医疗技术，吴登云先后到喀什和扬州进修。进修期间，他辗转于多个科室，虚心求教。在长期的学习和实践中，吴登云对各科知识都有了一定程度的掌握，逐渐成为边疆地区最为需要的全科医生。1984年，吴登云任乌恰县人民医院院长，当时医院面临的最大问题是医务人员短缺，吴登云为此制订了"十年树人计划"。在当地政府支持下，吴登云到各乡镇卫生院和克州卫生学校物色人选，他不仅手把手地对他们进行传帮带，还把他们派送到乌鲁木齐的医院进修，使一批医生成长起来。过去这家连阑尾手术都做不好的医院，现在所有的常规手术都能做了。

材料二：1966年，一位子宫大出血的柯尔克孜族妇女住进乌恰县人民医院。医院没有血库，病人情况危急，吴登云毫不犹豫伸出了手臂，300毫升鲜血输入到

病人体内,医者的热血驱走了冰冷的死神。从这以后,吴登云就没有间断过为病人献血。30多年中,他无偿献血30余次,总量7000多毫升,超过了一个成年人全身血液的总量。1971年冬,一位牧民两岁的孩子在玩耍时不慎烧伤,全身50%的皮肤被烧焦,生命垂危,经过医护人员10多天的抢救,孩子成功渡过了休克和感染两道难关。吴登云和医护人员接下来要面对的是创面难愈的棘手问题。孩子完好的皮肤有限,无法满足创面移植所需。吴登云毅然从自己腿上割下十几块皮肤,移植到孩子身上。

材料三：从20世纪60年代初到80年代末,吴登云每年都要用三四个月的时间深入到牧区问诊和防疫。吴登云骑着马,背着药箱,风餐露宿,以干馕充饥,以雪水为饮。有一次,吴登云在巡诊途中,由于极度疲惫,不知不觉在马背上睡着了,结果摔下山沟,全身受伤。2001年,吴登云从医院退休,虽然时常思念远方的家乡,但他依然住在医院的家属楼里。

【议学活动】

1. 吴登云哪些事迹让你深受感动?
2. 我们要学习他的哪些精神?

(学生分组讨论回答问题。)

师：同学们,吴登云爷爷的每一个故事都让人动容,作为新时代少年,让我们从他的身上汲取能量,做一名新时代好少年,做一个对民族团结有贡献的人,做一个合格的现代化建设者。

(设计意图：通过课前实践、观看视频以及品读事迹故事来深入学习吴登云的事迹。学生的感知各有侧重,在交流讨论中,吴登云的人物形象会越来越丰满。学生谈自己如何做,那是从学习到实践,既要考虑到自己的身份,又要考虑到民族团结这一主题。在能力要求上又提升了一层。)

环节三：传登云力量

子议题3 传承登云精神,续谱民族团结情

师：同学们,我在吴登云事迹展览馆参观时,有三张图片令我印象非常深刻。一是他题写的"天高任鸟飞",展现他援疆时宽阔的胸怀,远大的志向。第二幅展现了吴登云把异乡变家乡,扎根新疆50年,这是何等的魄力。第三幅是表达继续

为乌恰人们作贡献的愿望。作为一位现在已经八十多岁的老人,可以说他为国家的民族团结事业奉献了终身。吴登云的这一生与国家的民族政策紧密联系,下面我们来了解一下我国的民族政策的有关内容。

【议学情境】

我国处理民族关系的基本政治制度——民族区域自治制度;

我国处理民族关系的基本原则——民族平等、民族团结和各民族共同繁荣;

我国社会主义民族关系——平等、团结、互助、和谐。

新中国成立以来为了加快少数民族地区的经济社会发展,我国实施了一系列帮扶政策、措施。

1. 经济社会方面:党和国家在人力、物力、财力等方面大力支持民族地区的经济社会发展。

2. 民生方面:国家支持民族地区发展教育,实施积极的就业政策,初步建立基本医疗保障制度。

3. 文化方面:国家大力扶持少数民族文化的保护、继承、创新和发展工作,积极促进各民族之间的文化交流。

【议学活动】

根据材料,吴登云支援新疆乌恰主要属于国家帮扶措施的哪些方面?这样做有何意义?

(学生分组讨论并回答问题)

【议学情境】

大爱的力量并没有到吴登云爷爷这里结束,扬州与新疆一直进行着对口支援。吴登云那个年代,我们扬州对口支援的是乌恰县,现在我们扬州对口支援的是新疆的新源县。以教育为例,近5年,已经有上百位老师赴疆支教。今天我要跟大家特别介绍的是一位我们高邮的老乡,她是扬州新华中学英语教师,先后两次赴新疆支教。我们现场跟谢老师联系一下。

(与谢蜀苏老师现场的连线,介绍自己的情况,介绍支教的感受,对同学们提出希望发出邀请。)

【议学活动】

作为新时代的青少年学生,我们可以为民族团结做些什么?

(学生分组讨论并回答问题。)

师:吴登云是我们学习的榜样,谢老师是我们新时代的榜样。2021年已经八十多岁的吴老来到我们学校看望师生,并题写了校训校风。他告诫我们在场的每一位学生：每个当代青年要有责任担当，要有家国情怀。同学们，中华民族的伟大复兴、中国式现代化需要全国各民族人民共同奋斗。吴登云登凌云高处共谱民族情，我们为有吴登云爷爷这样的乡贤感到自豪，作为新时代的少年我们更要把他的能量传递下去！最近我收到了来自新疆的倡议书：

倡议书

敬爱的朋友们：

你们好！众所周知，文学名著是人类精神宝库中最灿烂的组成部分，它们凝聚了作家对人生、社会、时代的思考。具有永恒的艺术魅力和深刻的思想内涵，著名学者余秋雨先生说："生命的质量需要锻铸，阅读是锻铸的重要一环。"黄庭坚说："人胸中久不用古今浇灌之，则尘俗生其间，照镜觉面目可憎，对人亦语言无味也。"

12—15周岁的初中生，正处在半幼稚与半成熟、半依赖与半独立的生理阶段。这是人生重要的转型期，是人生观形成的关键期。在此阶段，学生一旦形成一种良好的习惯，将会受益终生，而名著正是那架桥梁，它能帮助学生汲取人类精神文化的营养，提高自身的人文素养，进而养成良好的习惯。

可是，我们这里乡镇场学校的孩子多数是少数民族，父母大多没有什么文化，有的连国家通用语言也不会说。家里一般都有两个孩子，有的还和老人一起生活。他们多半靠养殖、做小生意或打零工养家，家庭收入不高。现在书籍比较贵，一本名著都是四五十元，两本名著将近百十元，这对于乡镇场的孩子来说着实比较困难。所以，乡镇场学校的名著阅读基本处于停滞状态，为了应付考试，老师只能以题代读。考试可以应付，阅读可以应付吗？阅读是伴随孩子一生的事啊！我们倡议孩子们阅读不仅仅是为了考试，考试只是督促孩子阅读的一种手段，更重要的是让孩子们拿起书本阅读，在阅读中行走世界，在阅读中感知世界，在阅读中认识世界，进而光亮孩子的人生！

敬爱的朋友们，伸出你温暖的双手，为我们这里的孩子捐赠一本名著吧，让书籍传递您的善举，让书香润泽孩子的心田。衷心期待您的参与！

伊犁新源县初中语文名师工作室
2023年3月12日

教师：让我们现在就用自己的实际行动传递登云精神，为民族的团结贡献自己一份微薄的力量！（音乐响起）

（设计意图：通过三幅图引出国家民族政策。吴登云正是在国家民族政策的号召下,踏上了援疆之路。但力量的传承并没有结束,新时代的援疆任务仍在继续,谢蜀苏老师的故事在学生心中埋下了一颗种子,现场连线增强了学生的带入感。吴登云对青年学生的期望既是对本课的总结也是民族团结情感的升华。落实倡议书也是对民族团结行动的现场践行。)

【教学反思】

本节课四位老师通力合作,较好地完成了教学任务,实现了教学目标,提升了素养。本节课的明线为吴登云这一核心人物,从寻登云足迹,学登云事迹,传登云力量三个方面入手逐步深化主题——促进民族团结。暗线为促进民族团结,分别从民族分布状况、民族团结的重要意义、民族政策等方面入手,凸显主题。四位老师,协作自然,分别发挥了自己的专业特长,学科特色明显,衔接自然,内容丰富。同时,本节课也有值得反思之处:一是学科教师的选择需要为主题服务。思政融合课,首先应该是思政课,其他学科教师参与进来应该是思政学科老师无法完成任务的情况下,不应该为了融合而融合。本节课,语文学科的版块换个角度看思政老师似乎也可以完成。二是融合的方式,本节课只是做了简单的顺序式的融合,真正的融合应该是你唱罢我登台那种水乳交融式的融合。

【教学点评】

这是一节成功的跨学科探索课,达成了预设的学习目标。"登凌云高处",独特的乡贤资源——吴登云的"三大篇章",带生参观、让生思考、连生舞蹈,呈现了活动教学的魅力,贯彻了课程理念;"共谱民族情",主题鲜明,指向构建中华民族共同体,落实了政治认同,激发了家国情怀。

这是一节成功的融合教学的范例,某种程度上回答了课改之问。该课具有四性:注重学科协同,设计体现融通性;挖掘乡土文化,素材体现地域性;突出亲历在场,情境体现沉浸性;强化价值立意,过程体现指引性。为了更加坚实地承担"教书育人"重任,思政课教师要有更高站位,将核心素养的培育作为教学的出发点和落脚点;要有更深融合,要追求各类课程与思政课程同向同行,形成协同效应;要更重践行,转变育人方式和学习方式,引导学生在实践中激扬生命,丰富智慧,涵育素养,导向价值。

这是一节开发多种资源的成功课。第一因材施教,课程资源选择无限贴近课堂主体。老师们大量的第一手素材的搜集和抉择,为学生学习吴登云事迹、感悟吴登云品质提供了充足的"食材",整节课学生大部分时间都在惊讶、感动、震撼中度过,课堂学生参与度、专注度都非常高。第二因地制宜,课堂资源选择凸显地域特点。高邮思政课讲"吴登云",用"菱塘民族乡",这些是独特的乡土资源,用起来顺手，说起来顺心。第三敢于创新，课堂资源的使用与时俱进，与援疆的谢蜀苏老师视频连线，引发共鸣，引导学生为民族团结发展作贡献。

　　这是一节落实课程性质，落地核心素养的成功范例课。第一很好落实了政治性，核心知识"我国处理民族关系的基本原则、基本政策、民族关系"等内容镂刻在学生脑海；第二很好落实了思想性，教学主角是学生，学生畅所欲言，与师对话，学跳舞蹈，扪心自问，情感朗读，踊跃捐书，在教师指导下"静动相宜"。第三很好落实了综合性，地理、音乐、中文、道德与法治四个学科为了"谱民族团结情"齐心发力。第四很好落实了实践性，富有成效地解决了思政课"行"的问题。作为以活动为主要学习内容的课型，还要基于价值引领，实现从"学科教学"向"学科教育"的转变；基于真实情境，实现从"坐而论道"向"行而论道"转变；基于学习质态，实现从"浅显学习"向"深度学习"转变；基于评价促进，实现"应试评价"走向"综合评价"。

（点评人：宰华平　高邮市送桥镇初级中学）

第二篇章

烟花三月景,感运河生态之美

第15课

坚持绿色发展

——保护运河生态，共建美好家园

授课教师：张永萍（扬州市翠岗中学；道德与法治）
　　　　　李爱芹（扬州市翠岗中学；生物）

教学目标

1. 创设"时过境迁——遐思"情境，通过观看视频《运河扬州三湾段变迁》，了解运河三湾段前后的巨大变化，让学生感悟这一切的变化离不开党和国家的高度重视，从而培养学生的政治认同素养。

2. 创设"身临其境——促思"情境，对要"绿水青山"还是"金山银山"展开辩论，在问题解决中，了解保护环境的基本国策及创新、协调、绿色、开放、共享的新发展理念；认识到大运河的保护、开发要符合自然规律，实现可持续发展是破解发展困局的最佳选择，从而提升学生的法治素养。

3. 创设"渐入佳境——延思"情境，通过诵读环保誓词等活动，让学生意识到共筑生命家园人人可为，每个人都可以成为大运河文化的保护者和传承者，着力培养学生家国情怀及责任担当。

教学重点和难点

1. 教学重点：怎样走绿色发展道路。
2. 教学难点：经济发展与环境保护之间的关系。
3. 重难点确定依据分析：经过几十年的快速发展，中国一些地方也经历了过度开发、乱排滥放，承受了向自然界无底线地索取所带来的苦果：环境被污染，生态平衡被破坏，人民群众的生命健康受到威胁。面对经济增长和环境保护之间矛盾的加剧，取舍考验的是勇气、决心和担当，绝不以牺牲环境为代价来换取经济的一时发展。理顺经济增长和环境保护的关系是本节课的难点，只有搞清楚了二者的关系,才能为破解目前经济发展困局找到最佳路径,这个最佳选择就是走绿色发展之路,实现中华民族的永续发展。怎样让我们的子孙后代生活在良好的生态环境中,还老百姓一个天蓝、地绿、水净的大美中国呢?走绿色发展之路,共建美好家园,是中国共产党对人民的郑重承诺。故如何走绿色发展之路是本节课的重点。

学情分析

初中阶段,中学生对生态文明建设有所了解,内心逐渐形成生态文明意识,对生活中的环境污染现象有所思考,能做出正确的价值判断和行为选择,也能主动践行绿色生活理念和生活方式。但少部分中学生因家庭教育、学校教育和社会宣传等的缺失,存在环境保护意识不强,甚至破坏环境的行为。随着中学生年龄和认知水平的提高,有必要从更高的层次加大对中学生的生态文明建设的国情教育,换个视角,即从生态文明素养的角度,加大对青少年的全面发展和核心素养培养的引导。

融合教学分析

1. 融合学科:道德与法治、生物。
2. 融合依据:本节课围绕习近平总书记的"大运河是祖先留给我们的宝贵遗产,是流动的文化,要统筹保护好、传承好、利用好"这条明线,把运河保护同扬州生态文明建设融合在一起,借助生物学科,根据运河湿地生态的多样性的现状,探寻造成湿地生态失衡的缘由,得出:目前生态环境急需修补,环境保护势在必行,否则人类将面临生存的危机。"明理以致远",建立在生物学科理论的基础上,道德与法治老师后面的教学才会更令人信服,从而顺利过渡到如何保护扬州的生态环境,乃至整个生态环境的保护。道德与法治课与生物课相互配合、密切协作,各自发挥学科的潜在优势。思政课的价值辨析与生物学科的分析,借助运河文化的保护、传承、发展,实现了融合,排除了学科壁垒,让学生从不同学科视角思考生态问题,相辅相成、相得益彰。

教学准备

1. 教师准备:组织分组调查(国家组、政府组、企业组、公民组),了解保护环境的具体做法。
2. 学生准备:学生利用周末时间,走进扬州中国大运河博物馆,了解近代运河兴衰及成因。采访运河沿岸人民生活的变迁及其成因,撰写运河污染与扬州经济发展之间关系的调查报告。

教学过程

总议题：扬州"运河三湾"如何续写"保护传承利用"运河的新传奇？

【导入新课】

1. 观看视频：《运河扬州三湾段变迁》片段一。

视频简介

运河三湾公园花红柳绿,风景优美如画;三湾居民洋溢着幸福、满足、骄傲、自豪的笑容;志愿者积极、主动向游人宣传大美扬州;游人对美丽扬州喜爱有加……

2. 思考回答：视频中你看到了什么？有何启发？

3. 总结提炼：大运河三湾段曾经是扬州市南部的工业区,那时候运河两岸聚集着农药厂、皮革厂、水泥厂等80多家企业,运河水质和空气质量不断恶化,生态环境遭到严重破坏。从2014年开始,扬州市按照生态修复、城市修补的理念,对古运河三湾段实施河道疏浚、驳岸改造等工程。经过三年多的治理,2017年9月,运河三湾全新亮相,昔日臭气熏天的"杂乱地"摇身一变,成为风景秀丽的湿地公园。这一切的变化离不开党和国家的高度重视,习近平总书记考察运河三湾时强调"要统筹保护好、传承好、利用好",让运河造福扬州人民。

(设计意图：本节课的一条明线是：运河的保护、利用、传承,故借助习近平总书记到扬州三湾视察的新闻视频,展示扬州运河三湾的巨大变化,为下面的教学环节做铺垫,同时调动了学生的积极性,也让学生更好地带着问题去思考。)

环节一：时过境迁——追思

子议题1 生物多样性对人类有什么意义呢？

【议学情境】

1. 观看视频《生物多样性》。

2. 展示不同品种的狗和不同品种的菊花图片。

3. 扬州的湿地生态系统生物丰富,丰富的湿地资源和多样的湿地类型孕育了丰富的湿地生物多样性。现有国家一级保护鸟类1种(东方白鹳),国家二级保护鸟类7种(小天鹅、黑脸琵鹭、鹗、雀鹰、游隼、红隼、小鸦鹃)。扬州市湿地高等植物265种,主要经济植物有芦苇、菰、菖蒲、莲、芡实、芦蒿、苔草等。

【议学活动】

1. 结合视频,思考什么是生物多样性呢?

2. 观看图片,思考不同种生物的性状特征一样吗?同种生物的性状特征一样吗?

3. 大运河流域是属于哪个生态系统?生态多样性究竟对人类有什么意义呢?

【归纳小结】

在改革开放初期,大运河沿岸的生物多样性受到过严重破坏。现阶段,保护运河生态,共建文明家园,我们责无旁贷。

(设计意图:这一板块主要采用视频、图片的形式,通过引导学生探讨三个主要问题:什么是生物多样性?大运河流域是属于哪个生态系统以及它的主要构成?生态多样性究竟对人类有什么意义?让学生更直观地了解大运河流域湿地生态系统的现状,更让学生对生态失衡的现状产生危机意识,从而帮助学生认识到保护生态的重要意义,使学生产生情感的震撼与升华,为后面教学难点的突破埋下伏笔。)

环节二:身临其境——促思

子议题1 怎样实现既要"绿水青山",也要"金山银山"的双赢呢?

【议学情境】

1. 观看视频《辉煌中国》片段——国家角度重视顶层设计。

2. 播放视频《运河扬州三湾段变迁》片段二——扬州市政府角度重视规划统筹。

3. 播放视频《小明的一天》,总结中学生如何践行低碳生活的。

视频简介

为了三湾生态的恢复,政府改变了发展理念——不能以牺牲环境换取眼前的经济利益。扬州市政府采取了一系列措施,包括果断关停一批重污染企业;疏浚包括三湾在内的一系列河道,城市公园的建设是亮点;借中国运河公园的主场优势,发掘历史文化资源;助力扬州生态文明建设;把大运河遗产保护同生态文明建设融合起来等。

【议学活动】

1. 学习小组围绕要"绿水青山"还是"金山银山"展开辩论。

正方:"金山银山"更重要,也就是说发展经济很重要,没有经济的发展就没有人民生活水平的提高。

反方:"绿水青山"更重要,也就是说保护环境很重要,没有良好的生态环境,就没有老百姓的生命健康,良好的生态环境是最普惠的民生福祉,良好的生态环境在老百姓心中所占的比重也在不断提高。

2. 结合视频思考:扬州市政府为保护运河环境做了哪些工作?

3. 拆迁后的"水泥厂""制药厂""造纸厂"等应吸取什么教训呢?企业应怎样去做呢?

学生结合课前采访搬迁后的制药企业而撰写的调查报告,提出了各组的观点。

(1)加强环保宣传和培训教育,提高员工环保意识。

(2)适当资金投入,进行技术研发和改造,在少花钱的情况下提高治理污染的效率。

(3)增强企业的法制意识,违法必究,让破坏环境者付出应有的代价。

4. 视频中主人公的行为值得我们点赞,中学生为保护环境能做些什么?每个小组在充分讨论的基础上,派代表展示探究成果。

(1)通过在学校制作班级板报、手抄报等形式宣传环境保护的重要性。

(2)积极践行绿色、低碳生活方式:树立绿色、低碳生活理念;绿色出行;学习垃圾分类知识,培养垃圾分类好习惯;拒绝购买过度包装产品;随手关灯节约能源等。

(3)积极举报破坏环境的行为。

【归纳小结】

1. 一系列顶层设计折射出中国发展之变。"既要金山银山,也要绿水青山"闪耀着总书记对保护环境和经济发展之间关系的深邃思考。我们一定要掷地有声地回答:绝不以牺牲环境为代价来换取经济的一时发展。

2. 经历阵痛后的扬州市政府,把大运河遗产保护同生态文明建设融合起来,以勇气和担当与污染开战,找到了破解扬州发展困境的最佳选择——走"绿色发展之路"。同时,发挥"名城"效应,走出一条特色发展之路,依法治市,取得了运河保护和城市环境治理的双赢。

3. 企业要想生存,必须依法经营,加大技术改造,降低生产成本,走科技创新之路;增强责任意识和绿色发展意识。

4. 走绿色、循环、低碳发展之路,要坚持节约优先、保护优先,大力倡导节能、环保、低碳、文明的绿色生产生活方式,让绿色发展理念渗透到人们日常生活细节中,成为每个社会成员的自觉行动。我们中学生也要践行文明低碳的生活方式。

(设计意图:通过分组讨论竞相发表自己的观点,学生提前收集资料,使讨论更加务实、有效;学生结合课前采访搬迁后的制药企业而撰写的调查报告,提出了各组的观点,增强学生的合作意识和能力;作为环保"小卫士"能为环境保护做些什么?每个小组在充分讨论的基础上,派代表展示探究成果,在乐趣中增长了环保知识,增强了责任感。)

环节三:渐入佳境——延思

子议题1 生态与文明之间的关系是什么呢?

【议学情境】

播放视频《运河扬州三湾段变迁》片段三:整治后的古运河"草长莺飞,杨柳拂堤"。悄悄变化中的大美中国:蓝天保卫战——还老百姓蓝天白云,繁星闪烁;水污染治理——还老百姓清水绿岸,鱼翔浅底;土壤污染治理——让老百姓吃得放心,住得安心;农村环境整治——还老百姓鸟语花香,田园风光。美丽中国,不仅山清水秀、天蓝地绿,而且是留住乡愁、守望相助的生命家园!

【议学活动】

1. 集体诵读。建设美丽中国的时代图景:走绿色发展之路,建设资源节约型、环境友好型社会,实现经济繁荣、生态良好、人民幸福!生态环境事关老百姓的生命健康,在生命至上的理念下,保护生态就是保护我们人类自己。

2. 宣读环保誓词。

我承诺:

  珍视天空,关爱大地;

  抵制污染,植绿护绿;

  珍爱生命,节约资源;

保护环境,珍爱自然;

绿色消费,美丽人生。

请习近平总书记放心:强国有我,强市有我,吾辈定不辱使命!

【归纳小结】

实现人与自然和谐,共筑生命家园,我们在行动!

(设计意图:经过努力,愿景即将达成,带领同学们再次感受整治后的扬州美丽画面及美丽中国的时代图景,以朗读誓词的方式表达青少年的决心和使命担当。)

【教学反思】

本节课贯穿一明一暗两个线索,明线:运河的保护、利用、传承。暗线:经济发展和环境保护的关系,而且两条线索交织贯穿在三大板块"返思""促思""延思"中。三个板块层层递进:第一板块通过运河的古今对比、时过境迁,让学生从感性层面初步了解大运河;第二板块从运河生态问题现实出发,从不同角度理性探讨解决办法;第三板块由运河生态问题,延伸至对整个生态问题更广泛的现状分析,拓宽学生的视野与思维的广度,将学生引向未来,教育他们成为大运河文化的保护者和传承者。两门学科融合相得益彰:思政学科的价值辨析与生物学科的分析,借助对运河文化的传承和发展,实现了融合,排除了学科壁垒,让学生从两种不同学科的角度思考生态问题。同时在真实的情境中,通过任务导向、问题引领,提升学生分析问题、解决问题的能力,同时,提升了学生关心社会、热爱家乡的情怀。本节课仍有不足之处:情境设置,跟学生的认知有一定程度的脱节,学生回答问题的质量有待提高,教师需进一步提高学生参与的积极性。

【教学点评】

本节课有四大亮点。第一,一条明线贯穿始终。即习近平总书记所提出的"保护好、传承好、利用好"的重要指示精神。全课三个板块都在不同时机下呈现这一主旨,第一板块是在视频中引出"返思";第二板块里,思政教师从国家层面分析生态文明建设顶层设计、"两山"论等,再次呼应这一主旨,引发学生对解决生态问题的探究与思考,从而实现"促思";第三板块里,再次让学生围绕这一主旨,拓展"延思"。生态环境各方面的保护,也应如保护大运河、传承大运河文化精神一样。我们学生也应在共筑生命家园的过程中,实现价值认同与增强使命担当。第二,两门学科融合相得益彰。思政学科的价值辨析与生物学科的分析,借助对运河文化的传承和发展,实现了融合,排除了学科壁垒,让学生从两种不同学科的角度思考生态问题。同时在真实的情境中,通过任务导向、问题引领,提升学生分析问题、解决问题的能力。第三,三个板块层层递进。第一板块通过运河的古今对比、时过境迁,让学生从感性层面初步了解大运河。第二板块从运河生态现实问题出发,从不同角度理性探讨解决办法。第三板块由运河生态问题,延伸至对整个生态问题更广泛的现状分析,拓宽学生的视野与思维的广度,将学生引向未来,教育他们成为大运河文化的保护者和传承者。第四,四大要素交替深入。新课改转向以学生为中心,轻讲授重探究,轻结果重过程。本课融入真实情境、自主学习、小组合作、问题解决四大课堂要素。学生在课堂参与讨论,表达观点,在探究中辨析,在辨析中明理,在明理后导行。

(点评人:仇清泉　扬州市京华梅岭中学)

第16课

共筑生命家园

——生态新扬农，美丽古运河

授课教师：苏琳玲（扬州市扬州中学教育集团树人学校；道德与法治）
　　　　　肖翠翠（扬州市扬州中学教育集团树人学校；地理）
　　　　　戚志凤（扬州市扬州中学教育集团树人学校；化学）

教学目标

1. 创设"扬农的昨天——运河曾昂首"情境，通过视频、数据小组了解扬农的历史变迁，感受运河与扬农的共生关系，能够树立忧患意识，提升生态文明素养。

2. 创设"扬农的今天——运河今蹙眉"情境，通过小组实地采访、现场解惑以及思维碰撞，认清当前面临的危机和挑战，认同保护环境的基本国策，增强建设美丽中国、走绿色发展道路的政治认同。

3. 创设"扬农的明天——运河永开颜"情境，让学生在小组走访和课堂展示交流过程中，增强环保意识，激发环保热情，树立人与自然和谐共生的理念。

教学重点和难点

1. 教学重点：知道怎样处理好经济发展与生态环境的关系。

2. 教学难点：感受运河与扬农的共生关系，阐明科学应对的策略和方法，树立人与自然和谐共生理念，增强生态文明建设的使命感和责任感。

3. 重难点确定依据分析：青少年时期正是正确世界观、人生观、价值观形成的关键时期，而正确的"三观"会对青少年的行为产生重要的导向作用，会指引着他们未来的方方面面。生态环境保护工作迫在眉睫，青少年正是生态环境保护的主力军，他们应当担负起这样的使命。当代青少年面临较大学业压力，对于环境保护的实践比较匮乏，较少参与环保工作或者关注国家环保方面的政策，因此让学生理解"绿水青山就是金山银山",树立人与自然和谐相处的理念,主动担负起生态环境保护的责任就成为本课的重难点。

学情分析

学生对我国快速发展过程中面临的环境问题有所体验,对绿色生活方式和生态文明建设有所了解,但是总体而言,学生对这些问题的认识深度还不够,具有一定片面性,对于"绿水青山就是金山银山"的理念理解不深。生活中,学生虽然对资源浪费、环境污染等事件有所耳闻,但仍有部分同学在日常生活中存在浪费资源、破坏环境的生态保护意识淡薄的行为。扬农虽然作为扬州的明星化工企业,但是很多学生并不知道,更加不知道它如今搬离运河的缘由。本节课就从运河边的扬农化工厂入手,引导学生逐步理解经济发展和环境保护的关系,让学生意识到环境保护已经成为全社会的共识,从而自觉走绿色发展之路。

融合教学分析

1. 融合学科:道德与法治、地理、化学。

2. 融合依据:扬农化工作为一家化工企业,它的停产搬迁标志着古运河边的化工企业全部搬迁完毕,是一件里程碑式的大事。而扬农化工当初为何建在运河边以及它停产搬迁的原因探讨是本课重要的环节,这里就涉及了地理专业知识——化工企业的最佳区位因素。随着城市化进程的加快,扬农化工已经不满足化工企业最佳区位,同时它也给周围环境造成极大压力,让周围居民怨声载道,这里就涉及了化学专业知识——废气、废水、固体废弃物的污染以及它们对人体的危害。而对于已经造成的环境污染的修复仍旧要依靠化学手段,需要学生们培养化学兴趣,努力学习专业知识,为未来的生态环境保护贡献科技智慧。

教学准备

1. 学生采访扬农化工工作人员,了解扬农的经济效益,搜集相关数据,形成采访视频。

2. 学生采访扬农附近居民,了解扬农搬迁之前给周围环境造成的压力以及搬迁后给居民生活带来的改变,形成视频。

3. 学生课前了解化工企业的利与弊,为课堂辩论积累素材。

总议题 如何续写生态新扬农？

【导入新课】

播放视频:《扬州古运河风光》。

师：各位观众朋友们，欢迎收看本期的《运河故事》。我是你们的主持人苏琳玲，节目开始之前，大家欣赏了一小段视频，视频里就是我们运河扬州段的美丽风光。古运河扬州段是整个运河中最古老的一段，其中，古运河扬州城区段从瓜洲至湾头全长约30公里，构成著名的"扬州三湾"。这一段运河最为古老，可谓历史遗迹星列、人文景观众多。运河"哺育"了扬州，滋养了扬州人民，是扬州的"母亲河"，如今，运河申遗成功，扬州作为申遗的牵头城市，更加有责任去对运河进行生态反哺。

师：本期的《运河故事》要从一则新闻说起，新闻题为《喜大普奔，扬农化工正式停产搬迁，这些扬州人将直接受益》，新闻提到扬州东南片区的百姓盼星星盼月亮，终于等来了扬农化工在2019年12月20日正式停产搬迁，他们为什么这期待扬农化工的停产搬迁呢？扬农化工究竟是一个怎样的企业？本期节目我们邀请到了地理老师肖翠翠、化学老师戚志凤，还有各个采访小组来和我们一起走近运河，寻访扬农化工的生态之路。欢迎各位嘉宾的到来。

（设计意图：用视频导入，引出电视节目形式的课堂，用新闻导入，让学生初次感受扬农化工，并带着问题进入到之后环节的学习。）

环节一：扬农的昨天——运河曾昂首

子议题1 "扬农"为什么会选址运河边？

【议学情境】"扬农"的辉煌业绩

1. 播放视频《扬农的辉煌》

视频简介

大家好，我是第一采访小组组长刘铄懿，刚才视频中的家长就是我的妈妈，我是名副其实的"扬二代"，小的时候我经常听到妈妈向爸爸谈起她工作上的事情，虽然那时候我不懂，但是我能感觉到我的妈妈非常幸福，她非常喜爱自己的工作，如今她在扬农已经20年了，这20年的时间，我家里的家电也换了好些个，都是扬农发给妈妈的奖励……所以扬农创造出的经济效益不仅仅促进了地方经济发展，更让我们的家庭生活过得越来越好。

2. 播放"扬农"经济效益图片

根据2021年4月每日经济新闻报道,扬农2021年第一季度营收约37.08亿,同比增长17.43%,2020年年报显示,它的市值达到了379.32亿元。这些数字是非常庞大的,足以说明它给国家、给地方带来了巨大的收益。

【议学活动】

师:感谢第一采访小组带我们领略了扬农的辉煌。现在到了大家期待的观众互动环节,大家觉得扬农是如何从当初的肩挑人扛发展成今日的央企呢?依靠什么呢?

(学生发言,扬农人的顽强拼搏,科技的进步,人才引进,创造创新。)

大家说的都非常好,我们说了这么多,不能忽视一个很重要的客观条件,那就是它建在哪里呢?是的,运河边。这60多年的时间被称为运河时代,扬州古运河一直在默默陪伴扬农,当初扬农化工为什么会选择建在运河边?如今搬离了运河,它又会选择建在哪里呢?

(学生思考讨论2分钟后回答)

大家说得很多,也很好,现在我们听一听专家的答案吧,有请地理老师。

地理教师:50年代的时候,扬农化工的地址在哪里?

(学生回答)

地理教师:对的,古运河河畔,我们一起看地图,50年代扬农化工所处的位置,距离树人学校南门街校区多少距离呢?我们步行至扬农的距离是2.9千米。现在用我们的眼光看这个距离,是不是离市区很近啊?不过你们要知道,扬州经过70年的城市化的发展,城市化进程加快,交通更便捷,我们觉得京华城也不算太远嘛。回到50年代,为什么扬农区位在这里?两个关键词,荒滩和古运河河畔。荒滩——可利用的土地较多,地形平坦开阔,施工难度较小。古运河河畔——沿河分布,水资源丰富,水路交通便利。

扬农化工通过京杭运河至长江约17.9千米,看了这一数据,我想问一问扬农的区位需要迁移到什么地方呢?

(学生回答)

对的,长江。2003年,扬农在仪征设了新厂区——沿江分布。连云港基地、如东基地——沿海分布,交通便捷,水资源丰富。宁夏瑞泰公司——靠近煤、天然气、太阳能资源能源。

随着近20年工业及城市化的发展,我们越来越重视人与自然的和谐相处,化工厂的布局需要更为合理。化工厂的最佳区位应选在交通便利,且避开城市的主导风向的地带,仪征新厂属于扬州市的西南方向,避开城市生活用水的上游,远离居民区和农田。

师:感谢地理老师的专业解答,原来过去的60年被称为运河时代,是因为运河成就了它啊!我们也知道了化工企业要选择最佳区位来发展。如今扬农已经形成了"一中心四基地"的分布格局。到了这里,我们似乎快知道为什么扬农化工会搬离宝塔湾了,有谁可以说一说吗?

(学生发言:城市化进程加快、周围变成生活小区……)

好的,也就是说扬农化工与如今的扬州城市发展显得不协调了,周围的生活小区将扬农包裹起来,这样会带来什么问题呢?

没错,前面的新闻里我们看到周围居民经常投诉它的污染状况,怨声载道,也经常给市长信箱留言,关心它的搬迁进程,这些都说明扬农给周围的环境造成了不小的压力。

(设计意图:通过学生分组讨论环节,进一步思考扬农化工搬离运河边的原因,进而带着思考聆听地理老师的专业解答,加深自身理解。)

环节二:扬农的今天——运河今蹙眉

子议题2　究竟要不要发展化工企业?

【议学情境】　探寻扬农发展过程中的环境压力——播放学生实地采访视频

视频简介

生态环境局工作人员表示扬农化工的三废排放都是在国家标准之内的,都是符合行业标准的,但是通过周围居民的描述,他们已经受到环境污染的困扰很久了,所以一直都很盼望扬农化工的停产搬迁。所以才会出现新闻标题描述的那样"喜大普奔","这些直接受益的扬州人"指的也就是他们这样生活在扬农附近的居民。

【议学活动】

1. 思维碰撞

"化工企业环境污染大,国家不要发展它""化工企业经济效益大,国家不能没有它",你们赞成哪一种观点?请大家讨论2分钟,然后我们来进行思维的碰撞吧!

辩论5分钟。

师：大家说得都非常好,说化工企业不能发展的,大多数都是从环境污染这个角度来说。其实,不管是哪一个行业,不管是哪一个国家,出现了环境危机之后,不能单纯用不发展某一个行业来作为解决方案。化工企业能够产生巨大的经济效益这也是毋庸置疑的,它是农业和工业的支撑和保障,很多国家都有化工企业的,而且化学和我们的生活息息相关,事关我们的衣食住行方方面面。

再来谈一谈化工企业的污染,刚才大家也说了一些,究竟化工企业会产生哪些污染?被污染的这些水质、土壤等是否可以通过技术手段进行修复呢?我们有请化学老师给我们做出专业的解答。

化学老师上场。

化学教师：(1) 废气中含有的一氧化碳、二氧化硫、氮氧化物、PM2.5(细颗粒物),会造成酸雨、雾霾天气,使人体得呼吸系统疾病。

(2) 废水中含有的重金属离子(如铅离子、钡离子、汞离子等)、氮磷化合物,会导致动植物变异、水体富营养化,甚至致癌。

(3) 固体废弃物中含有的有机污染物(多环芳烃、硝基苯)、无机污染物(强酸、强碱、重金属盐),会导致土壤酸碱化和癌症的发生。

2. 化学实验

请同学们拿出水杯,你们水杯里的水是可直接饮用的,我们把它定义为没有被污染的水。请同学们认真观察,当滴入酚酞试液,有变化吗?滴入稀硫酸有变化吗?

(通过化学手段可以检测水体是否受到污染,并且能够消除污染。大家到初三时一定要认真学习化学,为生态扬州做贡献。)

关于消除土壤污染,化学人一直在做着不懈的努力。

当年,化学工作者对江南造船厂的土壤进行了修复,建成了上海世博园的D片和E片区。其中有一种技术,叫固化/稳定化技术。通过化学方法,能够使重金属和多环芳烃稳定地存在于土壤中,而不挥发出,实现对人体的无害化处理。

由此可见,化学可以让我们的天更蓝,水更清,地更绿。化学创造美好生活。

师：感谢化学老师的答疑解惑,原来这些环境问题现在已经可以通过技术手段进行修复,但是我们能不能因为可以修复就肆无忌惮地浪费资源、破坏环境呢?

对于环境保护,习近平总书记早在2005年就提出了"绿水青山就是金山银山"。我们的生态文明建设已经进入了快车道,大家想一想,能否牺牲环境换取一时的经济增长?绿水青山和金山银山之间是对立的吗?如果不是对立,它们之间是什么关系?

分组讨论并回答。

师：大家说得很好，绿水青山和金山银山之间不应该是对立的，而应该是相辅相成，有机统一的。我们既要绿水青山，又要金山银山，保护绿水青山实际就是在保护资源的可持续，就是在保护可持续的生产力，就是在发展经济。从党的十八大首次提出"推进绿色发展""建设美丽中国"以来，习近平总书记曾在多个场合对绿色发展、生态环境保护进行阐述，十八届五中全会更把绿色发展作为五大发展理念之一。在党中央的坚强领导下，我国坚持节约资源和保护环境的基本国策，坚持可持续发展战略，并且制定了严格的环境保护法律法规，随着时代发展，这些法律也必将会越来越严格。

教师小结

全社会都应该树立人与自然和谐共生的理念并作为我们的共识：①保护生态环境就是保护生产力，改善生态环境就是发展生产力，绝不能以牺牲环境、浪费资源为代价，换取一时的经济增长。②我们既要绿水青山，也要金山银山。如果金山银山要以失去绿水青山为代价，那么宁要绿水青山，不要金山银山。③绿水青山就是金山银山。

（设计意图：学生通过实地走访，形成扬农对于周围环境影响的全面认识，并能够在走访中产生思考：为什么周围居民经常投诉扬农？进而深刻理解扬农在创造巨大经济效益的同时也对环境造成了巨大压力，知道人民对生态环境要求越来越高。通过学生辩论环节，让学生能够在辩论过程中对经济发展和环境保护之间关系形成思考，从而正确把握绿水青山和金山银山的关系。通过化学小实验，让学生培养化学学习兴趣，通过对化学现象的观察，明白掌握科学技术对于环境保护的重要性。）

环节三：扬农的明天——运河永开颜

子议题2　青少年可以为古运河做什么？

【议学情境】 播放第三采访小组的视频

视频简介

我们在走访中利用手机、无人机等设备进行拍摄，我们在后期剪辑配音的过程中又一次不禁感叹如今的三湾环境如此优美，周围居民有捞鱼的，有遛狗的，有晒太阳的。这一切的成就都离不开扬州市政府的决心和以人为本的理念，目前扬农宝塔湾遗址还在修复过程中,未来还会建设扬农的总部、科研中心等,它仍然还会继续为扬州做出贡献。现在的三湾环境优美宜人,让我们觉得化工企业远离人群密集区,进入园区,实在是一件利民的好事情。就连总书记在2020年11月来扬考察,来到三湾公园沿运河漫步时,都感叹"扬州是个好地方",我想这正是总书记对扬州运河保护的一种肯定!而搬迁之后的扬农化工也不断将环保日常化,新建除尘和脱硫脱硝设施,废气排放口安装烟气自动监测仪器并与环保部门联网,通过水吸、冷凝和活性炭等多套装置优化废气处理工艺。从源头的严格把控到对资源的循环再利用,扬农化工不断实现自身的转型升级。让我们看到扬农在整个生态修复过程中也发挥了积极的作用。

【议学活动】

1. 集体宣誓

师:对于古运河保护,对于生态环境保护,难道仅仅是一个企业的责任,是政府的事情吗?这是我们整个社会的使命和担当。我们作为社会一员,可以做些什么呢?

(学生回答)

2021年12月26日,第六届联合国中国青少年环境论坛在扬州举行,扬州树人学校的学生代表也参加了此次论坛活动,今天他也来到了现场。让我们有请他代表青年发出倡议并带领我们进行宣誓。

生:大家好,我是树人学校初二15班的王子烨,很荣幸能够代表树人学校参加第六届联合国中国青少年环境论坛,通过这次活动,我学习到了很多关于运河保护的知识,也看到了当前世界环境面临的严峻形势。下面我想请大家和我一起看一段视频。

2. 播放视频

生:通过观看视频,我相信大家一定和我有一样的感觉,那就是全球范围内的环境保护工作迫在眉睫。我们青少年作为社会中最富朝气、最富热情、最有创造力的群体,既是生态文明建设的参与者,更是生态文明建设的传承者,理应当好守卫"地球健康"这一人类共同事业的"主力军"。因此,我倡议大家立即行动起来,为生态环境保护贡献一份力量。现在请全体起立,右手握拳,跟我宣誓:

我们庄严承诺:珍视天空,关爱大地;抵制污染,植绿护绿;珍爱生命,节约资源;保护环境,保护自然;绿色消费,绿色人生。

【教师小结】

同一个世界,同一个地球,保护人类共同的家园是每个人应尽的责任和义务。

我们期待通过今天的节目,带动更多的人参与到保护地球、保护自然、保护生物多样性和低碳绿色生活中,一起为实现人与自然和谐共生的愿景而采取行动。节目之后,希望观众朋友们积极行动起来,将你们为环境保护做出的努力拍摄成图片或视频寄到我们节目组,届时我们会将你们的身影分享给更多的人看到,让每个人都成为环境保护的宣传者、引领者。

本期的《运河故事》就讲到这里,感谢各位观众的收看与支持,我们下期再见。

(设计意图:学生通过对现在的运河三湾的走访,感受美好生态环境带给人民的幸福感,认识到这个成果的取得离不开多方努力,明白人与自然和谐共生已经成为全社会的共识。学生代表带领学生进行宣誓,点燃本节课的高潮,激发学生的环保热情,增强学生生态保护的使命感和责任感,明确作为青少年的责任,主动自觉践行环保。)

【教学反思】

扬州古运河是扬州的母亲河,扬农化工是扬州的明星企业,为扬州地方经济做出了巨大的贡献,而在上课之初,当问及学生是否知道扬农化工,大部分学生都是不知道的,学生可能更多的只了解运河相关历史,却对运河边的企业不甚了解。因此,在上课之前,需要老师和学生做大量的资料搜集工作,老师也要带领着学生实地走访,在走访过程中形成整节课中需要解决的问题。走访中我看到了本校学生较强的实践能力,能够在老师的指导下大方自信地采访居民,并整理成文稿,最后在课堂展现成果。课堂中,通过学生讨论、老师讲解、微型辩论、化学实验等形式,让学生充分参与进来,激发他们的学习动机。因此,我认为本节课中的亮点有以下几点:

1. 以生为本,将课堂还给学生。整个课堂始终坚持学生是学习的主体,学生参与度高,自主学习、合作讨论、微型辩论等方式均是在给学生搭建平台完成知识构建。教师的引导、调控、激励为课堂增温添色起到了积极的作用。

2. 讨论交流、微型辩论,发展思维品质。让学生在讨论和辩论中获得知识,提高分析问题、解决问题的能力。学生在辩论中,能够明确自身观点,有理有据,让课堂更有深度。

3. 融合地理、化学学科,让课堂呈现的形式更加新颖。多学科融合上一节课,能够让学生提高知识迁移和整合的能力,发展学生综合思维能力,让课堂更加出彩。

【教学点评】

1. 同向同行的学习目标。学习目标对落实课标要求、明确教学方向、组织教学内容、确定教学重点、选择教学方式方法、安排教学过程等起着导向作用。协同教学设计就是要打破思政课及各门课程在价值引领时存在着的"信息孤岛",使之"守好一段渠,种好责任田"外,还要"同向同行,形成协同效应"。三位教师都能把立德树人目标实现作为首要任务,让目标设计凸显价值引领,努力引导学生把自身的价值理想和社会价值需求有机结合起来。引导学生了解"扬农"历史变迁,感受运河与"扬农"共生关系,树立绿色环保理念;知道怎样处理好经济发展与生态环境保护的关系;通过采访以及现场解惑,增强践行环保的能力,增强共筑生命家园、实现人与自然和谐相处的意识。

2. 一贯到底的问题情境。整节课以"扬农的昨天——运河曾昂首""扬农的今天——运河今蹙眉""扬农的明天——运河永开颜"为情境线索,带领学生感受"扬农"的辉煌、"扬农"的困扰、"扬农"的担当,探讨我国的生态文明之路。"三科协同、各有分工,问题情境、一例到底",这是教师在深刻理解教材、把握教材基础上,捕捉现实情境,开展活动,形成问题并解决问题的过程。一例到底的问题情境,符合当前课改要求,能有效实现生活逻辑和理论逻辑的统一,既能克服课堂空洞、说教、抽象、枯燥,又能避免有形无实、浅尝辄止、强拼硬凑等问题。

3. 有效匹配的学习支持。当师生探讨为何"扬农"当年会选址建厂于运河边时,需要地理方面的知识支持,这时邀请地理老师加盟就是明智的选择;当师生探讨"扬农"化工产品带来一定程度的污染,自然会出现"污染是怎样产生的?""发展离不开化工,化工又有哪些作用呢?""污染的水质和土壤可以修复吗?怎样修复?"等疑问。这些问题的解决,需要化学方面的智力支持,这时邀请化学老师的加盟就显得非常必要。这些疑惑都是在实践探究活动中产生的,学生急切需要专业知识解答,三科教师的协同就显得十分自然,这在以前的课堂上是无法实现的。同时,地理、化学的答疑解难又是为道德与法治教学服务的。通过三位教师的协同,学生深刻感受到国家的发展和发展中的问题,在增强学生民族自豪感的同时,增强了其责任感、使命感和生态文明观。

4. 恰到好处的学习评价。教学中,教师能把评价作为学生自我反思、自我判断和自我修正的过程。教师把学生分为若干学习小组,各小组探究计划方案的制定、课前研究性学习、课中展示、学生"现场采访""模拟回答"、合作讨论等,都有明确的评价标准和评价体验,真正做到了评价与学习过程有机融合。三位教师评价学生,点拨到位、引导细致、推进有力,恰到好处地调动了学习积极性。

(点评人:贡加兵 扬州市教育科学研究院)

第17课

共筑生命家园

——千年运河扬州梦,生态人文和谐情

授课教师:曹　兰(扬州市文津中学;道德与法治)
　　　　　张　薇(扬州市文津中学;生物)

教学目标

1. 创设"绿杨城郭是扬州——感运河生态之美"情境,由生物老师指导学生对校园不同环境空气湿度进行对比分析,使学生感悟人类与自然相互依存、共生共荣的关系,培养学生的科学精神、政治认同。

2. 创设"至今千里赖通波——思运河治理之因"情境,通过学生课前搜集资料形成的辩论及走访运河边居民后编制的情景短剧,理解"金山银山"与"绿水青山"的关系,以及治理运河满足了人民对美好生态产品的需要,并在问题解决中逐步培养政治认同、科学精神。

3. 创设"春风十里扬州路——探运河重生之策"情境,引导学生分析在治理运河中,政府、企业、公民应当如何做,提高在日常生活中践行低碳环保理念的能力。通过课后延展作业,理解古运河重生需要打好文化牌,落实个人行动,培养法治精神和公共参与。

教学重点和难点

1. 教学重点:治理运河的原因。
2. 教学难点:运河重生的策略。
3. 重难点确定依据分析:初一阶段,学生对治理运河的原因及扬州市治理运河的策略停留在搜集资料、有所了解的阶段,因能力的局限性和认识的片面性,对于国家和企业角度的作用与措施只停留在浅显的认知或只能部分认知。依据学科核心素养要求和学生实际,教学中要创设多样性活动,让学生真正参与其中,培养学生学习兴趣的同时,使学生认可治理运河的原因,并积极参与其中。

学情分析

　　班级开设"文津少年说运河"主题系列活动,让学生对大运河的历史及在城市发展中的作用有所了解,为本课学习奠定基础。本班级学生对待学习态度积极,但对"绿水青山就是金山银山"的理念理解不深,通过课前搜集资料、课上辩论环节帮助学生认识到习近平总书记的这一论断打破了发展与保护对立的束缚。通过走访运河边居民、自主编制情景剧,认识到治理运河满足了人民对美好生态环境的需要,进而增强保护运河的意识,并落实到行动中。通过小组合作探究,进一步明确个人可以为保护运河做些什么,做到明理践行。

融合教学分析

　　1. 融合学科:道德与法治,生物。

　　2. 融合依据:学生接触信息的渠道丰富,关注社会发展,对绿色生活方式和生态文明建设有所了解,生态文明意识在内心逐渐形成。但由于学生年龄还比较小,身心发展不成熟,对于身边的运河美景习以为常,难以理解人与自然相互依存、共生共荣的关系,需要生物老师借助对生物中生产者、消费者、分解者之间关系的分析形成初步认知,再借助实验"探究不同植被对空气湿度的影响",让学生在参与实验、记录并分析数据中得出结论:绿色植物能增加空气湿度,植被越茂密,增加作用越显著,而空气湿度也会影响人的健康。从而认识人与自然的相互依存。

教学准备

　　1. 组织"文津少年说运河"系列活动,由学生围绕"运河物""运河人""运河情"自主选择一个主题,搜集素材,进行课件制作讲解、撰写调查报告、创作文艺作品等,使学生充分认识、了解运河。

　　2. 组织学生游览运河美景,并用画笔绘制自己印象最深刻的景象,课前展示交流,加深"绿杨城郭是扬州"的认知。

　　3. 指导学生分组进行空气湿度实验,初步认知绿植对空气湿度的影响及对人体健康的影响。

教学过程

总议题 探寻扬州运河,思考如何共筑生命家园

【导入新课】

1."诗词大会"导入:扬州是一座古今文化交相辉映的城市,绽放出历史底蕴和文化魅力。除了"故人西辞黄鹤楼,烟花三月下扬州",你还知道哪些描绘扬州的诗句?

生回答。预设:"天下三分明月夜,二分无赖是扬州""腰缠十万贯,骑鹤上扬州""二十四桥明月夜,玉人何处教吹箫""夜市千灯照碧云,高楼红袖客纷纷"等。

2. 交流:在历史的长河中,扬州是一座辉煌灿烂的华美之城,有"扬一益二"之称。你知道扬州历史上的繁华都与什么有关吗?

生回答。(略)

教师总结

舳舻相会行千里,运河绵亘是扬州。可以说,运河是扬州发展的重要动力源泉,这节课就让我们一起探究"千年运河扬州梦,生态人文和谐情"。

(设计意图:在古诗词吟诵中导入新课,让学生陶冶情操,增强对家乡历史的自信自豪。以典籍中关于扬州的记载分析扬州繁华的原因,激发学生课堂学习的主体意识,并引出课题。)

环节一:绿杨城郭是扬州——感运河生态之美

子议题1 人与自然的关系是什么?

【议学情境】 瘦西湖湿地生态系统

扬州自古以生态著称,绿色是这座城市发展最美的底色。瘦西湖是京杭大运河扬州段的支流,整个园林就像是一个水陆胜景,林木繁茂,水声悠扬。瘦西湖美在一个"瘦"字,它宽不过13~116米,长却达4.5公里。蜿蜒曲折,宛如清丽的窈窕淑女。走进瘦西湖,长堤春柳春日融融,柳丝飘扬,满眼的绿草红花。沿湖两岸到处都是树,最多的当属柳树。它们都站在湖边,游船仿佛穿行树林之间。长长的柳条垂向湖面,引来了许多水鸟在此嬉戏。

【议学活动】 分析瘦西湖湿地生态系统成分

学生：分析瘦西湖湿地生态系统的组成。预设：生物成分及非生物成分。

议题活动：课前实验探究绿色植物是否能改善我们的环境。小组代表介绍实验实施过程。

学生展示：我和我的组员用干湿球湿度计在三个地方测量了空气湿度。第一个地方是裸地,第二个地方是草坪,第三个地方是灌木丛。每次分别等待8分钟左右,记录好数据,先后测量三次,选取平均值,并记录在测量表中。

师：非常清晰的实验过程。现在请各组组长将数据写到表格中。

学生书写后,教师现场生成柱状图。

师：从图表中我们可以得出什么结论?

生回答。预设：绿色植物能增加空气湿度,植被越茂密,增加作用越显著。

教师总结

空气湿度与人体健康密切相关。我们人类是生态系统的组成部分,在追求个人发展的同时,也会从生态系统中索取物质资源。如果索取过度,就会破坏生态系统,因此有责任对自然界合理地进行保护与修复。

(设计意图：通过课前分组实验,学生的合作交流能力、操作能力及责任意识得到培养与提高。现场生成柱状图,让学生直观明了地感知植物对空气湿度的影响,形成感性认知,再在老师的启发引导下进行理性升华,充分认识人与自然的相互依存、共生共荣,有效实现学科融合,利用生物学知识解决学生认识难点。)

环节二：至今千里赖通波——思运河治理之因

子议题2　为什么要治理运河?

【议学情境】 扬州坚持"水清河畅岸绿"总要求,积极治理运河

京杭大运河从绿杨城郭穿城而过。这条象征着智慧、古老、青春的河,滋润、灌溉着扬州这一片美丽、富饶的土地,哺育着这儿的人民,给这里带来了无限的繁荣与生机。我们在调研时,遇到了困惑：扬州市在治理大运河环境的过程中,关停、搬迁了很多工厂。比如高邮助剂厂,一直是高邮利税大户,2016年开票收入2.39亿元,上缴税收1000多万元。由于江淮生态大走廊建设和江苏省"263"专项行动的全面启动,2017年5月当地政府下发了关闭决定。

【议学活动】 绿之辩——保护环境重要 VS 经济发展重要

活动要求：

1. 课前抽签确定的正方反方，各自讨论2分钟。

2. 辩论开始后，正方、反方直接进入自由辩论，可说理、可例证，依次轮流发言。

3. 若一方在10秒钟内无人发言，则发言权让给另一方。

学生讨论、交流。预设：

➢经济代表了一个国家的生产力，人们的生活水平都是和国家的生产力息息相关的。如果生产力水平低下，人们的生活质量就得不到保障。

➢如果不注重保护环境，水土流失、土地沙化严重，粮食生产和人体健康也会受到影响。

➢经济实力是军事力量的基础，对一个国家而言，生存是第一位的。军强才能国安，军队要强大，必须有经济实力作为支撑。

➢扬州是园林化城市，绿化率很高，环境保护得好，各地游客慕名而来，推动了经济的发展。

……

师：无论是对于我们的生存发展还是国家建设，既需要发达的经济，也需要良好的生态环境。习近平总书记创造性地提出"绿水青山就是金山银山"这一论断，打破了经济发展和环境保护之间对立的束缚，体现了以人民为中心的发展思想。人民，在习近平总书记心中重千钧。在多个场合、多次讲话中，习近平总书记反复强调，要"以百姓心为心"。搬迁企业，还绿于民，清理违建，还地于民，居住在运河边的人民又是什么感受呢？让我们一起欣赏同学们走访运河边居民后带来的情景剧《人民的幸福河》。

学生代表表演情景剧。其他学生观看、思考。

（一家五口人走到公园去玩，然后走到运河旁边的长椅上坐下来了。）

爸爸：小乐，（乐爸指了指那条河）你知道我们家旁边的这条河的名字吗？

小乐：（跳起来兴奋地说）京杭大运河！

爸爸：（爸爸拿出照片）来，小乐，看这个照片。你能看出现在运河和以前运河的不同点吗？

小乐：以前河里面有好多好多垃圾呀！还有污水。但是现在的运河清澈见底，干净明亮！

（这时妈妈端着好吃的来了。）

妈妈：吃点东西吧！

(爷爷奶奶散了一圈步也来了。)

爷爷：你们在讲什么呢？

小乐：关于大运河！

爷爷：大运河呀！我可以分享一点呢！

小乐：真的吗？爷爷。

爷爷：嗯嗯！以前呀，运河边是又脏又乱又差，都不敢走边上，真是臭气熏天，旁边的工厂恶意排放污水，居民们乱倒垃圾、乱洗菜，把运河环境弄得乱七八糟！

小乐：是真的吗？

爷爷：嗯嗯。

奶奶：聊那些有啥的。看看现在哎，因为有了三湾公园的建立，一切都好啦！搬迁企业、拆除码头、清理违建、实施水系疏浚、驳岸改造、湿地修复，对生态环境有了极大改善。

妈妈：是呀！曾经杂草丛生，现在绿意盎然，并且现在有了许多游乐设施呢，儿童玩的游乐场，成年人玩的运动场，老年人玩的休闲场。

爷爷：河水也变得干净，垃圾也不再有了，生态环境也变得优越了。

奶奶：对于这样的生活环境，我是非常的满足，我天天在那里运动、跳广场舞，增添了许多乐趣。

爷爷：我的老同志们都觉得很 nice 呢，太幸福啦！

妈妈：我还经常在河上坐船，与朋友们闲谈，真的令人心旷神怡呢！

小乐：嗯嗯，现在运河的环境是棒棒的，但我们在保护环境的同时，也要对扬州市加强大运河文化保护传承利用。

爷爷、奶奶、爸爸、妈妈：嗯嗯！

小乐：我们要多宣传、弘扬运河文化！

齐：嗯呐！

结束语：(站在舞台中央)谢谢大家！

师：运河生态环境与民生休戚相关，运河是"人民的运河"，要满足人民对优质生态产品的需要。同时，扬州历史文化馥郁，只有以美丽运河为载体，才能有璀璨文化得以传承和发展。治理运河，建设生态文明，扬州是如何做的呢？让我们进入第三环节。

(设计意图：辩题来自学生课前搜集资料时产生的疑问，通过互相辩论的同伴教育，加深对经济建设与环境保护关系的理解。情景剧由课前采访运河边居民获得的信息所编制,增加课堂趣味性的同时,让学生明确,治理运河满足了人民对美好生态产品的需要,是最普惠的民生福祉,增强学生政治认同。)

环节三:春风十里扬州路——探运河重生之策

子议题3 实现运河重生各方应如何努力?

【议学情境】

瘦西湖是大运河申遗的重要景观遗产,可是在去年,瘦西湖开展清淤工程时,却发生了这样不和谐的一幕。播放视频《政风热线·市长上线》大型全媒体直播走进扬州,了解扬州市委书记针对宝带湖返黑返臭、电镀厂胡乱排污所作的解答。

【议学活动】

活动1:绿之变的各方对策(政府、企业)

思考:治理运河,企业和政府应当怎么做?

学生以小组为单位,分别讨论绿之变的政府对策和企业措施,并交流。

预设:政府重视统筹规划;出台相关法律法规,对破坏运河的行为加以惩罚,对有效保护运河的企业或个人进行表彰;企业增强社会责任意识,主动保护运河;企业注重科技研发,减少污染物的排放,等等。

师:运河环境美化普惠于民,作为扬州人的我们,又该如何做呢?

活动2:绿之变的公民行动

活动要求:展示课前任务单合作成果。

学生可展示奇思妙想的绿色创意方案;可展示心灵手巧的环保工艺作品;可展示切实可行的绿色低碳行动;等等。

师:古运河,不只蕴藏历史的遗迹,也承载未来的希冀。希望寄予青年,传奇在新时代继续书写。让这渠孜孜不倦的清流,从古老流向年轻,从中国流向世界,从当地流向未来,青年的我们责无旁贷!你们准备好了吗?一起大声喊出你们的铮铮誓言吧!

学生起立,举起右手宣誓:我是文津学子,我是中国少年,先辈夙愿在胸,复兴大任在肩。今天,我们庄严承诺:保护运河,让环境更加美好;传承运河,让城市更具魅力,利用运河,让好地方越来越好!

(设计意图:以运河治理过程中存在的问题,让学生讨论各方对策,培养解决问题的科学精神,同时课前布置学生思考个人可以为运河重生做些什么,并在小组合作中呈现讨论成果,增强合作精神,最后以学生宣誓升华情感,落实核心素养。)

课后延展:双减赋能,创意作业。

请你为来扬州旅游的游客设计一条"最运河"的旅游路线。

要求:

(1) 展现运河优美生态环境,呈现扬州馥郁文化底蕴。

(2) 配以照片、视频、文字等加以说明。

(3) 在班级群上传交流,并借助抖音、微信等网络途径传播。

(设计意图:通过"最运河"旅游路线设计,引导学生探寻扬州特色文化,增强对家乡的了解与自豪感。同时,以网络形式反馈作业并进行传播,延展课堂教学时空的同时,将思政育人功能落到实处。)

【教学反思】

"问渠那得清如许?为有源头活水来。"如果说课堂教学是一汪清泉,教学反思就是源头,不断反思才能有所进步与创新,为课堂教学提供源源不断的活水。本节课主要做到了以下几点:

1. 以学定教,提升课堂实效。本课彰显学生主体地位和教师主导作用。面对学生意料之外的回答,教师因势利导,组织学生讨论、探究。基于学生思维广度和深度,进行引导性追问,在师生互问互答中,提升学生学习能力,促进其全面、辩证地思考。

2. 组织活动,提升实践能力。在"身临其境"的情况下,学生往往容易"触景生情",有更深刻的体验,从而改善认知。本课落实学科素养,从课前、课中到课后,设置多种活动形式,使学生体验参与的快乐,有机会展示和锻炼自己的才华,获得成功的满足感。

3. 文化浸润,提升课堂美感。本课课件制作精美,导入环节充满诗情画意,课后引导学生挖掘乡土文化资源。三个板块"绿杨城郭是扬州""至今千里赖通波""春风十里扬州路",既引用与扬州有关的古诗词,传承中华文化基因,又与教学内容相得益彰,潜移默化地提升学生综合素养。

教育部教材局局长田慧生说,新课标将围绕发展学生核心素养,精选设计课程内容,设置"跨学科主题"学习活动,强化学科间的相互关联,增强课程的综合性和实践性。因初次尝试学科融合教学,如何更好找准学科融合的点,是今后教学中需要进一步探索与思考的。

【教学点评】

新路径、新理念的探索实践，让思政课堂的面貌改变很大。本课对教材进行二次创作，基于教材却不拘泥于教材。这节课成功的原因在于：

1. 聚焦社会变迁，走进实际生活。近年来，扬州以"水清河畅岸绿"为总要求，把大运河文化遗产保护同生态文明建设融合起来，主动扛起"让古运河重生"的重大使命。调课型、改方式、重育人，才能让思政课迎合时代节拍；重体验、做中学、叙真情，才会让思政课有的放矢。教师善于发现生活，通过教育、感化等手段，实现道德情感培养。课前，班级开展"文津少年说运河"主题系列活动，帮助学生了解大运河历史及在城市发展中的作用，奠定本课学习基础。学生态度积极，通过课前搜集资料、课上辩论等，认识到习近平总书记"绿水青山就是金山银山"的科学论断打破了发展与保护对立的束缚。生物教师引导学生实验，明确人类与自然相互依存、共生共荣的关系；道德与法治教师引导学生合作、探究、辨析，懂得治理运河的原因及对策。通过走访运河边居民、自主编制情景剧，认识到治理运河满足了人民对美好生态环境的需要，进而增强保护运河的意识，并落实于行动。通过小组合作探究，进一步明确个人可以为保护运河做些什么，明理践行。

2. 升华情感体验，增强认同意识。积极的情感体验是培育学生核心素养的重要形式，而认同意识内化于心则是学生个体产生的价值定位和导向。一节课要做到形神兼备，优质的鲜活的素材是良方。本课教师紧扣"运河思政"主题，挖掘运河文化丰富资源，活态传承，生活性、体验性、活动性强，真正做到了深度挖掘、高度提炼。依托大运河文化保护主题背景，探索跨学科教学设计，从"运河生态之美"到"运河治理之因"再到"运河重生之策"，层层深入。创设"绿杨城郭是扬州——感运河生态之美"情境，通过生物实验数据的对比分析，使学生感悟人类与自然相互依存、共生共荣的关系；通过创设"至今千里赖通波——思运河治理之因"情境，使学生理解"金山银山"与"绿水青山"的关系；创设"春风十里扬州路——探运河重生之策"情境，以学生喜闻乐见的方式，通过活动体验，增强学生运河文化认同感。让学生在生动的情境中，在切身的活动体验中，在深度的学习探究中，加深对知识的理解，提升发现问题、解决问题的能力，更增强了环境保护的意识，滋养家国情怀。

3. 承载家国情怀，引领公共参与。一堂真正的好课应该富有生命，而能够赋予课堂生命的是教师。家国情怀的培养是复杂的、动态的过程，需要激发与感染。本课基于核心内容，整合教学资源，创设真实情境，设计学习活动，开展师生、生生深度对话，学生受益良多。在本节课的设计上，教师基于但不拘泥于教材，授课时将自己的所思所悟传递给学生。本课将学习前置,让学生充分参与各环节,通过跨学科融合教学、任务驱动法、小组讨论法、合作探究法等多种方式,实现铸魂育人目标。本节思政课有效融合生物学科教学,生物教师借助生物中生产者、消费者、分解者之间的关系分析,帮助学生初步认知;再借助实验,让学生在参与实验、记录并分析数据中得出结论,从而认识人与自然相互依存的关系。围绕运河治理,引导学生分析政府、企业、公民应当如何做,提高学生在日常生活中践行低碳环保理念的能力。课后延展作业使学生理解古运河重生需要打好文化牌,落实个人行动,从而滋养学生乡土情怀,培育公共参与素养。

(点评人:王恒富 扬州市教育科学研究院)

第18课

共筑生命家园

——探究千年漕运，保护运河生态

授课教师：王　欣（扬州市生态科技新城泰安学校；道德与法治）
　　　　　徐　震（扬州市华东师大广陵实验初中；物理）
　　　　　焦　杰（扬州市华东师大广陵实验初中；地理）

教学目标

1. 创设"探究漕运优势"的情境，通过两组实验的对比，使学生了解影响摩擦力大小的因素和大运河在古代漕运中所起的重要作用，在实验探究中逐步培养科学精神素养。

2. 创设"走进三湾公园"的情境，对比不同年代和不同季节的三湾公园，使学生了解三湾公园的"前世今生"以及三湾公园"舍直改弯"的原理，体会大运河蕴含的智慧和文化，从而培养学生的政治认同素养。

3. 创设"守护运河生态"情境，通过对"要想实现中国梦，经济建设更重要还是环境保护更重要"的辩论和对廖家沟周围运河生态的实地调研，探究绿色发展道路，提升学生的思辨能力，培养学生的法治意识和公共参与素养。

教学重点和难点

1. 教学重点：（1）三湾公园"舍直改弯"的原理。
　　　　　　（2）保护运河生态的必要性。
2. 教学难点：经济建设与环境保护的关系。
3. 重难点确定依据分析：

（1）教学重点：扬州因水而兴，是大运河上重要的漕运转运枢纽。要想发挥漕运的重要作用，需要克服自然因素带来的各种挑战，古人用增加河道长度和弯度的方式来抬高水位和减缓流速，解决了漕运难题，被世人赞为"三湾抵一坝"。

学生通过实验,探究体会漕运的不易,了解大运河扬州三湾段是古人尊重自然、保护自然、利用自然的伟大工程。随着时代变迁和社会发展,高速公路、铁路、航空等现代化交通方式得到了快速发展和广泛的应用,漕运的作用也在相对减弱。随之而来的便是工业化进程的加快,经济的迅速腾飞,而运河却是年久失修,生态环境遭到了严重破坏。保护运河生态迫在眉睫。

(2) 教学难点:要想实现中国梦,经济建设更重要还是环境保护更重要? 需要学生运用发散思维,多方面去考虑问题,在辩论中发掘真理,理解"绿水青山就是金山银山",从而增强保护运河生态的责任感和使命感。

学情分析

八年级学生经过一年的初中学习,已经有了一定的知识和能力基础,掌握了一定的实验操作方法,并且或多或少地对生态文明建设有所了解,内心逐渐形成生态文明意识,对生活中的环境污染事件或行为也有所耳闻。为使本节课上得有趣、生动、高效,结合本节课内容和学生的实际水平,采用实验、辩论、实地调研、小组合作分析等方式,从古代漕运的优势入手,探究保护运河生态的必要性。

融合教学分析

1. 融合学科:道德与法治、物理、地理。
2. 融合依据:自吴王夫差挖邗沟、隋炀帝开凿运河以后,运河在扬州与长江交会,扬州成为南北漕运枢纽,运河的凿通奠定了古代扬州空前繁荣的基础。随着时代变迁和社会发展,高速公路、铁路、航空等现代化交通方式得到了快速发展和广泛的应用,大运河漕运的作用在逐渐减弱,而工业化进程的加快,经济的迅速腾飞,给运河的生态环境也带来了严重危机。那么,在如今,我们还需要保护大运河的生态环境吗?本节课,通过三科融合,带领学生通过物理实验对比分析,明确漕运在古代交通运输中的巨大优势;通过地理学科探究,让学生了解要想发挥漕运的重要作用,需要克服自然因素带来的各种挑战,因此有了扬州的"三湾";通过思政课的辩证思考,让学生明白保护环境就是保护生产力,绿水青山就是金山银山,探讨运河生态保护的必要性,增强保护运河生态的责任感和使命感。

教学准备

1. 物理实验器材:弹簧测力计、带钩木块、钩码、木板、棉布、玻璃板。

2. 地理、政治：视频、调研汇报、辩论材料等。
3. 提前分好教学小组，学生提前收集运河相关材料等。

教学过程

总议题　探究千年漕运，保护运河生态

【导入新课】
1. 图片欣赏：扬州不同时期漕运图。
2. 提出话题：漕运与陆运相比到底有没有优势？通过物理实验进行验证。
（设计意图：本环节通过图片导入，从漕运的作用和漕运的历史入手讲述扬州漕运的兴盛，引出课题，激发学生学习兴趣，由此开始设疑，为物理实验做铺垫。）

环节一：探究漕运优势

子议题1　漕运与陆运相比，优势在哪里？

【议学情境】
漕运是我国历史上一项重要的经济措施。用今天的话来说，它就是利用水道调运粮食的一种专业运输。漕运在隋代初成，唐朝现盛世。唐玄宗时期，命河南转运使裴耀卿负责整顿漕运。裴耀卿经过研究提出分段运输法，把南方各地的粮食和其他物资先统一集中到扬州，在扬州再另行组织漕运沿大运河转运到长安。如此一来扬州漕运大为畅通，扬州也就成了大运河上重要的转运枢纽。在漕运鼎盛时期，来来往往的船只挤满了运河上各个码头，成为古代交通史上的一段传奇。

【议学活动】
1. 视频猜想
师：从推箱子的生活现象进行猜想，为什么推一个箱子很轻松，多个箱子却很费力？
生：因为箱子受到阻力作用。
师：物理学中，这个阻力称为滑动摩擦力，下面我们来探究滑动摩擦力的大

小跟哪些因素有关。

2. 演示实验

探究滑动摩擦力的大小与压力、接触面的粗糙程度的关系。

（1）演示实验一：

先将弹簧测力计调零，再水平匀速直线拉动弹簧测力计。

① 学生实验并记录数据：

一个木块弹簧测力计示数　　　　　（　　）

一个木块＋一个钩码弹簧测力计示数（　　）

一个木块＋两个钩码弹簧测力计示数（　　）

② 小组通过实验数据讨论得出结论：滑动摩擦力的大小跟两物体间的正压力成正比。

（2）演示实验二：

将木块依次放在玻璃上、木板上和毛巾上，用测力计拉木块，使木块匀速运动，观察测力计的示数。发现三种情况下，测力计示数由小到大，说明物体接触面越粗糙，摩擦力越大。

① 学生实验并记录数据；

② 小组通过实验数据讨论得出结论：接触面粗糙程度一定时，压力越大，滑动摩擦力越大；压力一定时，接触面越粗糙，滑动摩擦力越大。

3. 实验拓展

假设在座的每一位学生都是小盐商，需要运输货物，选择光滑如镜的水路运输还是坑坑洼洼的陆地运输，从物理的角度说出你选择的理由。

（设计意图：通过物理实验探究滑动摩擦力的大小与压力、接触面粗糙程度的关系，论证漕运的优势，明确大运河在古代漕运中所起的重要作用。）

环节二：走进三湾公园

子议题2　三湾公园有着怎样的"前世今生"？

【议学情境】

2020年11月13日，习近平总书记视察三湾生态文化公园，详细了解大运河沿线环境整治和文化保护传承利用等情况，并作出指示："扬州是个好地方，依水而建、缘水而兴、因水而美,是国家重要历史文化名城。千百年来,运河滋养两岸城市和人民,是运河两岸人民的致富河、幸福河。希望大家共同保护好大运河,使运河永远造福人民。"

【议学活动】

1. 提出疑问

师:看了习近平总书记视察扬州三湾公园的这段视频,大家有什么感受?脑海中有没有什么困惑或者问题要问?请大家根据我们地理上的"5W"思维来提出问题(出示5W原理示意图)。

生:我的问题是:三湾公园在哪里?

师:大家表现得很好,希望以后能借助地理思维方法,更好的学习。

2. 合作探究

(1)这个公园为什么叫作"三湾"?

(2)"三湾"为什么要"舍直改弯"?

(3)十年前的"三湾"是一种什么样的景象?

(4)如今的三湾公园,为什么会呈现出一派诗情画意的景象?我们应该怎样去保护三湾公园的环境?

提示:

(1)"三湾"之名实由运河水道三曲形状而来。

(2)因为此处落差较大,水流直泄难蓄,船只易搁浅,不利通航,将水道改弯道,从100米增至1700多米,便能减缓流速,提高水位。京杭运河扬州段平时是自北向南流,遇到夏季多雨天气,流向也会发生改变。此时长江水位大涨,洪水逆流而上,遇三湾而减缓,人们也有足够的时间预警。

(3)十年前的"三湾"杂草丛生,生活垃圾和工厂众多,工业污染严重。

(4)污染较轻的工厂进行整改,污染严重的直接关停或者搬迁等。保护环境应该从自身、从小事做起,所有人都有责任保护环境。

(设计意图:以"习近平总书记视察扬州三湾公园"的情境入手,引导学生通过"追忆三湾""了解三湾""展望三湾"了解三湾公园的"前世今生",感悟大运河蕴含的智慧,从而明确保护运河生态的责任。)

环节三：守护运河生态

子议题3 青少年要如何承担起保护运河生态的使命？

【议学情境】

随着时代变迁和社会发展，高速公路、铁路、航空等现代化交通方式得到了快速发展和广泛的应用，漕运的作用也在逐渐减弱。随之而来的便是工业化进程的加快，经济的迅速腾飞，而运河却是年久失修，生态环境遭到了严重破坏。经济发展与环境保护之间的矛盾日益突出。有人说，环境保护更重要，你看，现在的"三湾"多美丽呀！有人却说，经济建设更重要。那为了要实现中国梦，到底是经济建设更重要还是环境保护更重要呢？

【议学活动】

1. 明辨是非

辩论：正方：要想实现中国梦，环境保护更重要。

　　　反方：要想实现中国梦，经济建设更重要。

小组交流并进行辩论，时间3分钟。

师：大家的辩论非常热烈，观点很好，论证也很充分。其实，环境保护和经济建设都很重要，我们要处理好它们两者之间的关系，保护生态环境就是保护生产力，改善生态环境就是改善生产力。我们决不能以牺牲环境为代价换取一时的经济增长，因为"绿水青山就是金山银山"。

2. 调研展示

师：同学们，为了更深入了解运河沿岸的生态状况，我们班的"运河"环保实践学习小组近期来到了廖家沟生态公园调研，下面请他们小组的代表为大家做调研成果展示。大家掌声欢迎。

生：（展示调研成果）

同学们，大家都知道，我们扬州不仅是历史文化名城，还是一座绿色生态之城，风景优美，环境一流，所以习近平总书记说"扬州是个好地方"。就在我们学校附近，就有一处特别美的地方——廖家沟生态公园。我知道同学们学习特别辛苦，无暇顾及身边的美景。所以我们小组利用周末的时间去拍了几张照片，供大家欣赏。

当然，我们此行不仅仅是为了去看风景。我们通过实地走访、查阅资料等方式对廖家沟的生态环境做了一个调查。下面跟大家做一个汇报：

扬州，缘水而兴。廖家沟，也是我们扬州的母亲河。在城市规划设计中，廖家沟就是一条长长的滨水廊道，水域面积的比重占到了50%以上。据公园工作人员介绍，这里以前曾经是一片"三不管地带"，被当作垃圾场，更也有如沙石厂这样的污染型企业。其实就在10年前，扬州还流行过一句话叫"好女不嫁廖家男"，之所以不嫁，是因为廖家沟的环境实在太差。所以说，今天的绿水青山真的是来之不易。

2013年，扬州市政府提出了打造81平方公里生态科技新城的构想，廖家沟恰好处在新城的核心地带。为了恢复生态，政府主动放弃了区域内每年大约3000万元的税收，先后投入2亿多元，逐步取缔区域内污染产业。同时投入100多亿元开展生态修复及基础建设等工作。

如今，生态好了，鸟儿也飞来了，廖家沟也是动物的天堂。如今的廖家沟生态公园是一片面积达10.7平方公里的绿色湿地，区域内现有258种植物，81种鸟类，67种鱼类。而环境的整治不仅仅是让扬州市民又多了一处健身休闲的好去处，更重要的是，由于扬州是南水北调的东线取水口，环境的改善也进一步保障了南水北调的供水安全。

廖家沟中央公园由于丰富的自然景观资源，生态旅游业成为所在区域的特色，自然环境优势的日渐突出为扬州的生态环境、人居环境、城市发展都注入了新的活力。稳定的生态环境也为快速发展的扬州提供了强有力的支持。

师：谢谢"运河"社会实践小组的所有同学。正是因为你们前期付出的努力，才有了今天调研成果的成功展示。图文并茂，有理有据，真是太棒了！

3. 走进古镇

师：同学们，京杭大运河是世界文化遗产，也是运输繁忙的黄金水道。"扬州运河十二景"之一的邵伯镇是千年古镇，从古至今，因水运而兴盛，在这里有着三股水道并行交汇的独特景观。可是，在三条水道交汇处附近，原本有着大量的饲养场、家具厂，垃圾漂浮、河道阻塞。那么，如今，邵伯段运河周边的生态又是怎样的呢？请大家跟随着视频一起走进邵伯古镇。

师：结合视频说说当地政府对邵伯段运河周边采取了哪些环境整治的措施？

生：搬迁家禽养殖场等污染企业、疏通河道、建设隔离带、结合运河文化对这一河段进行景观化提升等。

师：不错，由于当地政府采取了一系列环境整治的措施，现在的邵伯段运河周边绿树茵茵、花香阵阵、河水清亮。

4. 绿色发展

师：一条大运河，是奔流千年的水路。清波一脉通古今，党的十九届四中全会提出"坚持和完善生态文明制度体系，促进人与自然和谐共生"。现在的大运河，通过近几年的环境治理、生态修复，开启了人与自然和谐共生的新篇章。

师：（展示运河新风情——人与自然和谐共生的图片。）

要想实现人与自然的和谐共生，使青山常在、绿水长流、空气常新，坚持走绿色发展道路那是必不可少的。那么，怎样坚持走绿色发展道路呢？请各小组合作交流。

生：（分组合作交流：如何坚持走绿色发展道路？）

（1）坚持走绿色发展道路，要处理好经济发展与生态环境保护的关系。

（2）坚持绿色富国，让人民群众切实感受到环境保护带来的经济效益；坚持绿色惠民，实现绿色富国之梦。

（3）要坚持节约优先、保护优先、自然恢复的原则，大力倡导节能、环保、低碳、文明的绿色生产生活方式，让绿色发展理念渗透到人们日常生活细节中，成为每个社会成员的自觉行动。

（4）必须严守生态保护红线、环境质量底线、资源利用上线。

教师总结

通过实验、探究等活动，同学们理解了古代漕运的优势。同时，同学们也看到了运河生态遭受到的严重破坏以及经过环境整治、生态修复后焕然一新的运河绿色生态长廊。希望同学们用自己的实际行动保护好运河，留住运河之美，让绿色成为运河最富韵味的底色。

（设计意图：通过对"要想实现中国梦，经济建设更重要还是环境保护更重要"的辩论以及对廖家沟周围运河生态的实地调研，使学生的思辨能力得以提升，从而增强学生保护运河生态的责任感和使命感，树立绿色发展理念，坚持人与自然和谐共生。）

【教学反思】

中学道德与法治课程作为落实立德树人根本任务的关键课程，滋养着中学生的思想，引导着中学生的行为。新课程标准下，过去那种照本宣科、灌输式的教学，难以让中学道德与法治课程的内容内化于心、外化于行。因此要上好中学道德与法治课，需要充分挖掘社会生活中的德育元素，运用具有丰富内涵的现实生活素材，探索课程新的"打开方式"。本节课尝试文理跨学科融合进行授课，初步验证了融合课的实际效果。

京杭大运河是中国古代的一大工程奇迹，在中国历史上曾起到重要作用。扬州可谓与大运河共生，大运河的"第一锹"就是从扬州开挖的。历史上，运河的主要功能是漕运，大运河的命运也始终与漕运联系在一起。因此，这节融合课，我从"扬州不同时期漕运图"入手讲述扬州漕运的兴盛，引出课题，激发学生学习兴趣，由此开始设疑：漕运与陆运相比到底有没有优势？而解决疑问的方式则是直接邀请了专业的物理老师，带领学生通过物理实验进行科学验证，提高了学生学习的积极性。为了讲授漕运的不易，我邀请了专业的地理教师，带领学生以"追忆三湾""了解三湾""展望三湾"为主线进行探究学习。为了讲授运河生态保护的必要性，我组织学生进行辩论：要想实现中国梦，环境保护更重要还是经济建设更重要？课堂上，正反双方激烈交锋，双方辩手你来我往，各抒己见，课堂气氛比较活跃。小小的辩论活动既开阔了学生的思维，又提高他们的语言表达能力。

有人曾说，教学是一门遗憾的艺术。本节课，三个学科融合在一节课中，这其中各教学环节的过渡、衔接以及教学时间的分配等还需要再细细"打磨"，还有很多值得我们去探究的地方。在今后的跨学科融合教学中，我要努力打破学科课程教学的封闭性和孤立性，克服知识学习的碎片化和分散化，努力培养学生综合运用多学科知识观察问题、分析问题和解决问题的能力。

【教学点评】

本节课借助大运河博大精深的文化内涵，打破学科壁垒，思政、物理、地理协同教学，激发学生强烈的探索欲，让学生充满文化自信与自豪感。大运河，连通着水与人，勾勒出千年赓续的文化命脉。本课既是对大运河文化遗产价值的一次综合提取、展现与表达，也有利于引导学生自我反思如何更好地保护运河生态和文化遗产，从自发走向自觉，实现情境体验、实践体验、升华体验统一。

1. 因融合而张扬生命活力

思政教师组织"辩一辩"活动，学生就辩题"要想实现中国梦，环境保护更重要还是经济建设更重要"自主选择参与正、反方；物理教师组织摩擦力实验"做一做"，学生自己操作、讲解、记录等；地理教师引导学生"比一比"古代两个不同时期的扬州运河三湾地图，并大胆"问一问"。这样，充分唤醒、激发、彰显了学生主体精神。学生沉浸思考、踊跃发言，课堂气氛热烈、愉快。

2. 因融合而充满思维张力

运河思政融合课可以较好地解决思政课相对其他学科张力不强的问题，多元化大容量锻炼学生高阶思维。思政学科辩论使学生螺旋式理解既要经济建设，又要保护环境;保护环境就是推动高质量发展;决不能以牺牲环境为代价,换取经济的一时发展。物理教师引导学生分两次实验,在此基础上,归纳出影响摩擦力大小的两个因素:压力与接触面粗糙程度。这可谓锻炼归纳思维的优秀案例。地理老师教给学生"五W"思维方式,鼓励学生勇敢提问。提问是创造的开端,意义极为重要。

3. 本课因融合而提升育人效力

本课由于物理、地理学科的融入,不仅能引导学生立足思政课本身,从经济社会发展角度理解运河的价值,还从物理学角度理解为什么选择水运,从地理角度理解为什么要"舍直为弯"。这样,对学生进行保护运河生态教育更有底气。

(点评人:朱登庆 江苏省扬州中学)

第19课

共筑生命家园

——细数邵伯与运河的不解之缘

授课教师：田金雨（北京新东方扬州外国语学校；道德与法治）
相爱萍（北京新东方扬州外国语学校；地理）
钱艺星（北京新东方扬州外国语学校；生物）

教学目标

1. 师生创设"因运而兴：经济繁荣风光无限"活动情境，引导学生通过船闸演示活动充分理解劳动人民对自然环境的依赖、开发和利用以及邵伯航运条件的改善对经济发展产生的重要影响，体会和感悟运河人民的智慧，从而培养学生的政治认同素养。

2. 师生创设"涸泽而渔：生态破坏终成痛点"活动情境，引导学生了解邵伯曾经渔业兴盛及后期生态环境遭到破坏的影响，并通过模拟搭建邵伯古镇生态瓶的活动感受生态系统的复杂性，提升生态保护意识，从而培养学生的道德修养和法治观念素养。

3. 师生创设"绿色发展：人与自然和谐共生"活动情境，引导学生通过辩论、设计宣传标语等活动明确经济发展与生态环境保护的关系，了解邵伯转变发展方式的成功经验，培养热爱家乡、热爱自然、绿色发展的理念，树立人与自然和谐共生的意识，能够在日常生活中积极践行绿色生活方式，增强责任感和使命感，从而培养学生的政治认同和责任意识素养。

教学重点和难点

1. 教学重点：实现人与自然和谐相处，走绿色发展道路。
2. 教学难点：培养绿色环保意识，自觉践行绿色行为。
3. 重难点确定依据分析：追求人与自然和谐共生，是人类面对生态危机做出的智慧选择。人类开发和利用自然，但不能肆意凌驾于自然之上，必须遵循自然规律。走绿色、循环、低碳发展之路，要坚持节约优先、保护优先、自然恢复为主的方针，大力倡导节能、环保、低碳、文明的绿色生产生活方式，让绿色发展理念渗透到人们日常生活细节中，成为每个社会成员的自觉行动。因此，引导学生明确实现人与自然和谐相处、走绿色发展道路、培养绿色环保意识、自觉践行绿色行为很有必要。

学情分析

青少年是祖国的未来和民族的希望，其整体素质决定着国家未来的发展方向。中学生尤其是九年级学生处于人生的特殊阶段，处于生态文明价值观形成的关键期，他们在资源和环境等方面的认知水平和行为选择能力，需要经过正确引领并促使其转化为建设美丽中国的积极力量。当前，因为家庭教育、学校教育和社会宣传等方面存在缺失或者不力的地方，个别学生在日常生活、研学旅行、参观访问等活动中，还存在着浪费资源、破坏环境等生态意识淡薄的行为。加大对中学生资源环境国情教育和生态意识培育的力度，增强青少年对环境的忧患意识，引导学生持续关注生态文明建设，促进人与自然和谐共生，是建设美丽中国、实现中华民族永续发展不可或缺的重要一环，也是促进中学生全面发展和核心素养培育的内在要求。

融合教学分析

1. 融合学科：道德与法治、地理、生物。
2. 融合依据：扬州江都的邵伯，位于长江、淮河、运河三水交汇之处，是一座因水而生、因运而兴的中国历史文化名镇，是大运河扬州段世界遗产点的重要组成部分。走近这座古镇，学生首先需要从地理角度了解船闸的发展及运用，明确邵伯航运条件的改善对经济发展的重要影响。面对经济发展带来的生态环境破坏，也需要运用生物知识分析生态系统的复杂性，从而认识到保护运河生态的迫切性及重要性。最后，学生能够在道德与法治教师的引导下，发散思维，通过激烈的思辨和分享进一步探索、反思，从而升华热爱家乡、热爱自然、坚持人与自然和谐共生的情感态度与价值观。本课通过道德与法治、地理、生物的学科融合，能够夯实学生的专业知识，锻炼学生的综合能力，激发学生的学习兴趣，使学生在融合课中既有收获，更有提升。

教学准备

1. 教师准备：多媒体课件、船闸道具、模拟生态系统材料和器材（绿植、水生动物、土壤、水、生态瓶、烧杯、剪刀、手套等）、辩论抽签纸、宣传标语便利贴。

2. 学生准备：大运河申遗邵伯段相关资料，回顾河流的功能、生态系统的概念等知识，搜集辩论的相关论据。

教学过程

总议题 从邵伯与运河的渊源中感悟人与自然和谐共生

【导入新课】

竞答导入：

（道德与法治田金雨老师登场）

师： 上课，同学们好！新课之前老师想考考大家，对于我们中国的大运河，你了解多少呢？下面运河知识竞答正式开始！大家可以直接举手抢答，答对者积一分！

多媒体展示，并进行提问：

1. ＿＿＿＿＿＿＿＿年6月22日，中国大运河成功列入《世界遗产名录》。

2. 大运河申遗的牵头城市是＿＿＿＿＿＿＿＿。

3. 大运河申遗成功后，扬州共有＿＿＿＿＿＿＿＿个遗产点、＿＿＿＿＿＿＿＿段河道列入《世界遗产名录》。

4. 其中，运河遗产点段最多的是＿＿＿＿＿＿＿＿。包括：＿＿＿＿＿＿＿＿、＿＿＿＿＿＿＿＿、＿＿＿＿＿＿＿＿。

生： 积极举手竞答：1. 2014。2. 扬州。3. 10；6。4. 江都邵伯；邵伯古堤；邵伯码头；邵伯明清大运河故道。

师： 很好，看来同学们课前也做足了功课，搜集了不少资料呢！咱们扬州运河遗产点段最多的是江都邵伯，那么邵伯这样一个有名的古镇，究竟和大运河有着怎样的不解之缘呢？今天，就让我们打开"共筑生命家园"这一框题，来一探究竟吧！首先，邵伯这座因水而生、因运而兴的运河古镇，有着怎样得天独厚的优势呢？有请我们的地理老师相老师带领大家一睹小镇的风采！

（设计意图：学生在课前搜集了大运河申遗邵伯段相关资料，做了充分的准备，通过热闹的积极抢答提升了课堂参与度，活跃课堂气氛，激发学习兴趣。知识竞答既检验了学习前置的效果,其内容又从大运河的成功申遗一步步引出邵伯古镇,从而导入新课。)

环节一：因运而兴：经济繁荣风光无限

子议题1 大运河如何为邵伯的经济发展带来活力

（地理相爱萍老师登场）

师：邵伯古镇因运河而兴,我们从古镇的地理位置入手可以了解其兴盛的原因。大家看,PPT图中邵伯古镇沿河分布,我们这里的很多城镇都沿河分布,是因为河流可以为我们提供很多功能,比如有哪些呢？

生：运输灌溉、供水等功能。

师：河流可以为城镇提供众多功能的同时,也会给城镇带来灾害,比如什么呢？

生：洪涝。

师：正确。河流可能会形成洪涝灾害。邵伯古镇也面临着这个问题。东晋谢安在此地考察时,就发现此地"西高,湖水浅,常为旱苦；东低,湖水涨,常受内涝"。为缓解此地旱涝频发问题,我们需要通过修建一个水利设施来解决。有没有同学可以效仿古人尝试解决这个问题呢？

生：可以重新开挖一条河流。

师：那么还是会面临西高东低的问题啊,再想想呢。

生：可以建一个船闸。

师：当时的人们还没有想到如此复杂的水利设施。在当时的社会情况下,我们只需要在河道上增加一个设施,就可以解决这个问题。

生：建坝。

师：对的,我们可以建一个坝,不过当时不叫坝,叫"埭"或"堰"。埭的修建,解决了西旱东涝的问题,邵伯也因此得名"邵伯埭"。但埭的修建又给邵伯带来了新的问题：两条河流之间的运输受阻。那么如何在保留埭的情况下还能保证河流之间的正常运输呢？（学生回答难度较大,教师适当引导说明埭的高度较低,船只可以越过埭,但需要有借力。）

生：可以用人力拉。

师：对的，我们可以人力拉船越过埭（同时邀请学生观看相关视频）。随着科技水平的提高，我们有了更多复杂的水利设施，比如船闸（展示船闸道具）。哪两位同学愿意来体验一下船闸的运作呢？

【议学活动】 演示船闸道具

师：从早期的埭到现代的船闸，这些水利设施，都在不断地改善着邵伯的运输条件，提高其运输价值。明清时期，邵伯古镇成了运河中枢，大量的人员、船只在此转运，邵伯商业繁荣，其中当时比较出名的就是"大马头"，最长可以达到258米，宽4.7米，高5.1米，当时可以在"大马头"接待官员。清画家王素绘制了一幅《运河揽胜图》，从图中可以看出当时的邵伯古镇一片经济繁荣的景象（展示图文资料）。

师：邵伯古镇沿河而建，从早期旱涝频发，到后来埭的修建，再到船闸的出现，提升了航运价值，并为经济发展带来活力。人们对自然环境的开发利用，使得邵伯漕运兴盛，成为运河上的一颗璀璨明珠。那么，如果一味地利用开发自然环境，又会对自然环境造成哪些影响呢？下面有请生物老师钱老师带领我们进一步学习。

（设计意图：回顾河流的功能，引入旱涝灾害的解决措施，为后面的船闸活动做铺垫。通过展示埭到船闸的演变，引导学生充分理解运河边的劳动人民对自然环境的开发利用，感叹古人的智慧。演示船闸活动调动课堂气氛，同时说明通过对自然环境不利条件的改善，可以提升河流的通航能力。通过邵伯古迹再现邵伯历史时期的繁荣景象，说明航运条件的改善对经济发展的重要影响。）

环节二：涸泽而渔：生态破坏终成痛点

子议题2 为什么要坚持人与自然和谐共生

（生物钱艺星老师登场）

师：同学们，我们先通过一则视频走近邵伯小镇渔民的生活（视频内容包含渔业兴盛和后期的水资源破坏对居民生活的影响）。

（学生观看视频。）

师：这是邵伯河面被污染的样子（多媒体图片展示），同学们，如果遇到环境遭到破坏，你会怎么办？

生：感到很难过，很羞愧，要保护生态环境……

师：大家有这个意识是非常好的，那么在保护生态之前我们要先弄清什么是生态，我们一起来回顾生态系统的组成是什么呢？

生：生态系统＝生物＋环境。

师：生态系统的具体组成成分有哪些呢？下面就请同学们分组模拟搭建一个邵伯小镇生态瓶。

【议学活动】

分组模拟小镇生态系统，各小组代表展示各自小组搭建的生态系统，介绍其中的生物成分与非生物环境。

师：同学们的生态瓶呈现了一个完整的生态系统，包含了水、大气、土壤、绿色植物和动物。那么大家能否说一说生态系统中生物与非生物的关系呢？

生：相互影响、相互制约。

师：根据大家的探究与分享，我们一起尝试总结一下生态系统的定义。

（学生描述生态系统的定义。）

师：生态系统，指在自然界的一定的空间内，生物与环境构成的统一整体，在这个统一整体中，生物与环境之间相互影响、相互制约。同学们，保护生态，便意味着保护生物与环境。

（设计意图：带领学生走入小镇渔民的生活，感受一个生态内部因素的互相影响和作用。图片呈现促进学生思考保护环境措施，提升生态保护意识。学生通过模拟生态系统活动，思考和回顾生态系统的组成，感受生态系统组成成分的重要性，同时提升了课堂趣味性。通过总结生物与非生物的关系及生态系统的定义，明确保护生态的重要原因，也引导大家从生物和环境两个方面去保护生态。）

环节三：绿色发展：人与自然和谐共生

子议题3　青少年应当怎样促进人与自然和谐共生

（道德与法治田金雨老师登场）

师：感谢钱老师对运河生物知识的深度解读。同学们，刚刚相老师从地理角度为我们讲解了邵伯古镇依靠运河所取得的经济繁荣，可以见得"自然为人类的生存与发展提供滋养和必要条件"。而钱老师又从生物角度为我们剖析了生态系统的复杂性,运河生态环境的破坏,将牵一发而动全身,所以生态环境保护何其重要。那么对于"经济发展"和"生态环境保护",有的人认为要发展经济势必会对生态环境造成破坏,这是无可厚非的;而有的人却认为,必须将保护生态环境放在第一位。那么两者之间,哪一个更重要呢?下面我们将进行一场小小的辩论赛:经济发展更重要还是生态环境保护更重要。辩论的要求是:两大组成员轮流发言,言之有理、言简意赅,每有效发言一次积一分,限时5分钟,积分高者获胜。下面请各小组组长来抽签决定辩题。

(四个小组组长抽签决定辩题,辩题一致的两小组合并为一大组。)

师: 先给大家一分钟时间讨论一下,两大组成员内部可以充分交流,交换你们的观点。

(学生分组讨论。)

师: 好,时间到,下面开始辩论,计时开始!

【议学活动】 激烈辩论

师: 时间到!刚才同学们的一番唇枪舌剑可以说是非常的精彩,双方势均力敌。老师在同学们的积极发言中也注意到了,其实经济发展和生态环境保护都很重要。这就启示我们必须要处理好经济发展与生态环境保护的关系。保护生态环境就是保护生产力,改善生态环境就是发展生产力,决不能以牺牲环境、浪费资源为代价,换取一时的经济增长。让我们一起齐读一下。

(学生齐读知识点。)

师: 让我们再通过视频来看一看,马长好一家是如何处理这两者之间的关系的(接续环节二的视频,该视频内容包括邵伯古镇渔民保护生态同时兼顾经济发展的成功经验)。

(学生观看视频。)

师: 同学们,看完视频,你能说说人与自然究竟有着怎样的关系呢?

生: 人与自然和谐共生。

师: 是的,人与自然其实是相互依存、共生共荣的。正如习近平总书记在二十大报告当中的明确指示:"大自然是人类赖以生存发展的基本条件。尊重自然、顺应自然、保护自然,是全面建设社会主义现代化国家的内在要求""必须牢固树立和践行绿水青山就是金山银山的理念,站在人与自然和谐共生的高度谋划发展"。为此,国家实施了什么样的基本国策?我们必须坚持什么样的发展理念?

生: 坚持节约资源和保护环境的基本国策。坚持绿色发展理念。

师: 所以为了促进人与自然和谐共生,我们需要怎么做呢?

生：（齐读知识点）要以资源环境承载能力为基础，以自然规律为准则，以可持续发展、人与自然和谐共生为目标。要坚持节约资源和保护环境的基本国策，使青山常在、绿水长流、空气常新。必须严守生态保护红线、环境质量底线、资源利用上线。

师：（多媒体呈现邵伯发展现状的相关图片）在坚持人与自然和谐共生的前提下，邵伯古镇抓住了发展机遇，转变了发展方式。而随着时代的进步，古老的运河并没有黯然失色，反而因科技注入新的活力，肩负起新的使命。邵伯这样一个运河名镇，依旧在大运河畔熠熠生辉。

师：同学们，作为运河城市的一分子，我们也可以用自己的行动助力绿色发展。为了保护邵伯运河生态，践行绿色发展理念，现广泛征集宣传标语，请同学们积极参与吧！请大家将宣传标语写在便利贴上，标语不超过20个字。

【议学活动】 创作宣传标语

师：请几位同学分享一下。

生：（分享自己独创的宣传标语）"邵伯碧波沁人心，莫将清玉化浑泥""保持山清水秀，留住邵伯乡愁""守一处小桥流水，望一片碧水长河""无人护运河，难以见人和""生态运河污染少，经济生活步步高""护生态环境之和谐，助人与自然之共生""保运河之水，守精神永流""保护邵伯运河生态，从我做起""保护运河，从现在开始""保护运河生态，坚持绿色发展""邵伯是我家，我请大家吃龙虾""保护邵伯龙虾，凝聚扬州文化""今天你污染了运河，明天子女不见运河""坚持自然保护，共筑文明家园""绿色运河，你我有责""中华文化几千年，守护运河记心间"……

（分享后将宣传标语贴至黑板上所绘的运河边。）

师：同学们的宣传标语都朗朗上口，各有特色，课后你们可以登录政府网站进行留言，让我们用实际行动共筑我们的生命家园！

（设计意图：灯不拨不亮，理不辩不明。辩论赛能够很好地让学生思考经济发展和生态环境保护的关系。学生通过课前收集整理资料，课堂辩论交流观点，自主生成问题、探究问题、解决问题，逐步厘清经济发展和生态环境保护的关系。无论最后哪方获胜，都有助于学生理解经济发展和生态环境保护辩证统一的关系。学生也能够在激烈的唇枪舌剑中提高注意力，激发思维能力。结合邵伯渔民转变发展方式的成功经验，引导学生深刻认识到要坚持人与自然和谐共生以及绿色发展的必要性和可能性。运用鲜活的、贴近实际的案例，深化学生对课堂主题的认知，结合教师的适当引导，进一步落实学科素养的培育。学生体会到邵伯古镇抓住了发展机遇，再次深刻理解人与自然和谐共生的深刻道理。学生通过宣传标语的设计和分享活动,践行了绿色发展理念,明确了要以实际行动为邵伯运河生态的保护、美丽中国的建设尽一份自己的力量,增强了责任感和使命感,将人与自然和谐共生的理念内化于心,外化于行。)

【教学反思】

本课题以运河名镇邵伯为主要线索,以小见大,呈现了三个层次的解读:第一个层次,在肯定从古至今邵伯古镇经济快速发展、取得巨大成就的同时,明确指出资源环境的破坏给邵伯可持续发展带来了严峻挑战;第二个层次,面对挑战,我们不是逃避而是正视,不是放任而是积极应对,在充分认识和了解生态系统的基础上,共筑生命家园;第三个层次,能够正确处理经济发展与生态环境保护的关系,通过个人保护邵伯运河生态的具体行动,深化对人与自然和谐共生的理解。

在课堂教学中,要想让教材承载的理念入脑入心,仅仅依靠教师的讲解是难以奏效的,教师需要从学生真切的生活体验入手,借助真实的场景或创设情境,让学生身临其境、感同身受,在参与、体验和感悟中,内化学科观点,达成价值认同,唤醒主体意识,强化责任使命。通过有趣、丰富的课堂活动,结合生活化的问题,引导学生从表面到深层,层层深入探究,从感性认识走向理性思考,从行动认同走向行动自觉。

【教学点评】

本节课以学生体验为基础,强调参与,关注学生核心素养。其亮点在于:

1. 创设情境,建立体验。本节课的选题以因水而生、因运而兴的邵伯古镇为主线,找到教材知识与学生生活经验的衔接点,从邵伯运河功能带来经济发展的分析,到邵伯生态环境破坏后引起重视采取保护策略,再到寻找经济发展与生态环境保护的平衡点从而促进人与自然和谐共生理念的深度解读,地理、生物和道德与法治教师衔接自然流畅,主题明确,重点突出。三位教师创设极具感情色彩的教学情境,使学生在真实情境中加深体验、感悟,培育学生的政治认同,有利于形成正确的情感态度、价值取向和行为方式。

2. 设计活动,强化体验。本课围绕主题,通过有层次的设计和创新的课堂形式,从学生现有的知识和经历出发,带领学生了解运河的过去,立足运河的现在,放眼运河的未来。课堂设计形式丰富多样,通过知识竞答、视频演示、实践操作、辩论赛、宣传标语创作等方式,生动活泼,学生参与程度高,充分体现了教师为主导、学生为主体的课堂教学理念。教师引导学生积极合作,营造小组合作学习的良好氛围,使学生在交流互动中获得充分的情感体验,增强学习效果。地理老师带领学生不仅了解运河船闸的由来和作用,而且与学生一起演示了船闸的原理,让学生在有趣的活动中学习学科知识,同时感叹人的智慧。生物老师通过图片展示运河曾经被污染,两岸人民深受其害,引出良好生态系统的重要性。学生通过小组合作完成组装搭建邵伯古镇生态瓶,在动手实践中理解生物与非生物的关系,并进行运用。道德与法治老师通过组织学生辩论,激发学生思想的火花,展现出道德与法治学科的思辨之美。"我是小小宣传员"活动中,有学生答"邵伯是我家,我请大家吃龙虾",既体现好客之情,又反映出为家乡的美丽而自豪,展现出道德与法治学科的情感之韵,呈现学生的道德修养,升华学生情感体验和思想认识。

3. 聚焦素养,升华体验。本课三门学科充分融合,既有老师们的循循善诱的引导,又有学生的动手动脑的活动,师生互动学习高效,学得轻松又快乐,整堂课如行云流水般自然流畅。地理、生物、道德与法治三科教师配合默契。地理学科打开了古运河劳动人民运用智慧开发和利用古运河的秘密之门,通过邵伯古迹再现邵伯历史时期的繁荣景象,引导学生深刻理解航运条件的改善对经济发展的重要影响。生物老师调动了学生从生物和环境两个方面去思考保护生态,提升了运河生态保护的意识。道德与法治老师旁征博引,妙设辩题,唤起了学生热爱家乡、热爱运河、建设运河的深度思考,图片与视频有机结合,展示了运河发展对经济、社会、文化带来的多种影响,让学生明晰了保护运河、绿色发展的理念,明白了运河兴盛与人民幸福两者共荣共生的深刻道理,激发学生的社会责任感,培养学生责任意识,增强担当精神和参与能力。

(点评人:徐林 扬州市文津中学)

第20课

人与自然和谐共生

——大美湿地,水韵扬城

授课教师:刘登明(扬州市朱自清中学;道德与法治)
　　　　　封　扬(扬州市朱自清中学;地理)
　　　　　赵　业(扬州市朱自清中学;生物)

教学目标

1. 通过创设早期三湾片区工业发展带来问题的情境,增强学生对走绿色发展道路的认同感,培养学生的政治认同素养。

2. 通过开展三湾湿地公园研学活动,观察湿地公园生态系统并分析生态价值,使学生明确经济发展与生态环境保护的关系,认同习近平总书记"绿水青山就是金山银山"的论断,培养学生的政治认同素养。

3. 通过分析湿地公园在保护中遇到的问题,引导学生运用法治思维解决问题,培养学生的法治素养。

4. 通过回顾三湾美景、国家湿地保护取得的成就,增强学生热爱家乡、热爱中国的情感,为美丽家乡的建设添砖加瓦,培养学生的责任意识。

教学重点和难点

1. 教学重点:认识到走绿色发展道路是我们的必然选择,坚定不移拥护节约资源、保护环境的基本国策。

2. 教学难点:认识到湿地的生态价值,树立"绿水青山就是金山银山"的生态观念,用自己的实际行动为湿地保护做出贡献。

3. 重难点确定依据分析:从经济角度出发,往往无法理解湿地公园建设的意义,因此,要摆脱经济思维惯性,从生态效益的角度帮助学生进行价值澄清与判断。

学情分析

  小学道德与法治在学生核心素养标准中,已经提出要热爱并尊重自然,初步了解可持续发展理念。青少年是祖国的未来和民族的希望,其整体素质决定着国家未来的发展方向。中学生处于生态文明价值观形成的关键时期,需要经过正确引领,并促使其转化为传承建设美丽中国的积极力量。

  因此,《义务教育道德与法治课程标准》(2022年版)提出7～9年级核心素养为:具有绿色发展理念,初步形成环保意识和生态文明观,能够在日常生活中自觉践行生态文明的理念。

融合教学分析

  1. 融合学科:生物、地理、道德与法治。

  2. 融合依据:三湾湿地公园的案例本身就具有综合性,另外,对于湿地公园选址在原扬农化工厂地区的原因分析,一方面是从经济与生态关系的角度分析,另一方面,从地理角度更能说明南部地区独特的地理位置,为后续学习提供问题情境。

  从生物的角度,通过湿地植物的分析,以小见大,进一步明确湿地的生态价值,更有助于学生理解习近平总书记"绿水青山就是金山银山"的重要论断。

教学准备

  1. 教师准备

  (1) 查阅资料,了解三湾湿地公园的前身——南部工业区的发展,三湾湿地公园的建设情况。

  (2) 了解我国湿地建设成就以及存在问题,了解国际湿地建设的现状。

  (3) 充分了解班级学生对于三湾湿地公园的知悉情况,对于生态文明观念的知悉情况。

  2. 学生准备

  (1) 在教师带领下,参观三湾湿地公园,总体感知湿地公园。

  (2) 在教师组织下,对三湾湿地的水质、植物等进行调查研究,记录数据。

教学过程

总议题 三湾片区的发展之路该如何选择?

【导入新课】

1. 学生诗朗诵欣赏:《三湾——运河的凤凰》。

穿过春江花月的滟滟波光,穿过漕运商旅的片片帆樯,

运河,一条东方飞舞的巨龙,浪踏着泱泱中华奔腾的乐章。

运河三湾,一片沉寂日久的水土,焕发出青春的荣光,

明代知府匆匆勾画的一根线条,被今天的扬州人挥毫泼彩成肆意汪洋,

那巨型剪纸拉花艺术的剪影桥,镂空透视出婉约豪放。

那线条优美迤逦婉转的琴瑟桥,拉伸张扬出儿女情长。

青山远眺,看中空外奇的叠石险境,听雨感怀,体味人生三湾的欢愁跌宕。

观鸟屋前,笑指百鸟栖树掠水,樱花林畔,追念大僧东渡扶桑。

传说九龙岗的暴雨打湿过黄袍,龙裔庵前晾晒过康熙爷的龙装,

今天运河的故事不再潮湿,历史的线装书翻晒着太阳,

看,中国大运河博物馆拔地而起,看,大运河非遗文化街区闪亮登场,

我们,自豪的扬州人,不负时代的重托,人民的期望,

倾情描绘,凝心聚力,一起放飞重生的运河凤凰,

砥砺奋进,壮歌豪迈,一路挥洒绚丽的光荣与梦想。

2. 诗中提到了该对象中哪些典型建筑,表达了诗人怎样的情感?

(设计意图:通过诗歌感知三湾湿地公园的美景,引发学生对于家乡的热爱之情。同时引出本节课的话题:三湾湿地公园。)

环节一:失地——迷失之地

子议题 1 三湾片区是应该保护环境还是发展经济?

【议学情境】

选址——扬州市为了发展经济,准备规划一片工业区,发展化工厂、皮革厂、水泥厂。

1. 工业区的选址要考虑哪些因素?

2. 请你从地理的角度,说明规划区放在哪里较为合适?

生:交通便利、地势平坦、生态污染、劳动力。

师:把工业区建在市中心可行吗?原因是什么?

生:不可行,地价较高。

师:扬州是亚热带季风气候,常年受哪些风向影响?在选择工业区时要注意哪些问题?

生:主要是夏季东南风,冬季西北风。工业区位于广陵区的西南角,处于两股季风的垂直方向,因此,对于广陵区污染相对较少。

【归纳小结】

东南工业区位于广陵区的西南角,处于两股季风的垂直方向,因此,对于广陵区污染相对较少,同时周围交通比较便捷,便于原料的运入和产品的运出。另外工业区需要大量水源,而三湾这一片有运河流过,水源充足。因此,三湾片区被规划为东南工业区。

【议学活动】 选路

材料出示:扬农发展史。

时间	事件
1958 年	扬州农药厂正式成立 扬农的开创者们当年就拿出了烧碱、漂粉产品
1977 年	扬农稳定实现企业盈利
2010—2017 年	扬农携手央企中化集团,在宁夏中卫、南通如东、连云港徐圩建设新生产基地 一批转型升级战略项目先后上马
2017 年	扬农集团开票销售首次突破百亿元

2010—2019 年,扬农累计向国家缴纳税费 38.3 亿元,各项社会统筹 9.5 亿元,为扬州市经济社会发展做出了重大贡献。以扬农化工为代表的一批企业一方面为扬州经济做出重要贡献,另一方面也破坏了生态环境,究竟我们应该发展经济,还是保护环境?

生:扬州是一个缺水的城市,缺水分为水源和水质性缺水,扬州不缺水源,因此,是水质性缺水。准确来说是农业缺水,因为沿河企业乱排乱放,污染了水源,因此没有优质的水源灌溉。民以食为天,连食物都被污染了,是万万不行的,因此,我选择保护环境。

师:这位同学不光有鲜明的论点,还有非常充分的论据,论证非常严密。有没有不同意他的看法的？

生：没有钱、吃不饱、穿不暖。我们可以通过技术革新的手段，既可以发展经济，又能保护环境。

师：这位同学跳出了二选一的框架，用技术革新的方式，两者兼得，非常好。这就是我们新的选择，就是绿色发展道路。

教师总结

我们要处理好经济发展与生态环境保护的关系，两者并非截然对立。走绿色发展道路，已经成为当代中国的发展共识。绿色发展，既能将对环境的影响降低到可控范围内，也能发展经济。

[过渡] 如果改革了工艺，扬农等企业是不是就可以继续发展呢？我们继续看第二个环节：湿地——水湿之地。

（设计意图："迷失之地"主要是介绍在2019年前，为了发展经济，南部工业区的迷失，也就是破坏环境的行为，一方面认识到从地理角度决策的正确性，另一方面认识到从生态环境的角度的迷失。在保护环境还是发展经济的辩论中，让学生充分展示自己的思维，在学生展示的基础上引导学生认识到走绿色发展道路的必要性。）

环节二：湿地——水湿之地

子议题2 三湾片区既适合工业区选址，又适合修复湿地，该如何取舍？

【议学情境】

选地——扬州市准备在南部规划一座湿地公园，你觉得湿地公园应该选在哪里？

生：三湾片区先天优势：地势低（汇水区）、污染小、交通便利、非城市核心地区。

师：同时三湾片区绿色环保：外界干扰少，可以吸引大量的鸟类栖息和鱼类产卵。在规划设计的过程中，合理布置动线，帮助鸟类迁徙，建立自然岸线，帮助鱼类产卵。

【议学活动】

材料出示：江苏扬农化工集团有限公司自主研发了吗啉丙醛法制一氯工艺。该工艺入选《石化绿色工艺名录（2019年版）》，从根本上解决了高能耗、含盐含磷废水和产品质量等问题,不仅有利于满足高端市场需求、创造经济社会效益,而且在行业内发挥了安全、节能、环保、高效的示范作用,符合国家鼓励发展的产业政策方向。

请你辨析:有人认为工厂已经革新技术了,既能发展经济,又能减少污染,没有必要非得建湿地公园,得不偿失!

生:不是得不偿失,绿植会产生氧气,居民能在湿地公园休闲娱乐。

师:这位学生不光看到经济价值,还看到生态价值。

生:鱼类能在湿地公园繁殖产卵。

师:在经济发展和生态环境选择中,我们发现保护生态环境更重要的是带来巨大的生态效益。关于湿地公园的生态效益,其实生物老师和大家讲解得更好!

【议学活动】 选物

播放视频:生物赵老师带领学生前往三湾湿地公园调查。

1. 生物对环境的适应

湿地环境有哪些特点?对应的生物有哪些特点?

生:水分多、流动性强、水中光照强度弱、水量变化较大,生活在水面的植物上表皮气孔多,下表皮气孔少,表皮极薄,叶片形状呈丝线状或带状。水生植物都具有发达的通气系统。

2. 生物对环境的影响

就生态价值而言,1公顷湿地生态系统每年创造的价值高达1.4万美元,是热带雨林的7倍、是农田生态系统的160倍。

(1)生态价值——增加空气湿度。

植物通过蒸腾作用参与水循环,那么蒸腾作用对环境有什么作用?

生:增加空气湿度。

师:还包括增加后期的降雨量,调节气温,等等。

(2)生态价值——蓄洪防洪。

图片展示的红树林,植物盘根错节,中间有很多空隙,有什么作用?

生:吸收水分,湿地有蓄水防洪的功能。

(3)生态价值——净化空气。

绿色植物参与生物圈中的碳-氧平衡,是通过什么作用?这一作用有什么意义?

生:光合作用,维持空气中氧气和二氧化碳含量的相对稳定。

师：此外，有些植物还能够吸收空气中的有毒有害气体，起到净化空气的作用。

（4）生态价值——保护生物多样性。

环境的类型越多，生存的生物的种类越多。

[过渡]我们已经明白了湿地具有重大价值，那么如何保护湿地呢？下面，我们继续请刘老师讲解。

（设计意图："水湿之地"主要从地理角度说明三湾湿地公园选址的合理性，从而造成工业区和湿地公园用地的矛盾。在两者选择中，确立"绿水青山就是金山银山"的观念。接着通过"选物"的环节，从生物角度说明湿地公园的巨大生态价值，使学生能更坚定地拥护生态优先的发展理念。）

环节三：护地——守护之地

子议题3 我们应该如何守护好以三湾片区为代表的湿地？

【议学情境】 选法

1. 材料展示：一线执法人员的烦恼

我们碰到违法的，要参考城乡规划法；碰到对湿地的水环境进行污染的，要参考环保法等相关法律，都要有相关的职能部门来进行处理。

由于湿地是一个综合生态系统，涉及构成湿地的水、林、草、野生动物等各个部门，对占用湿地、破坏湿地的行为处罚起来有一定的难度。有的时候条例像一个"没有牙齿的老虎"。

思考：

（1）一线执法人员在碰到违法行为时，有哪些烦恼？

（2）请就上述烦恼提出合理化建议。

生：需要参照城乡规划法、环保法，比较烦琐。

师：针对这些烦恼，我们应该怎么办？

生：制定生态保护法。

师：生态保护法太大，可以制定什么法律？

生：湿地保护法。

师：非常好！国家也想到这一点，因此制定了《中华人民共和国湿地保护法》。

出示材料：《中华人民共和国湿地保护法》于 2021 年 12 月 24 日第十三届全国人民代表大会常务委员会第三十二次会议通过，2022 年 6 月 1 日起施行。

湿地保护法明确了占用国家重要湿地需要遵循"占补平衡"原则，并规定"经依法批准占用重要湿地的单位应当根据当地自然条件恢复或者重建与所占用湿地面积和质量相当的湿地"。

《湿地保护修复制度方案》中提出：经批准征收、占用湿地并转为其他用途的，用地单位要按照"先补后占、占补平衡"的原则，负责恢复或重建与所占湿地面积和质量相当的湿地。

2. 出示材料：专家意见

北京林业大学教授张明祥详细梳理了每个省对湿地处罚的力度和范围，处罚最轻的一个省，每平方米 3 块钱到 30 块钱，应该说这种处罚力度对一些占用湿地行为起不到很好的震慑作用和处罚作用。

师：专家学者看到什么了？应该怎么办？

生：处罚太轻，应该翻倍。

出示材料：

湿地保护法在这种情况下加重了处罚力度，如果破坏国家重要湿地，每平方米的处罚力度从一千到一万（折算成亩，每亩从 66.6 万到 666 万）。

师：国际层面，根据科学杂志统计，国际湿地保护情况如何呢？

3. 出示材料：国际现状

2022 年 5 月 12 日，《科学》(Science)发表的题为《地球沿海湿地损失和收益的高分辨率绘图》的文章指出，研究结果表明，在全球范围内，1999—2019 年沿海湿地损失 13700 km^2，新增加的沿海湿地面积 9700 km^2，最终 20 年间沿海湿地净损失 4000 km^2。

(1) 材料反映了在国际湿地保护方面的现状如何？

(2) 国际社会需要怎么做来保护湿地？

生：国际湿地在减少，需要通过国际合作。

出示材料：

《湿地公约》第十四届缔约方大会新闻。

师：我们可以看出，第三个环节"护地"主要是通过什么？

生：法律。

师：我国已有 13 个国际湿地城市，数量居世界首位。好了之后，我们还要好上加好，因此，我国制定了《全国湿地保护规划（2022—2030 年）》。这个目标较高,如何实现这个目标呢?我们一起看一下习近平总书记的寄语。

4. 出示材料:习近平总书记寄语

我们要凝聚珍爱湿地全球共识,深怀对自然的敬畏之心,减少人类活动的干扰破坏,守住湿地生态安全边界,为子孙后代留下大美湿地。

师: 留下大美湿地,我们每个同学可以做些什么呢?请拿出事先准备的便签,写在上面。然后将便签贴到黑板上蝴蝶的翅膀上!

(学生完成书写,并粘贴在黑板上。)

师: 刚才同学们贴的便签既是我们行动的宣言,也是日后我们要努力的方向。我们选择一些,请部分同学读一下。

(学生朗读部分书写内容。)

教师总结

春日的公园青荇,夏日的田田荷塘,秋日的江畔芦苇荡,冬日的洲滩水鸟……人类总会与湿地相遇。我们要用法治让湿地与我们相伴,用绿色发展让湿地与我们相生。让我们在相遇、相伴、相生中构建大美湿地、水韵扬城,实现中华民族永续发展和中华民族伟大复兴!

(设计意图:"护地环节",只要通过"问题+方法"的模式,引导学生通过发现湿地保护中存在的问题,从而提出解决方案。最后,通过学习近平总书记的讲话,思考为构建大美湿地,自己可以贡献的力量。将护地从国家、国际的层面拉回学生身边,实现立德导行的教学目标。)

【教学反思】

本框内容以三湾湿地公园的发展史为主线,通过失地、湿地、护地三个环节,带领学生在选址、选路、选地、选物、选法中进行一次次选择,在选择中进行价值澄清,明确绿色发展道路,树立生态优先的发展理念,理解运用法治重器保护湿地的必要性,了解我国湿地发展现状,培养对祖国的热爱情、家乡的自豪感,掌握保护湿地的微行动。

总体而言,教学线索清晰,逻辑层次分明。地理的选址、选地内容,阐述了用地的冲突,对于事件的发展起到很好的推波助澜作用。生物的生态价值分析,对于生态优先的发展理念有很好的支撑作用。在实际过程中,课程容量较大,对于一些内容没有尽可能做到删减,导致对于学生主体性的调动不够充分,以后还需要加以调整。

【教学点评】

本课挖掘运河资源,关注社会热点,共振时代脉搏,是思政课创新的一次积极地尝试。

1. 基于学生经验,体现德育生活性。

只有关注学生生活,贴近学生生活,才能提高思政课教学的针对性和实效性。本课以"三湾湿地公园"为主线,以"走绿色发展道路"为主题,构建三大板块:失地、湿地、护地。不论哪个板块,都围绕学生身边的湿地展开,做到了"贴近学生、贴近实际、贴近生活"的"三贴近"原则。

德育资源来源于生活,德育目的服务于生活。本课运用学生身边湿地公园的鲜活素材,构建了选址、选路、选地、选物、选法等一系列生动的问题情境,从学生现有的知识和经历出发,带领学生了解身边三湾湿地公园的前世今生,引导学生思考湿地公园中的植物的生态价值,激发学生为保护湿地公园出谋划策,从关注当下到预见未来,从理论分析到实际行动,从关注三湾湿地公园到注重国际湿地保护合作,整个课堂学习过程"有意思、有意义"。

2. 优化教学设计,发挥课程的协同性。

本课将思政、地理、生物有机融合。地理学科引导学生探究工业区选址和湿地公园保护之间的矛盾所在,激发兴趣。生物学科阐述生态优先的依据。道德与法治学科通过对"应该保护环境还是发展经济"的辩论,引导学生正确看待人与自然之间的关系,通过具体行动为保护湿地做出自己的贡献。三门学科的融合,实现了协同育人的目标。

融合地理,创设问题情境。通过地理老师带领学生观察扬州城区地图,探索的工业区选址要考虑的地价、风向、交通、水源等要素,湿地公园选址要考虑的地势、水流、交通等要素,明确这个地块既适合工业区的发展,又适合修建湿地公园,很好地形成了矛盾与冲突,在矛盾与冲突中,让学生思考究竟是要保护环境,还是要发展经济?究竟搬迁化工厂、修建湿地值不值?在矛盾与冲突中,进行观点的思辨、价值的澄清。

融合生物,阐述生态价值。生物老师带领学生实地考察,观察了湿地植物的特点,了解了湿地公园的生态价值。从生物的角度,更能使学生清晰地认识到湿地公园的生态价值巨大,有利于学生树立保护湿地公园的情感。

3. 强调学生体验,关照生命的生成性。

李业广教授认为:"教育是在个体积极进行内部省思,与他人及社会对话、互助基础上的认知(理、真)、评价(意、善)和审美(情、美)不断趋向丰富完美的价值建构生成过程。"因此,生成性也就成为一堂课重要的评价指标。

学生的诗歌朗诵,既是美的听觉盛宴,也触发了学生热爱家乡、热爱湿地的美好情感。接下来,学生对于工业区选址的分析、湿地公园选址的分析,很好地实现了地理知识的灵活运用,引导学生培养科学态度、理性精神。学生对于湿地公园的实地考察、调查分析则进一步提高了学生运用生物知识解决问题的能力,培养了学生对于社会的责任感、主人翁意识,为学生成长为社会主义合格建设者和可靠接班人打下了坚实基础。这些包含认知、评价、审美的价值生成,是这堂课的动人之处。

  通过情境的巧妙设计,地理、生物与思政学科的融合,使得一些问题得到了深化,使得学生有了新的生成:学生能够更加深刻地认识到生态优先的绿色发展理念的重要性,更加全面地认识到中国湿地保护方面所取得的一系列成就,更加积极地拥护党和政府的方针、政策,更加彻底地落实保护身边湿地的微行动。最终学生能更加坚定地走绿色发展道路,实现中华民族永续发展。

(点评人:王超　扬州市广陵区教育局教研室)

第21课

人与自然和谐共生

——走近里运河——高邮灌区

授课教师：徐　林（扬州市文津学校；道德与法治）

　　　　　张爱菲（扬州市文津学校；物理）

　　　　　王银香（扬州市文津学校；生物）

教学目标

1. 创设扬州"运河十二景"情境，通过图片、视频欣赏，让学生感受家乡优美的自然风光，领悟家乡优秀传统文化的独特魅力，增强学生的文化自信。通过人与自然关系的讨论，帮助学生树立人与自然和谐共生的生态价值观，从培养学生核心素养视角，也是帮助学生树立尊重自然、保护自然的责任意识。

2. 创设"里运河－高油灌区"情境，以观察、实验的方式，让学生了解水闸工作中的物理学原理，学习古人巧妙运用水闸的物理学原理实现"防不足、泄有余"的治水理念，培养学生观察、分析、总结的能力。

3. 创设"高邮灌区湿地生态系统全貌"情境，以实物展示的方式，让学生了解并区分运河－高邮灌区常见的陆生和水生农作物；学会辨别"水八仙"的食用部位，让学生在领略自然之美的同时感悟自然的馈赠，在日常生活中做人与自然和谐共生的践行者。

教学重点和难点

1. 教学重点：理解人与自然是生命共同体。
2. 教学难点：（1）人与自然的平衡关系；
（2）了解连通器的工作原理以及在生活中的简单应用；
（3）区分常见的陆生农作物和水生农作物。
3. 重难点确定依据分析：随着科技进步和社会发展，人类自身改造自然的能力迅速增强,战胜和征服自然的欲望越来越强烈,对自然的开发、索取越来越无度,导致我们赖以生存的生态环境越来越恶化,空气污染、水土流失、资源枯竭……这些生态环境问题直接威胁甚至反噬人类自身的生存和发展。认清并处理好人与自然的关系是当下我们人类面临的紧要问题。事实上,人类是自然界的一部分,是自然长期进化的结果,自然为人类的生存和发展提供滋养和前提条件,没有自然就没有人类本身,我们应当学会尊重自然、保护自然。当然,人类也不是消极地依赖自然生活,人类可以开发利用自然,但不能肆意凌驾于自然之上,人类改造自然的范围、方式和程度应当有一种自我约束,准则是遵循自然规律,根据自身的需要利用和改造自然,实现人作为自然的一个组成部分而同周围的环境和谐相处。

学情分析

对中学生而言,囿于他们的年龄、认知、思维以及生活阅历,对人与自然的关系把握不是十分准确。一种极端观念是人主宰自然,自然必须以匍匐在人类脚下的方式为人类服务,将人与自然对立起来;另一种极端观念是人要保护自然,将保护自然简单理解为不能开发、不许利用,否则,就是对自然的破坏。这两种观念都是错误的。这节融合课的立意在于帮助学生树立正确的生态价值观,学会与自然和谐相处。

融合教学分析

1. 融合学科:道德与法治、物理、生物。

2. 融合依据:如何从学生的生活情景入手,让学生感知我们人类的生存和发展离不开自然,从而学会与自然和谐相处的正确之道?我们道德与法治、物理和生物三位学科老师组成团队,以"人与自然和谐共生"为教学目标,结合我们江苏"里运河—高邮灌区"入选2021年(第八批)世界灌溉工程遗产名录这一重大时事,道德与法治课的老师以"'运河十二景'是自然之美还是人文之美"为话题切入;物理老师用模型实验的方式,为学生演示了水闸在调控河流湖泊过程中的物理学原理及所发挥的作用,并以视频方式展示高邮灌区古老水利工程。视频中高邮灌区古老水利工程与高效现代农业交相辉映的画面让学生深切感受到我国先民们利用自然的智慧;生物老师用实物展示的方式,将高邮灌区常见的也是百姓餐桌上经常食用的"水八仙"等水生生物的食用部位带入课堂,让学生了解这些生物的外部特征、生长特性、食用方法等生活知识,感知自然对我们人类的无私馈赠。三个不同视角,一个共同的话题——我们要学会人与自然和谐共生。

教学准备

(1) 教师实验器材:新型水闸模拟器材,水,连通器。

(2) 物理分组实验器材:针筒3支(1大2小),软管,三通,色素水,筒夹,支架。

(3) 生物分组实验器材:白瓷盘、莲藕、莲叶柄、水芹、芡实、慈姑、荸荠、莲子、茭白。

教学过程

总议题 人与自然是生命共同体

【导入新课】

1. 感受自然之美

视频欣赏:《运河十二景》3分钟。

扬州"运河十二景",它们是:瘦西湖、运河三湾、七河八岛、明清古城、茱萸湾、双宁古韵、邵伯古镇、邵伯古镇、瓜洲古渡和高旻禅寺。这其中,既有生态景观,也有人文高地;既有历史经典,也有时代新秀;既蕴涵着古人的浪漫与智慧,也彰显着今人的创造与作为,是扬州运河"最古老、最核心、最精华、最有活力一段"的集中展现。

2. 思考交流

(1) "运河十二景"为我们展示的是自然之美还是人文之美?

生:既有自然之美也有人文之美。

(2) "人与自然和谐共生"并不意味着面对自然困境和难题束手就擒,而是要以巧夺天工展示人类智慧之美。正如"大禹治水""愚公移山"一般,高邮灌区的先民们是如何改造自然的?

(设计意图:通过视频欣赏扬州运河十二景,创设教学情景,进而引出问题:高邮灌区的先民们是如何处理好他们与自然的关系的?)

环节一：改造自然

子议题 1　里运河的水是通过哪些装置滋养灌溉农田的？

【议学情境】

2021年11月26日,高邮市"里运河—高油灌区"成功入选2021年度世界灌溉工程遗产名录,是江苏首个入选的灌溉工程。

多媒体视频播放:里运河—高邮灌区的历史渊源。

视频内容:高邮,地处江淮平原南端,属亚热带湿润气候区,雨量充沛,境内有烟波浩渺的高邮湖,繁忙的大运河,众多湖滩、河流交错分布。高邮湖蓄水量达6亿立方米,为中国第六大淡水湖。里运河,古称邗沟,始建于公元前486年,它是繁忙的漕运干线,也是灌溉引水的通道。高邮灌区,为全国大型自流灌区,总面积649平方公里,有效灌溉面积超过五十万亩。《新唐书》记载,宰相李吉甫为调蓄运河水位建平津堰,以"防不足,泄有余",这句话,成为其后一千多年高邮水利建设的指导思想。《旧唐书》记载,李吉甫为淮南节度使,在高邮湖筑堤为塘,灌田数千顷,又修筑富人、固本二塘,不仅保证了山阳渎水力的充足,又增万顷灌溉之田,史称高邮三塘,大规模灌溉,初步形成。黄河夺淮后,高邮湖成为悬湖,使里运河沿线具备了独特的自流灌溉条件。明清两代,官府以保漕为主,禁止农民私自引水灌溉,地方官员常参与调节济运与农业灌溉之间的水源分配。清《高邮州志》记载,闸洞之设,专为济旱减涨,应启即启,应闭即闭,务使民田有益,"塘之在邮境者,东西长八十里,各有斗门、石槎,涵洞数十处,水则西河、藉南河、北河以为之泄,旱则南河、北河藉西河以为之溉,地力尽而岁事登,旱潦不能为之害,此古高邮之水利也"。(高邮湖,通过里运河及其闸坝洞,灌溉里下河万顷农田,将水患变为水利)。

　　师:里运河的水是通过哪些装置滋养灌溉农田的?
　　生:通过水闸、水关、水洞。
　　师:同学们知道水闸是如何工作的?在农业灌溉中又发挥了怎样的作用?老师今天就一起带领大家解密水闸的工作原理。

【议学活动】

　　实验观察:向中间一支注射器内注水后,等待水面静止。上下拨动注射器,观察水面是否发生变化?

教师提醒同学们实验注意事项：1.缓缓向注射器中注入适量的水；2.若软管中有气泡,则需用手反复按压软管排出气泡。

生：向中间一支注射器注水后,发现水向其他两个注射器流动,等停止注水后,发现三支注射器中的水面是相平的。

师：目测是相平的,我们也可以借助直尺对比验证,当我们将注射器倾斜之后,请同学们注意观察,你发现了什么?

生：三支注射器里的水面仍然是相平的。

（设计意图：从观察实验现象中,激发学生的好奇心和求知欲,以及让学生学会用准确的语言描述自己所观察到的现象。）

观察给其他各种形状的连通器注水后的现象,同学们有什么发现?

生：不同容器里的液面仍然是相平的。

师：请同学们再对比观察一下,这些容器有怎样的共同特点?

生：它们底部是相通的。

师：物理学中把上端开口、下部相通的容器称为连通器。通过刚才的实验,同学们也观察发现了连通器的特点：当连通器中盛装的同种液体静止时,各部分液面总是相平的。生活中有些器具也属于连通器,请同学们想一想,有哪些?

生：茶壶,洒水壶,锅炉水位计。

【议学活动】

当向中间的高于其他两个的注射器持续加水,观察现象,想想我们可以采取怎样的措施防止这种现象的发生?

（设计意图：验证若壶嘴低于壶口,则向水壶中加水时,水从壶嘴溢出以至于加不满；同时也兼顾模拟由于地势高低差异,受重力影响,上游水向下游过量倾倒导致水患的成因。）

学生尝试实验并说出,可以用手捏住水管或者用利用工具鱼尾夹夹住水管。

师：生活中的水闸的作用就类似这个鱼尾夹,能够起到控制水流的作用。

【议学活动】

演示实验：利用水闸演示器,打开一级闸门,观察现象；再打开二级闸门,观察现象。请同学们思考：水闸什么时候打开,什么时候关闭?

生：当上游的水量过多时,可以开闸放水,这时候的水闸起到泄洪的作用。

生：在下游的农田需要用水时,就需要逐级打开闸门,向下游放水灌溉；在不需要用水时,我们关闭闸门,此时的高邮湖就是一个巨大的蓄水池。

（设计意图：利用现有器材形象生动地模拟出水闸在输水过程中所发挥的挡水防洪以及放水灌溉等控制水流水位的作用，在该过程中培养学生观察分析的能力。）

图片展示：高邮车二渠开闸放水的情景。

师：同学们可以观察发现，水闸两边的水面连成片，是相平的，所以，水闸实际上也是一种什么？

生：连通器。

展示高邮灌区的图片：高邮灌区通过运河东堤的 8 座闸洞，引运河水自流灌溉，经干、支、斗三级渠道灌溉农田，运河水通过子婴闸、界首小闸、车逻闸自流进入灌区，日夜流淌，滋养农田。

环节二：利用自然

子议题 2　灌区的农业有什么特点？

【议学情境】　高邮灌区湿地生态系统全貌

里运河的水通过各种闸、洞，有序地流向了高邮灌区。灌区的生态环境发生了改变，从以旱田为主的农田生态系统转变成了以水田、池塘为主的湿地生态系统。这一改变又引起了农业结构的改变——由较单一的陆生农作物种植变成了集陆生农作物、水生农作物种植和鱼虾蟹等水产品养殖的多元化产业结构。灌区还大力发展生态农业，促进经济发展的同时也保护了生态环境，使得灌区的野生动植物数量剧增。

图片展示：高邮灌区全景图。

师：这是高邮灌区全景图。请同学们比较一下，它和我们这边的农田相比有什么特点？

生：高邮灌区的水多。

师：高邮灌区的农业和我们这的农业有什么区别呢？

生：我们这以陆生农作物为主，灌区以水生农作物为主。

【议学活动】　区分常见陆生农作物和水生农作物

师：请同学们回忆一下有哪些常见的水生农作物？

生：莲藕、菱角、鸡头米、茭白、慈姑、大豆、水稻、莲子、荸荠、水芹。

师：老师也例举了一些常见的陆生农作物和水生农作物。刚才大家所说的是否都是水生植物呢？请同学们小组讨论一下，在学案上给出共案。

师：请小组代表举手，我请一位把你们的共案展示出来。

请一位学生代表在课件上把相应的植物名称拖动到相应的南瓜屋里：

陆生农作物——大豆、小麦、番薯、玉米、药芹；

水生农作物——水稻、莲藕、荸荠、菱角、慈姑、芡实、水芹、茭白、莼菜。

师：水稻是不是水生植物呢？下面我们看一段视频。

视频内容：水稻的生长环境——在幼苗期，水稻需要干燥的土壤，这样才能获得氧气。随着幼苗长大，水稻对水的需求量逐渐增加，但也不可长期浸泡，而要干湿结合。

生：水稻属于陆生植物。

师：但是水稻和普通的陆生农作物又有点特别，它的需水量在某一时期是比较大的。

（展示常见植物生活环境图片。）

师：这些植物分别是哪种农作物？

生：大豆、小麦、番薯、玉米、药芹；莲藕、菱角、荸荠、茭白、慈姑、芡实、水芹、莼菜。

（设计意图：以学生已有的生活经历切入课题，再通过小组活动区分常见陆生农作物和水生农作物，对于水稻的特殊性用视频加以解释，符合学生的认知规律。在此过程中，引领学生认识并了解农作物种类的多样性。）

【议学活动】 认识"水八仙"食用部位并区分所属结构

师：水芹是我们过年期间必备的一道菜。因为它的茎是中空的，又称"路路通"。刚才所展示的八种水生植物又称"水八仙"。陆地上有"八位神仙"，水中也有"八位神仙"，它们大多都在秋冬季上市，口味和营养兼具。它们是水乡人家餐桌传统美食，又称"水八鲜"。

师：这些植物我们主要食用的是它们哪部分结构呢？再次请大家观察桌面上"八仙"中的"七仙"。缺莼菜，因为它不在季节。

学生活动：观察"七仙"实物，小组交流讨论。（1分钟）

（图片展示："水八仙"生活环境图。）

师：请同学们对照实物和图片，说出它们的食用部位。

生：藕——地下茎；莲子——种子；菱角——种子；茭白——茎；荸荠——球茎；芡实——种子；慈姑——球茎；水芹——茎；莼菜——叶。

（设计意图：通过教师准备的"水八仙"中"七仙"的食用部位，让学生交流讨论出各植物食用部位所属结构。使学生了解到"水八仙"口味和营养兼具,是扬州等南方城市餐桌上常见的美食。)

师:高邮灌区不仅给我们提供了丰富的食物,还提供了很多观赏性的植物,如睡莲花。灌区除了给我们提供了这些丰富的资源外,它还具有什么价值呢?

(播放视频:《高邮灌区湿地生态系统的价值》。)

生1:丰富的浅滩湿地为各种动植物生长、栖息、繁衍提供了得天独厚的生态环境。

生2:野生动植物种类丰富,大约有500多种。

生3:形成了新的农耕模式,以稻鸭共生作为代表的复合生态完美诠释了天人合一的传统农耕思想。

生4:高邮灌区成了全国性的粮食主产区。

生5:灌溉工程为高邮的经济繁荣、社会安定、文化昌盛提供了强有力的物质支撑。

"里运河—高邮灌区"从蓄水、调水、漕运、配水到灌溉,协调运行,明显提高了水资源的利用效率,有助于维持区域生物的多样性,诠释了人与自然和谐共生的可持续发展理念,是我国巧妙利用河湖水系,合理调控河流湖泊的典范。

(设计意图:利用视频资料,引领学生全面了解高邮灌区湿地生态系统的价值。)

环节三:人与自然和谐共生

子议题3 人与自然的关系

【议学情境】

自然为人类的生存与发展提供滋养和必要条件。人与自然相互依存,共生共荣,这是一种动态中的平衡、发展中的协调、进取中的有度、多元中的一致、"纷乱"中的有序。人类开发和利用自然,必须遵循自然规律。如果我们对自然只是一味地索取,必然受到它的惩罚。生态兴则文明兴,生态衰则文明衰。

【议学活动】

辩论赛:说说你心中人与自然的关系是怎样的。

准备:将班级分八个小组,确定正反方。(每一个小组派一名代表发表己方观点。)

时间：5分钟。

正方：人类是大自然的主宰。

反方：大自然是人类的母亲。

生1：人类是现存于当今世界上最高等的一种生物。人类有一定的科技手段与科技方式去改造、利用大自然。使用大自然的资源，使人类的文明更加辉煌和灿烂，并且能及时地发现大自然因为某种原因而产生的问题，能及时地补救这些漏洞，所以我认为人类是大自然的主宰。

生2：大自然给我们提供了各种各样的资源，不尊重大自然就是不尊重母亲。

生3：首先主宰的意思是合理分配、合理处置。大自然提供给我们资源，人类处在食物链的顶端，有着聪明的大脑以及合理分配的能力。只有我们才能合理开发和利用大自然给我们的资源。我们合理利用资源，我们才能取得进步。如果我们不是大自然的主宰，大自然给我们提供自然资源，但我们不利用，我们也不会取得进步。

生4：大自然孕育了世间万物，如果没有大自然赋予我们的一些生存必需品，我们就无法在地球上生存。

师：那我们该如何与大自然相处呢？

生5：既要合理开发大自然，也要尊重大自然。

生6：人类与大自然是共生共荣的关系。

生7：我们应该在开发中保护，在保护中开发。

师：人与自然相互依存，共生共荣，一方面，我们要开发利用自然，自然为人类的生存和发展提供滋养和前提条件，人类离不开自然。另一方面，我们要尊重自然，保护好自然，如果我们不尊重自然规律，对自然一味地索取，必将受到自然的惩罚。生态兴则文明兴，生态衰则文明衰。建设生态文明就是造福人类。

生：让我们积极行动起来，携起手来，从现在做起，从身边的小事做起，把人与自然和谐共生的理念转化成日常生活中的行为规范，以自己的实际行动共建美丽家园、文明家园，共享健康的生活、清新的空气、清朗的天空！

(设计意图：本环节先通过辩论赛的方式引导学生辩证思考人与自然的关系，初步建立人与自然和谐共生的世界观，再由学生思考人文与自然的结合之妙。引导学生将人与自然和谐共生的理念贯彻到日常生活中。)

【教学反思】

新课程理念指引下的课堂教学不再是泾渭分明，而是各学科之间的相互融合,相互借鉴。我们三位上课教师在本次跨学科教学过程中,颇有感触。不同学科的教师互听、互评、互议,从截然不同的视角去审视所备学科,多个视角的碰撞与交汇会生成创造性的设计,使集体教研从"取众人之长",上升到"取众科之长"。在跨学科的教研活动中,我们可以从不同的视角去专注和审视自己的学科,开展多渠道的资源共享,促进自身发展的同时,更加贴近学生全面发展的需要。在本节课的教学中,我们紧扣"人与自然和谐共生"这一主题,以学生身边的鲜活素材创设教学情境,在学科任务驱动下,组织了图片欣赏、视频欣赏、观察、实验、辩论等学生活动,为学生营造了轻松愉快的学习环境,提高了学生的课堂参与度。

在本节课的教学中,我们还存在一些困惑。譬如:在跨学科教学目标的设计过程中目标定位模糊的问题,缺乏素养导向下的周密考量,无法真正做到将各学科的核心素养培育落实、落小、落细。今后我们需要加强对跨学科教学目标的基本特征、设计理路与呈现方式等方面的研究,以更好地引领"运河思政"跨学科教学活动的实践。

【教学点评】

1. 发展核心素养,体现育人价值。随着课程改革的深入推进,尤其是在以发展学生核心素养为育人目标的教育改革背景下,教学活动将越来越关注课程的综合性与实践性,强调综合育人功能的跨学科课程建设。跨学科融合教学,以整合学科关联内容为基础,通过打破知识内容界限和学科壁垒,培养学生综合的问题解决能力和创新的实践素养,这要求教师在教学活动中,应统筹校内外各种资源,探索多样化的学习实践,为学生搭建跨学科融合学习的空间。"立德树人"是当下教育教学的重要理念,对初中生而言,此阶段正是他们情感态度和价值观形成的关键时期,德育工作是每位学科老师教学的中心目标。因此在教学中教师需充分利用情感纽带,挖掘德育素材,凝结思政元素,渗透德育教育。在基础教育中,尽管有专门的思政教师为学生传授基本的德育知识,但是对于每门学科教师,都有责任去挖掘和发挥对应课程潜在的育人价值。本节课道德与法治老师、物理老师和生物老师以人与自然和谐共生为主题,通过设计一系列的精彩的课堂实践活动渗透思政育人理念,建立了三个学科间的横向联系,彰显出课堂教学的人文功能。这种文理结合的跨学科融合教学,不仅能培养学生多角度思考问题的能力,学生在一次次动手实践中也培养了学科的关键能力和核心素养。

2. 基于真实情境,立足学生思维。跨学科融合教学的教学情境应该是真实的,源自生活实践,立足于学生的思维特点,遵循学生的身心发展规律。唯有聚焦真实情境下的问题解决,才能更好地培养学生通过迁移和应用知识解决实际问题的能力,培养学生求真、求实的实践品格和创新素养。本课将思政、物理、生物有机融合,以人与自然关系为主线,通过改造自然、利用自然、人与自然和谐共生这三个环节,引领学生理解人与自然和谐共生的关系,并在日常生活中,做人与自然和谐共生的践行者。教师借思政育人价值对学生进行情感渗透,有利于培养学生科学的人生观、价值观和社会观,促进学科知识和核心素养的全面发展。

3. 关注学生表达,注重学习生成。传统的课堂学习过多地注重学科知识的讲练,忽略了学生个性化的思维情感和差异化的认知经验,难以真正触发学生的心灵感应和生命体验,也就谈不上实现学生全面而有个性的发展。唯有实施多样化的学习实践,带领学生走进跨学科融合的综合化学习空间,才能发展学生的个性特质、创造思维和综合能力。本课从运河十二景导入,通过学生分享、实验演示、分组实验、小组辩论等活动方式,达成良好的师生互动、生生互动,学生在体验式学习中,更加牢固地树立和践行"人与自然和谐共生"的理念。

(点评人:姚义桥　扬州市邗江区美琪学校)

第22课

共筑生命家园

——一条河,一座城,绿色发展促共生

授课教师:甘文兰(梅岭中学;道德与法治)

陶力越(扬州中学教育集团树人学校;地理)

教学目标

1. 通过对运河与扬州城关系的探索,理解人与自然相互依存、共生共荣的紧密关系,明确生态文明建设的重要性和紧迫性,增强生态文明建设的使命感和责任感。(人地协调观)

2. 通过对运河沿岸的探访,了解运河沿岸的整治过程,以及对三湾湿地公园的探访帮助学生理解绿水青山与金山银山之间的关系,从而明确走绿色发展道路的必要性。(政治认同)

3. 通过对大运河南水北调工程线上江都水利枢纽中心的探访,进一步理解经济发展和生态环境保护之间的关系,探寻走绿色发展道路的途径。知道坚持绿色发展,走生产发展、生活富裕、生态良好的文明发展道路的必要性;明确绿色发展道路是破解扬州发展困境的最佳选择;明晰实现中华民族永续发展的路径是绿色发展;通过对运河水质的检测及运河周边居民的探访,提升学生公共参与的实际能力。帮助学生把绿色发展的理念渗透到日常生活细节中。(公众参与)

教学重点和难点

1. 教学重点:如何坚持走绿色发展道路。

2. 教学难点:为什么要走绿色发展道路?(为什么绿水青山就是金山银山?理解经济发展与生态环境保护的关系。)

3. 重难点确定依据分析:九年级学生对绿色生活方式有所认识,但总体来说学生对问题的本质认识深度不够，且具有一定的片面性。对于解决这些问题的历史必然性、必要性、迫切性是认识不足的，对于问题的分析也容易有偏颇。

学情分析

九年级学生对于我国在快速发展过程中面临的人口、资源和环境问题是有所体验和了解的，对绿色生活方式和生态文明建设也有所了解，但总体来说，学生对人口资源环境问题的本质认识不够深刻，也具有一定的片面性。所以对于解决这些问题的历史必然性、必要性及迫切性是认识不足的，对于问题的分析也易走极端。同时，他们对人与自然和谐共生、走绿色发展道路的内涵把握不够准确，对"绿水青山就是金山银山"的理念，理解也不够深入。所有这些都表明，本节课不仅需要我们道德与法治课老师，同时还需要地理等学科的老师加入教学中来，进行学科融合教学。

融合教学分析

1. 融合学科：道德与法治、地理。

2. 融合依据：此过程中，思政教师组织建立了一个教师团队，将不同学科的教师组合起来，以便于在后续的教学过程中进行跨学科协同教学。在建立教师团队之初，对每个教师的专业领域进行清晰的界定和分工，以确保成员间工作的协调与合作。比如，第一组探究"运河与城市的昨天"项目，学生需要收集大量的史实资料，所以此部分内容就需要历史老师的参与和指导。事实证明，课前搜集资料环节有了历史老师的参与指导后，孩子们的效率大大提高了。第二组探究"运河与城市的今天"项目，需要对运河的水质进行检测，这需要化学老师的指导和参与，但是这项工作可以在课前和课外完成，因此，此部分内容最终以学生所提供的大量的图片和检测数据的形式呈现在了课堂上。关于城市循环经济、可持续发展等涉及地理学科的相关专业知识，无法通过视频、图片等方式帮助完成的，则请来地理教师参与课堂授课和探究的过程。这节课可以说对于跨学科协同教学？起到了很好的引领作用。这告诉我们，不是几个学科教师凑在一起完成一节课就叫跨学科，跨学科的形式可以有很多，可以不受时间和空间的局限，可以不流于形式，关键在于实实在在地通过多种途径引导和帮助学生完成对实施项目的探究。

教学准备

1. 成立梅岭中学小小运河长小分队。

2. 教师指导小小运河长小分队学生分三组，分别开展关于大运河扬州段的实践调研活动。详细了解大运河与扬州城发展之间的密切关系。

3. 确定各小组具体调研线路和地点，并联系相关单位争取对方的合作，以便帮助各小组学生顺利完成调研。

4. 教师收集信息，初步了解各组调研情况。

教学过程

总议题 一条河，一座城，绿色发展促共生

【导入新课】

[播放视频]《扬州是个好地方》旅游宣传片。视频结束时大屏幕显示：这，就是扬州。扬州是个好地方！

（设计意图：通过观看视频进一步增强学生爱运河、爱家乡的情感。）

环节一：扬州是个好地方——坚持人与自然和谐共生

子议题1 为什么说扬州是个好地方？

【议学情境】

[教师归纳] 是的，扬州是个好地方，2020年11月习近平总书记到扬州时，也发出过同样的感慨。

提问：扬州为什么能成为一个好地方呢？

[视频材料]《因运而兴》。

【议学活动】 学生观看视频

提问：从视频中你能发现扬州城的兴衰与大运河有怎样的关系？

[学生活动] 群答。

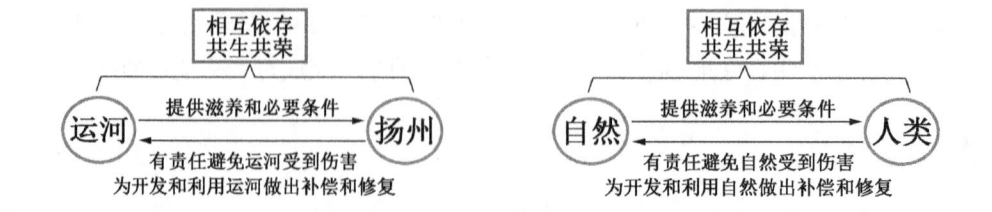

```
        相互依存                            相互依存
        共生共荣                            共生共荣
         ┌──┐                               ┌──┐
   提供滋养和必要条件                提供滋养和必要条件
运河 ←──────────────→ 扬州        自然 ←──────────────→ 人类
   有责任避免运河受到伤害              有责任避免自然受到伤害
   为开发和利用运河做出补偿和修复      为开发和利用自然做出补偿和修复
```

[学生活动] 共读教材知识点。

（设计意图：通过对大运河与扬州城的关系的探索，激发学生身为扬州人的自豪感，以及对扬州城的母亲河——大运河——的感恩之情。同时引出大自然与人类的关系，明确教材观点：人与自然是相互依存、共生共荣的。）

环节二：绿水青山就是金山银山——坚持绿色发展道路

子议题2 为什么说绿水青山就是金山银山？

【议学情境】
总书记到扬州的第一站是三湾湿地公园。（第一组同学调研路线）

【议学活动】
[学生活动] 第一组展示交流（3分钟左右）。

[学生疑惑] 为什么绿水青山就是金山银山？

[过渡] 这个问题涉及地理学方面的专业知识，今天我们很荣幸邀请了树人学校地理教师陶老师和大家共同探究学习。

师：为什么绿水青山就是金山银山呢？大家怎么看？谈谈你的想法。

[材料] 图片资料

材料一：扬州运河三湾风景区，大型生态人文景区。（旅游业的发展、自然旅游）

材料二：中国大运河博物馆，全称"扬州中国大运河博物馆"。（文旅融合、文化旅游）

材料三：扬州古运河水上旅游观光"穿梭巴士"，推动扬州全域旅游的高质量发展。

材料四：正在规划的"三湾漫街"。当"三湾漫街"和"大运河非遗文化园"建成开放后，不仅能给居民们带来吃喝玩乐购的新方式，提高幸福感，还将作为发展新"引擎"，推动南区成为更受扬州人青睐的宜居之地。（餐饮业、服务业、商业等都属于第三产业）

师：绿色发展实现了扬州的可持续发展，可持续发展的内涵是坚持走绿色发展道路的理论基础，很好阐释了"绿水青山就是金山银山"。（落实书本知识点：绿水青山与金山银山之间的关系）

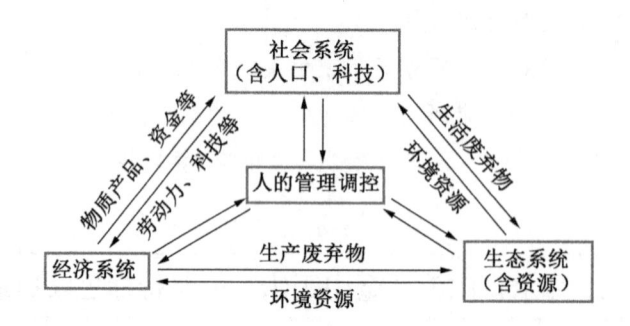

```
                    社会系统
                  (含人口、科技)
         物                           生
         质                           活
         产    劳                 环  废
         品    动    人的管理调控  境  弃
         、    力                 资  物
         资    、                 源
         金    科
         等    技
              等
      经济系统 ←—生产废弃物—→ 生态系统
                                  (含资源)
              ←—环境资源—→
```

（设计意图：通过运河水上游览线周边和湿地公园周边的建设、发展和规划，明确可持续发展的内涵。对比原来旧的发展方式和环境，引出走可持续发展之路、坚持绿色发展的必要性和重要性。提升学生公共参与能力的同时，增强学生的政治认同。）

环节三：确保一江清水向北流——坚持绿色发展道路

子议题3 如何确保一江清水向北流？

【议学情境】

总书记到扬州的第二站是江都水利枢纽，南水北调的源头。（第二组同学调研路线）

[学生活动] 第二组展示交流（3分钟内）。

[学生疑惑]

1. 为什么南水北调中线工程的水质比我们东线工程的要好很多呢？

2. 习近平总书记提出扬州要确保"一江清水向北流"，我们的困惑是该如何确保呢？

【议学情境】

总书记关心源头水质。（第三组同学调研，围绕大运河不同位置的水质进行调研和检测）

[学生活动] 第三组展示交流（关于运河水质情况的检测和调查）（3分钟）。

结论：水质有较大提升，沿岸居民非常满意，但是的确仍有很大上升空间。

再看第二组的问题：为什么东线水质不如中线？

[学生活动] 学生交流回答（给学生充分的讨论、发言机会）。

(设计意图：通过学生的调研,发现南水北调工程中东线存在的问题,引发学生思考东部地区今后该如何发展的问题(如何确保"一江清水向北流"?),也就引出了如何坚持绿色发展之路的问题。沿着习近平总书记的指示,学生在感受习近平总书记忧国忧民之情的同时,增强了大局意识,培养了大情怀、大格局。)

师：的确,这与我们东部地区经济较为发达以及前期经济发展方式不够科学合理有一定的关系。那么接下来我们该如何做才能确保"一江清水向北流"?请大家分别从政府、企业、个人三个不同的角度分小组讨论交流。

[学生活动] 学生小组讨论,交流回答。

(设计意图：通过学生的探究与交流,在尝试解决问题的过程中,明确教材观点：坚持走绿色发展道路。通过引导学生发现问题、探究问题、尝试解决问题的过程提升学生公共参与的能力。)

[教师总结][回归教材]

怎样走绿色发展道路?

(1) 要处理好经济发展与生态环境保护的关系,既要绿水青山,也要金山银山。(坚持原则)

(2) 坚持绿色富国,绿色惠民。(给予实惠)

(3) 大力倡导节能、环保、低碳、文明的绿色生产生活方式。(明确方针)

(4) 必须严守资源消耗上限、环境质量底线、生态保护红线。(守住底线)

[教师展示]

1. 扬州市2021年的具体做法。政府引导、立法(监督),企业主动配合搬迁、减排等行动成果。

2. 2022年扬州市政府工作报告。重点解读2022年规划第五部分生态建设第一条、第三条。引导学生针对第三条内容,为争创绿色学校建言献策。

[课后作业] 针对2022年市政府工作规划中有关争创绿色学校的内容,请为争创绿色学校献一策。

(设计意图：通过对扬州市的做法的展示,进一步增强学生爱祖国、爱家乡、爱运河的情感。引导同学们更加积极地参与到扬州保护大运河的行动中来。)

[教师总结]

市政府的规划非常明确：绿色发展就像一座桥梁连接着运河与城市,也连接着人类的过去与未来。只有坚持绿色发展才能实现运河与城市的同生共荣,也才能实现自然与人类的和谐共生。(结合板书)

结束语： 让古运河重生，是习近平总书记对扬州的殷切期盼。这不仅是扬州的历史使命，更是扬州发展的重大机遇。大运河是生态带、文化带、经济带。贯彻绿色发展理念，坚守保护运河底线。有了大家的共同参与，扬州一定能够实现与运河同生共荣，让好地方扬州"好上加好"！

【教学反思】

本课依托乡土资源，探索学科融合课程，以及大中小思政一体化教学实践的新样态。选择学生们最为熟悉的大运河与扬州城之间的关系，探索绿色发展道路。这是一节以运河为依托的思政课。

课堂围绕习近平总书记到扬州来的一系列重要指示；以运河为线，回首过往、审视当下、面向未来；以学生的实地探访调研为基础，用学生调研中提出的一系列问题贯穿课堂。在陪着学生一起调研的过程中，作为教师的我也是收获很多，深感这样的学习方式是高效的、实用的，也是真正有利于提升学生各方面能力的。备课过程收获很多：1. 融合课程并不是把不同的学科教师聚到一起共上一节课就行的，学科的融合必须要有实际的价值和作用，不能局限于形式。本节课做到了有价值的融合，因此无形中增强了课堂的实效。2. 大中小思政一体化的过程必须注意不同学段的衔接，如本节课需要高中地理的专业知识做辅助，于是便请来高中地理教师一起上课，但是备课过程中初中思政教师与高中地理老师经历了多次的商讨，最后做到把专业的知识适当通俗化，以便学生理解。3. "双减"之下学生的课业负担究竟减轻了多少？受课业负担的影响，家长对于这种探究式、活动化的学习形式恐怕一时还难以全部接受。如何改变家长在这方面的认识，是今后的一项重要工作。

【教学点评】

本课系甘文兰老师在扬州市大中小学"运河思政"融合课堂展示活动中的一节教学研究课，旨在展示"运河思政"的融合教学。本节课主要亮点如下：

1. 从教学目标达成方式上看，本课紧扣新课程标准设计基于核心素养的学习目标。通过一条河（大运河）与一座城（扬州城）之间的相互依存、共生共荣的关系，培养学生人地协调观，形成可持续发展的意识。组织学生沿着习近平总书记考察扬州大运河的足迹，课外参与扬州大运河的研究型调查学习，实践思政学科核心素养，提升公众参与能力。课堂上分角色扮演讨论扬州走绿色发展之路的具体措施，理解公众参与在绿色发展中的作用。以三湾湿地公园为例，深入探讨思辨性问题"为什么绿水青山就是金山银山"，理解保护大运河生态环境和历史文化遗产对促进扬州社会经济发展的重要作用；理解坚持走绿色发展之路的必要性；

潜移默化地渗透学生对国家大政方针政策的政治认同。

2. 从融合育人方式上看,这是一堂基于深度融合的教学。一方面紧紧围绕习近平总书记有关保护和传承大运河的重要讲话,另一方面有机融合思政课与地理课,通过地理教师讲解,解决思政课教学无法实现的教学内容。课外组织学生对大运河实践调查,突出研究型学习,改变传统的教学方式。学生课外实践调查中,不仅展示了所见所闻,还提出困惑。三个小组实践调查后提出的三个有思辨的问题,是思政教师课堂教学的主线。

3. 从主线教学方式角度来看,本节课实现了多条主线情境贯穿、巧妙结合。第一条是紧紧围绕习近平总书记的重要讲话组织课堂教学。第二条是紧紧围绕学生的调研实践开展教学,从学生的所见、所闻到所思、所惑。第三条是巧妙运用问题式教学法,课堂上让学生汇报调研成果,用学生提出的问题贯穿课堂。第四条是运河与扬州城的关系,以及扬州在保护运河方面所做的努力,凸显一条河(运河)与一座城(扬州)的联系。还联系扬州市2022年政府工作报告内容,突出扬州后续努力,教育学生共同参与。课堂板书设计也一样巧妙地突出了运河与城市之间的发展历史和密切关系,突出了走绿色发展之路的教学主题。这节课是一次非常成功的融合课程的探索和尝试。

(点评人:应爱民　扬州市梅岭中学)

第三篇章

春风十里路,绘运河发展之图

第23课

走进社会生活

——关注家乡经济建设,畅想霍桥发展蓝图

授课教师:刘　娟(广陵区霍桥学校;道德与法治)
　　　　　王义珍(广陵区霍桥学校;地理)
　　　　　吴　敏(广陵区霍桥学校;语文)

教学目标

1. 创设"探访南农北工格局"情境,通过学生实地考察、撰写调查报告等活动,让学生了解霍桥经济发展现状,分析影响霍桥经济分布格局的地理因素,让学生理解依靠科技,走绿色发展道路是霍桥城镇化建设的必由之路,树立热爱自然、践行绿色生活方式的责任意识素养。

2. 创设"喜见霍桥展新颜"情境,通过学生街头采访、诗歌创作等活动,让学生关注霍桥经济的发展,感受人民的幸福生活,激发学生对家乡的热爱之情。引导学生在参与社会实践的基础上,切实体验社会生活的丰富多彩,在社会实践中养成亲社会行为,以积极的态度参与社会活动,服务社会,奉献社会,实现自身人生价值,从而培养学生的公共参与素养。

3. 创设"探讨家乡发展路径"情境,通过学生现场辩论、小组合作等活动,让学生认识到霍桥镇的发展应利用自身资源优势,趋利避害,发挥农业工业各自优势,并且认识到走绿色发展之路,实现经济繁荣、生态良好、人民幸福,是实现霍桥镇城镇化的必由之路,从而培养学生的政治认同素养。

教学重点和难点

1. 教学重点:关注家乡经济建设,为家乡建设贡献力量。
2. 教学难点:正确认识工业与农业的关系,提高思辨能力。
3. 重难点确定依据分析:本课旨在鼓励学生主动关心社会,关注家乡发展,积极融入社会,倾力奉献社会,养成良好的行为习惯,塑造健康的人格,形成正确的价值观念。在教学中要引导学生看到经济主体多元化、利益需求多样化等社会生活中的问题,给予学生有针对性的指导,不断增进学生关心社会、关注家乡发展的兴趣和情感。理论联系实际,不仅是教学的生命线,也是突破教学难点、提高教学实效的重要手段。本课通过展示调查成果、播放采访视频、辨析、小组讨论等方法,努力使枯燥乏味的教学内容变得生动有趣,让教学难点在其乐融融的课堂氛围中被解决。根据班级里大多数学生的能力与情感,确定了大多数学生学习难点中比较突出的部分,着眼班级整体来定位教学难点。根据教学的总目标和主要内容,依据教材严密的科学体系及知识点间的结构,关注学生的认知规律和基础素养,确定教学重难点。

学情分析

走进社会生活、关注社会发展有利于学生养成良好的行为习惯,塑造健康的人格,形成正确的价值观念,获得他人的接纳和认可。大部分八年级学生已经形成对社会的正向认识,愿意参与社会生活,能够遵守社会公序良俗,乐于服务和奉献社会,其行为表现为具有良好的社会性。也有少数学生有参与愿望,但受交往能力限制和青春期闭锁心理的影响,有各种形式的畏难情绪表现。中学生的自我构建需求是其心理成长的迫切需要,需要我们提供专业的引领,帮助其认识和理解与社会的关系,进而知道如何在社会中成长。

在现实生活中,初中生对家乡经济的发展缺乏全面的了解,有些学生对于身边的发展变化了解得不够深入、不够客观。为使本节课上得有趣、生动、高效,结合本节课内容和学生的实际水平,采用采访、辩论、实地调研、小组合作讨论等方式,让他们了解家乡经济发展现状,畅想未来发展蓝图。一方面给学生更多自主学习和思考时间,传授学习方法,培养学生学习能力,另一方面通过情境的设置,进行正确价值观的引导和家国情怀教育。

融合教学分析

1. 融合学科:道德与法治、地理、语文。
2. 融合依据:初中道德与法治八年级上册第一单元以"走进社会生活"为主题,意在明确走进、认识、理解和参与社会生活是中学生成长为负责任公民的必由之路。通过引导学生基于自己的生活经验和情感体验,将其对社会生活的认识由感性上升到理性,基于这种理性认识,引导学生以积极入世态度参与社会事务、实现人生价值。本课通过实地调查走访霍桥企业、种植大户和居民,让学生了解了家乡经济发展现状,形成对"南农北工"发展格局的理性认识。融入地理学科,从地理位置、气候土壤、交通运输、人口分布等分析形成这种格局的原因。工农业经济的发展提高了老百姓生活质量,激发了学生对家乡的热爱。文学源于生活,语文老师带领学生现场共创一首热爱家乡的诗词。激情的朗诵再次将同学们对家乡的热爱推向高潮。学生以接班人意识、主人公的姿态开展了一场以工业发展还是农业发展为主要发展方向的辩论,思政老师引导学生形成共识,霍桥未来的蓝图必将是依靠科技创新,走绿色发展的新型城镇化发展之路。

教学准备

1. 课前成立学生调查小组,以迎春路为界分别探访霍桥南北发展现状,深入企业、大棚拍摄图片,形成调查报告;成立学生访谈小组,采访企业工人、社区居民、社区工作者和大棚种植户等,拍摄视频,收集相关素材。

2. 教师指导学生进行调查采访,整合课程资源,制作视频和课件。

教学过程

总议题 关注家乡经济建设,畅想霍桥发展蓝图

【导入新课】

接对联。

[老师] 上联:风声雨声读书声声声入耳

[学生] 下联:家事国事天下事事事关心

提出问题:这副对联告诉我们什么道理?

总结提炼:关心国家大事,关注社会生活。青少年如朝日初升,是祖国的未来,我们既要在学校读书又要在社会上学习,今天我们和大家一起走进社会生活,关注家乡经济建设,畅想霍桥发展蓝图。

(设计意图:本环节以对对联的形式导入新课,增强课堂教学的趣味性,提高学生的学习兴趣,调动学生学习主体性,引导学生关注社会生活,关心家乡经济发展。)

环节一：探访南农北工格局

子议题1　为何是南农北工格局？

【议学活动1】　走访调查，汇报成果

师：本周末，我们八一班分成两组，以迎春路为界分别调查了霍桥南北经济发展现状，下面有请我们调查小组代表上台展示他们的调查成果。

生1：我是北部小分队代表，我们调查了迎春路以北区域，我们发现：迎春路以北，主要以工厂为主，有扬力集团、太极集团、富欣笔业、荣鼎建设等几十家企业，形成了以汽车零部件、精密机械、电子电器为主的三大企业集群。请看我们拍回的照片（ppt展示图片）。我们还走访了部分企业，通过了解，仅扬力集团北厂区就解决了2000多人就业问题，年产值30个亿，为家乡的经济建设做出了巨大贡献。通过我们的调查发现：迎春路以北主要发展工业，工业的发展促进了霍桥经济的腾飞，为家乡经济贡献了巨大力量。

生2：我是南部小分队代表，我们调查了迎春路以南区域，我们发现：迎春路以南有大片的农田，主要种植传统农作物油菜、小麦等，还有大量的蔬菜大棚，种植西红柿、草莓、蘑菇、西瓜等。请看我们拍回的照片（ppt展示图片）。在调查过程中我们采访了西红柿种植大户，他一年种植两季西红柿，年收入可以达到十五万元。经我们调查发现：迎春路以南区域主要发展农业，形成了以传统种植和大棚果蔬相结合的新型农业，现代化的种植方式丰富了产品种类，提高了农民收入。

师：感谢两个小分队调查结果的分享，从他们的调查结果中我们发现，我们霍桥北部区域发展工业，南部区域发展农业，为什么会形成这种发展格局呢？有请地理王老师来给我们解答。

（设计意图：学生展示实地走访的照片和自己收集的材料，不仅让学生掌握了理论知识，还鼓励学生亲身体验，了解家乡发展现状，激发学生的学习兴趣，提高学生的学习欲望。播放学生拍摄的调查照片，使抽象的知识具体化，将教学重点更直观地呈现在学生面前。）

【议学活动2】　南农北工，格局探究

师：探究成因之前我们先来看一张表格，同时思考：从这张表格中你看出了点什么？（提示：注意横、纵坐标）

生1：市中心以商业、住宅为主。

生2：市中心土地的租金最高,越远离市中心土地租金越便宜。

生3：农业远离市中心。

师：从经济效益看土地的利用分配,自然是城市中心为商业、住宅区,郊区发展工业,农业则在更远离城镇的四周。所以从地理位置来看当然迎春河以北发展工业,南面发展农业更为合理。

师：都说"要致富,先修路",想要推动工业的快速发展必须得有便利的交通网,下面我们看图来感知一下霍桥便利的交通。(教师结合动态图片讲解霍桥便利的交通)

小结：快速路、省道、国道、高速、高铁构成了扬州通向外部各城市的立体交通网,而霍桥则处在这张网中最优势位置。

师：请同学讨论：还有哪些因素影响着工业的分布和发展?

生1：生产力。

生2：市场条件。

生3：政府规划和扶持。

生4：科技和高端人才的引进

……

教师结合霍桥地方特色加以补充,如：迎春河以北自划归为广陵产业园以来,政府不断投资,并给出很多优惠政策,以推动工业的发展。

师：农业生产一直都受自然条件的影响比较大,接下来我们就一起分析一下哪些自然条件影响着农业生产。(学生自由畅谈,教师适时补充)

生1：气候。

师：我们这里属于亚热带季风性气候,四季分明、日照充足、雨量充沛。

生2：地形、土壤。

师：霍桥属于江淮冲积平原,地势平坦、土地肥沃,适合种植水稻。

生3：水资源。(教师投影地图,学生直观、明了地感知)

……

师：霍桥真是个好地方! 这里土地肥沃、气候适宜、交通便捷,工农业齐头并进,蓬勃发展,成了一个有自己特色的新型城镇。感受到生活的美好与幸福,我们更情不自禁想要去夸一夸、赞一赞,下面请语文老师带领大家去赞美家乡,讴歌幸福。

(设计意图：动态图片、卫星地图、具体数据不仅能让学生明了"南农北工"的成因,同时又能激发他们因家乡优越的自然条件和可喜的发展势头而无比骄傲的热爱之情。看图分析、思考讨论、探究交流，多种方式趣味教学，避免了课堂的沉闷乏味。）

环节二：喜见霍桥展现新颜

子议题2　霍桥展现何样新颜？

师：喜闻霍桥工农业两花齐放，争妍斗艳。同学们心潮澎湃，诗兴大发。现在我们就共创一首《我爱她》，赞一赞我们的家乡，抒一抒心中的豪情。

【议学活动1】　街头采访，关注民生

师：文学创作源于生活。为更好地了解家乡面貌，了解百姓的生活，我们首先观看一段视频，聆听百姓的心声。

（设计意图：播放采访视频，引导学生关注社会，了解民生，为诗歌创作收集素材，让他们做到有感而发。）

【议学活动2】　聆听心声，畅谈感受

师：课前同学们分为四组分别采访了大棚草莓种植户、"运河人家"拆迁户、扬力机床工人和社区大学生村官。被采访者虽身处不同领域，但通过采访发现他们有哪些共同心声？

生1：赞美生活环境越来越美。

生2：工作越来越轻松。

生3：收入越来越高。

生4：百姓素质越来越高。

【议学活动3】　创作诗歌，赞颂新颜

师：请同学们结合采访和霍桥发展现状，分别从环境、农业、工业、政府四个方面小组合作进行创作。（要求：开头一句点题，尽量每句押 a 韵）

小组1：我爱她，爱她四季风景如画。

　　　　爱她几场春雨后门前屋后金灿灿的油菜花。

　　　　爱她夏日傍晚夹江里欢游的鱼虾。

　　　　爱她风吹稻浪，桂子欢唱。

　　　　爱她白雪覆盖下麦苗萌动的嫩芽。

小组2：我爱她，爱她田头农人的朴实无华。

　　　　爱那大棚下果农整垄，培育新芽。

爱那一串串成熟饱满的果瓜。

爱那皮肤黝黑的果农抱蔓摘瓜时咧嘴漏出的虎牙。

小组3：我爱她，爱她宽敞整洁车间的现代化。

爱她工人汗水的挥洒，把增产的重担扛下。

爱她科技提升产量，工人收入增加。

小组4：我爱她，爱她政府绘未来蓝图，构发展框架。

爱她公仆守正不阿，国尔忘家。

爱她带领全镇人民厚积薄发，建设小康之家。

村间小路，耄耋老人可以携手漫步夕阳之下。

师：我爱她，是我无论身处海角，抑或是天涯，

提及她就怒放的心花。

我爱她，愿为一砖一瓦，为她锦上添花。

我爱她，美丽乡镇——霍桥我的家。

【议学活动4】 反复吟诵，抒发豪情

1. 小组代表朗诵小组创作；

2. 教师范读全诗；

3. 全班齐读。

师：霍桥的经济发展蓬蓬勃勃，人民的生活红红火火，身为霍桥人我们非常自豪，作为接班人，希望她未来也能为我们骄傲。接下来有请政治老师和大家一起畅想霍桥未来发展蓝图。

（设计意图：聆听心声，畅谈感受，让同学们寻找创作切入口。小组合作，思维碰撞，激起更多的火花。各种形式的朗诵，激发他们对家乡的更深的热爱情怀，并激励他们进一步关注家乡，积极投身家乡建设。）

环节三：探讨家乡发展路径

子议题3 霍桥发展路在何方？

【议题活动1】 振兴之我见，工业 VS 农业

师：从刚才的诗朗诵中，老师感受到大家对家乡的浓浓爱意，爱她就要建设好她。

辩论：有人认为霍桥未来的发展主要靠工业，有人认为霍桥未来的发展主要靠农业。你认为霍桥未来的发展主要靠工业还是农业？

学生选择自己的观点，现场分成两组，小组讨论。

生1：工业对霍桥经济的发展起到了非常重要的作用，光一个扬力集团就贡献产值30个亿，解决周边2000多人的就业，这是农业无法赶超的，国家的富强靠工业，霍桥的发展也要靠工业，所以我认为霍桥未来的发展还是要以工业为主。

生2：虽然工业对经济发展贡献大，但工业的发展改变了农村原有的自然风貌，大片农田被征用，生态环境被破坏，金山银山不如绿水青山。

生3：发展工业好，生活条件会有很大改变，适龄老年人还可以进入社保，解决了养老的后顾之忧，所以我认为还是发展工业好。

生4：对方观点是错误的，拆迁建工厂，占用耕地，触发耕地红线，是得不偿失的。"民以食为天"，粮食是人类最基本的生存资料，农业在国民经济中的基础地位突出表现在粮食的生产上，如果农业不能提供粮食和必需的食品，那么人民的生活就不会安定，生产就不能发展。从这个角度讲，农业是安定天下的产业，我们绝不能只顾眼前利益、自身利益而不顾国家利益和安危。

生5：还是要大力发展工业，我们可以依傍支柱企业，整合小零件加工作坊，形成一条乡镇产业链，比如可以依靠扬力机床整合磨具加工产业，形成磨具加工产业链。

生6：我们可以依靠我们自身资源优势发展农业，霍桥西有运河，南有夹江，地处亚热带季风气候，有发展种植农业的得天独厚的地理优势。我们还可以开发夹江，发挥农村优势，发展生态旅游，小桥流水人家，野炊垂钓摘瓜，一样可以提高农民收入，还美化了环境，一举多得。

生7：科学技术是第一生产力，没有工业的现代化就没有农业的现代化。

生8：农业是基础，农业为工业的发展提供原材料，没有农业的发展，就没有工业的发展。

生9：工业的生产有污染，农业的生产也会产生污染，化肥农药的使用也会污染环境。

……

教师总结

从同学们的辩论中，我们可以发现单发展农业和工业都有利有弊，霍桥镇的发展应利用自身资源优势,趋利避害,发挥农业工业各自优势。走绿色发展之路,实现经济繁荣、生态良好、人民幸福,是建设霍桥镇城镇化的必由之路。未来的霍桥在我们共同努力下,不仅风光秀丽、天蓝地绿,而且是留得住乡愁、守望相助的生命家园。

(设计意图:小组合作探究,能激活学生的热情,培养社会责任感。通过辨析活动培养学生的思辨精神,教师的适时提问和点拨,优化了学生对知识的理解,帮助学生巩固基础,有效延伸课堂教学的知识点,真正实现省时、高效的课堂教学。)

【教学反思】

初中道德与法治作为初中生道德品质和法治观念培养的重要课程,以学生生活为基础,以引导和促进学生思想品德和法治素养发展为根本目的,立足于发展学生核心素养。核心素养作为一种知识、能力和态度,在如今教育改革中占有重要位置,代表了社会对人才培养的总体展望,要求在现代的教学中、在对知识的培养上提高学生的素养,然后再以高度的素养提高学习知识的能力,两者相互结合,相互促进,培养学生成为社会需要的人才。因此要上好中学道德与法治课,需要充分挖掘社会生活中的德育元素,运用现实生活素材的丰富内涵,探索课程新的"打开方式"。

毗邻运河和长江的霍桥社区,位于扬州市南郊,风景秀美,人杰地灵,民国时期素有"小上海"之称。2019年起,霍桥因为大面积拆迁,再次出现在人们视线,现在重磅规划终于完稿,一笔定江山,一座智慧新城即将横空出世。为引导学生对家乡经济的关注,进一步推进家乡城镇化建设,这节融合课首先由政治老师以对联"风声雨声读书声声声入耳,家事国事天下事事事关心"导入,激励学生从课堂走进社会。学生分组走访,通过调查发现霍桥形成"南农北工"的格局。接着地理老师通过动态图片、卫星地图、具体数据和学生分析了"南农北工"的成因,激起了他们对家乡的热爱之情。趁势语文老师带领学生们街头采访,"了解百姓生活,聆听百姓心声",以此收集创作素材,现场师生共创一首诗歌《我爱她》。通过朗诵,激发他们对家乡的更深的热爱情怀,并激励他们进一步关注家乡,积极投身家乡建设。随即政治老师辨析教学,和学生们一起探讨家乡发展路径。辩论现场创意层出,高潮迭起。最后,思政老师刘娟做课堂小结:工业和农业应相辅相成,走科技创新、绿色发展的新型城镇化发展之路。

现场生成不等于课前预设,三门学科虽完美融合,但"南农北工"成因分析时学生思维不够发散;诗歌创作虽有激情,但语言有待斟酌;现场辩论有些同学没有结合霍桥实际。这节课还有些值得我们打磨的细节。完美是一个追求,残缺也是一种美,它会一直激励我们精益求精。

【教学点评】

本节课精心设计教学情境,富有思维张力,起到了正确的价值引领作用。具有以下主要特点:

1. 充分挖掘乡土资源,构建教育载体。乡土资源是触手可及的,与学生朝夕相伴、如影随形,是一本活的"乡土百科全书"。在课前,教师引领学生走进家乡的生活,深入大棚、车间、社区,实实在在去观察体验、取材整理、讨论研究,在探索中培养了学生的实践探索能力。本节课做到了以教材为原点,以现实生活为导向,把对学生的态度、情感、价值观教育融入丰富的生活情境中来,让思政课鲜活起来,让生硬的理论知识化为熟知的情境,从而让学生学得轻松,懂得明白,实现乡土资源与教育课程的有机整合,达到"教育即生活"的目的。

2. 基于思政学科立场,统筹关联学科。跨学科学习是为改正过于细化和分离的分科学习,连通学生的知识与生活、学习与社会。但跨学科学习终归是有学科立场的,在实践中本学科不可被关联学科所取代。本节课"运河思政",基于初中道德与法治教材中"关心社会发展"的教学内容,取材家乡霍桥的经济生活,融入地理学科分析了霍桥形成"南农北工"格局的原因;融入语文学科的诗词现场创作,进一步激发学生对家乡的热爱。可以说,这节课做到了立足国家课程标准对现有教材内容进行重构,并同时融合现实生活情境与跨学科内容。

3. 有效实施任务驱动,践行学为中心。近年,扬州市广陵区深入推进课堂教学改革,构建"任务驱动、学为中心、讲授精要、当堂反馈"框架下的广陵中学课堂教学新样态。本节课中,三位上课老师为学生提供体验实践的情境和感悟问题的情境,围绕任务展开学习,改变学生的学习状态,使学生主动探究、实践、思考、运用。在本节课的学习中,同学们学习的主观能动性被充分激发,同学们观察生活、探访取材、研究讨论、创作诗词、现场辩论,在课堂上,我们欣喜地看到了农村学校的学生洋溢着的自信和阳光。

(点评人:王超 扬州市广陵区教育局教研室)

第24课

共享发展成果

——饮水思源：党领导下的江都水利枢纽工程建设

授课教师：周　霞（扬州市江都区第三中学；道德与法治）
　　　　　袁姣姣（扬州市江都区第三中学；地理）

教学目标

1. 创设"游览江都水利枢纽工程"情境，通过组织学生绘画江都水利枢纽整个水系图，讲述江都水利枢纽的位置，让学生能正确看待我国水资源国情，认清当前面临的危机与挑战，能深刻理解江都水利枢纽意义重大，培养学生的责任意识。

2. 创设"探访江都水利枢纽工程"情境，通过组织学生自主研究、讲述水利枢纽的故事等活动，使学生牢记党和国家的初心使命，感受一代代水利人争先、创新、坚守的精神底色，激发学生对家乡的自豪感，培养学生的政治认同。

3. 创设"世界水日"情境，通过组织学生寻找节水小妙招、写倡议书等活动，帮助学生培养珍惜资源、保护环境的意识和品质，树立人与自然和谐共生的基本理念，增强生态文明建设的使命感和责任感，培养学生的道德修养。

教学重点和难点

1. 教学重点：小组成员分工协作完成探访任务、整理资料、展示成果。

2. 教学难点：感恩党和国家，感谢水利人的付出，将节水落实到行动中。

3. 重难点确定依据分析：本节课的教学目标就是学生通过分组探访江都水利枢纽，通过探访"源"，使学生牢记党和国家的初心使命，感受一代代水利人争先、创新、坚守的精神底色，培养学生热爱家乡的情感，提升学生责任意识，增强学生节约水资源的思想意识和行动自觉。学生的自主探访是达成这些目标必不可少的前提，所以需要老师给予特别指导，学生们得以完成任务并在课堂上展示小组成果。学生们通过探访、交流、成果展示，才能从感知上升到情感，将节约用水内化于心外化于行。

学情分析

中学生处于人生的特殊阶段,处于生态文明价值观形成的关键期。当前,我校有部分学生在日常生活中还存在着浪费水资源的行为,在他们认知中,江都水资源丰富,取之不尽用之不竭,所以,他们在资源等方面的认知水平和行为选择能力,需要经过正确引领并促使其转化为建设美丽家乡、建设美丽中国的积极力量。随着学生年龄的增长和认知水平的提高,要把握资源国情和相关政策,应了解和学习党和国家有关生态文明建设的政策,课程与现实生活都对学生提出了更高的要求。

融合教学分析

1. 融合学科:道德与法治、地理。
2. 融合依据:学科融合的目的是统筹多学科资源,有效地解决问题,进而在问题探究的过程中全面培养和训练学生的学习能力和综合素养,更好地达成教育目标。从根本上来说,学科融合的实质是强调学生综合运用各学科知识,认识、分析和解决现实问题,提升综合素质,发展核心素养等。本节课的主题是江都水利枢纽,为了让学生感恩党和国家,感谢水利人的付出,需要地理老师从位置以及功能入手,让学生更直观、更宏观地理解这一工程作为南水北调东线工程的"源头"以及江苏省江水北调工程的"龙头"的独特位置、重大意义。

教学准备

1. 思政老师与地理老师相互沟通,形成对本次融合课堂的初步意见,并各自备课。
2. 地理老师要求学生上课带彩笔准备绘制江都水利枢纽水系。
3. 思政老师将全班学生分组并布置任务,学生们在思政老师的指导下按照小组任务,分工合作完成。

教学过程

总议题 饮水思"源","源"是什么?

【导入新课】

播放视频:《春江花都》。

师:同学们以前听过这首歌吗?

生:听过。

师：在哪里？

生：公交车上。

师：知道这首歌的创作背景吗？

生：不太清楚。

师：这是原江都市市歌。歌中唱道："春江花都，与水为邻，这里每一轮朝阳都水粼粼，……这里每一片热土都绿茵茵。"因为水，我们的月色好美；因为水，花红柳绿是那么迷人。

今天是3月22日，也是世界水日，我们这堂课就来饮水思"源"，说一说南水北调东线工程的源头——江都水利枢纽。江都水利枢纽是国家南水北调东线的"源头"工程，也是江苏省江水北调的"龙头"工程，工程位置独特，意义重大。

（设计意图：《春江花都》是原江都市市歌，学生边听音乐边欣赏江都风景，感受江都因"水"而美，人民生活因"水"而美好，初步激发学生对水的感恩之情。）

环节一：初识

子议题1 画"源"

【议题活动】

地理老师带着学生画江都水利枢纽水系图，并讲述江都水利枢纽的位置及意义。

（设计意图：学生跟着地理老师一起画江都水利枢纽水系图，学生们一边听地理老师讲解江都水利枢纽工程各泵站的位置，一边画着水系图，并用不同颜色水笔标识，能更直观、更宏观地了解江都水利枢纽的位置，了解工程位置独特，理解工程建立的重大意义。）

环节二：探访

子议题2 寻"源"

【议题活动】

师：水，是生存之本，一江清水向北流，流淌出了一条绿色"生命线"，这条生命线上镶嵌着一颗"江淮明珠"——江都水利枢纽工程。

运河扬州段整治之前只能称为"小运河",随着江都水利枢纽、南水北调东线工程陆续建成,扬州运河才真正称得上是"大运河"。

我班同学分小组从不同视角探访了这个"源头"——江都水利枢纽,现在请每组代表上台与我们分享。

第一组展示：

代表1：同学们好,我们第一小组对江都水利枢纽的建立初衷进行了探访,这是我们收集的影像资料。淮河是我国主要河流之一,历史上,黄河多次夺淮,水患不断。1931年,京杭大运河决堤,成为里下河水乡人民的噩梦。二十世纪五十年代,淮河流域又遭遇历史罕见的特大洪水。毛泽东主席作出"一定要把淮河修好"的重要指示,党中央、国务院作出了新中国第一次大规模治理淮河的重要部署,江苏迅速掀起了治淮高潮,兴建了一大批治淮防洪骨干工程。

代表2："南方水多,北方水少,如有可能,借点水来是可以的。"1952年,毛泽东视察黄河时提出了南水北调的伟大设想。为有效解决苏北地区的缺水问题,二十世纪五十年代,江苏制订了"扎根长江,江水北调,引江济淮"的江水北调规划。江都水利枢纽作为江水北调的龙头工程,第一座泵站于1961年开工建设,至1977年4座泵站全部建成。

代表3：刚才袁老师提到江都水利枢纽工程具有巨大功能,半个多世纪以来,里下河地区旱涝保收、物阜民安。2020年11月13日,习近平总书记考察江都水利枢纽时也提到"南水北调,我很关心。这是国之大事、世纪工程、民心工程"。

我们小组经过探访水利枢纽建立初衷,认为：饮水思"源",党和国家坚持以人民为中心,我们要感恩党和国家。

第二组展示：

代表1：同学们好,我们第二小组在探访江都水利枢纽时,找到了这些老照片,老一辈水利人肩挑人抬,用最原始的方式开垦了举世瞩目的江都水利枢纽工程。

代表2：这是我校黄佳禾的爷爷,他是老水利人,我们小组采访了黄爷爷,他告诉我们,将长江水调到黄河,有30多米的高差。当调到微山湖地区时,就有28米左右的落差,相当于9层楼的高度,其难度可想而知。那时,新中国正遭遇经济最困难时期,要不要建设这个大型抽水站?能不能让长江之水往高处流?会不会产生海水倒灌等负面效应?

代表3：20世纪60年代初建设这样一个大型抽水站,国内没有现成图纸,从国外也没法搞到资料,生产厂家没有制造过大型机泵设备。很多创造和尝试都是第一次!江都抽水站是新中国成立后我国第一座自行设计、自行建造、自行安装的大型抽水站。1982年,江都水利枢纽被国家质量鉴定委员会评为全国第一个水利建设优质工程。

代表1:我们小组经过探访认为:饮水思"源",我们不能忘记老一辈水利人的实干和创新精神。

第三组展示:

代表1:同学们,大家猜一猜我手中拿的是什么?这是我们小组在探访江都水利枢纽时发现的,它珍藏于江都管理处第四抽水站党员之家,被称为"红宝书"。我们也拍摄了这样一个视频。

代表2:笔记虽已泛黄,墨迹却依旧清晰,从1977年建站至今,每一次开停机,每一个故障解决的过程都被认真完整记录,文字一旁,手工绘制的元器件图,堪比如今的计算机CAD制图。"红宝书"是党员们的传家宝,见字如面,翻阅当年老党员手写的维修记录,看到了他们的匠心。

代表3:现如今,江都水利枢纽人加快推进精细化、智能化管理,走出了大站工匠们的新时代传承之路。水泵安装精度以0.01毫米为单位,开启机组细化为56个步骤,水泵维修细分为96道工序,研发了智能巡检机器人、智慧感知系统,打造智慧资料室、物料间,生动丰富了智慧泵站的内涵,江都水利枢纽人始终带着一颗匠心勇往直前。

代表1:我们小组经过探访认为:饮水思"源",新一代水利人传承工匠精神,精益求精、不断创新,感染着我们。

第四组展示:

代表1:同学们好,刚才三个小组对江都水利枢纽的建立、运行做了介绍,我们第四小组对江都水利枢纽的管理做了探访,这是我们整理的资料。江都水利枢纽依法划定所辖水利工程管理范围,布设界桩、告示牌、分界牌,完成划界确权工作。

代表2:水利枢纽站积极推行"走动式管理",建立站闸联动执法巡查机制,开发运行移动巡查系统,加强汛期巡查清障,强化涉水建设项目监管,维护平稳水事秩序。确保工程设施完好、预案措施到位,汛前检查工作得到厅检查组好评。

代表3:加强水文测报工作,及时准确发送信息,掌握水情工情动态。江都水利枢纽站每年还紧扣"世界水日""中国水周""国家宪法日",创新形式开展活动,营造依法治水管水浓厚宣传氛围。

江都水利枢纽坚持依法管理,切实增强治水管水能力,饮水思"源",我们感谢所有水利人的付出。

(设计意图:全班同学分成五个小组,每个小组负责一项任务。小组成员明确分工,相互配合,共同完成汇报工作。这一安排体现了学校教育与社会实践活动相结合,有助于学生观察、分析、解决问题的能力以及人际交往、团结协作能力不断提升。第一组的同学需要探访江都水利枢纽建立的初衷。小组成员借助老师、家长等关系联系江都水利枢纽相关人员,查阅相关资料,整理成报告——江都水利枢纽的建立源于党和国家坚持以人民为中心的发展思想。第二组同学探访江都水利枢纽建立的艰辛。小组成员黄佳禾采访了自己的爷爷(一名老水利人),爷爷回顾在国内没有现成图纸,从国外也没法搞到资料的情况下,老一辈水利人肩挑人抬,用实干用创新啃下难啃的骨头。第三组同学通过探访江都水利枢纽,找到了珍藏在党员之家的"红宝书"。借助虽已泛黄但墨迹依旧清晰的"红宝书",以及最新研发的智能巡检机器人、智慧感知系统,学生们感受到了新时代水利人对工匠精神的传承。第四组的同学对江都水利枢纽的管理做了探访,并且收集了一些材料。通过呈现材料,向学生们展示了每个江都水利枢纽人各司其职,在自己的岗位上默默付出、默默坚守。)

环节三:践行

子议题3 护"源"

【议题活动】

师:亲爱的同学们,我们探访了江都水利枢纽,从建立到发展到管理,从党和国家到每一个水利人,无不践行水利初心,牢记一江清水北上,守护人民群众生命财产安全。那我们能做哪些事情呢?今天是世界水日,第五组的同学也对我们日常用水情况做了一个小调查。有请第五组代表上台。

第五组展示:

代表1:同学们好,我们第五小组对我班学生、我校学生、各自家庭以及社会人员用水情况做了一个观察,总体情况还是不错的,但也发现了一些问题,汇总如下:

1. 班上有同学倒水太多,只喝了一点,其余倒掉。

2. 厕所旁边水池,有的学生洗手后没有拧紧水龙头。

3. 家里洗完衣服后的水直接倒掉。

我们小组合作制作了倡议书,还希望同学们响应。

倡议书

亲爱的同学们:

水是生命之源,是万事万物赖以生存的基础。长期以来,人们认为水是"取之不尽,用之不竭"的,没有意识到节约用水的重要性。事实上,全世界的淡水只占所有水资源2.5%,而可以饮用的淡水只有0.26%,世界80个国家正面临着水危机。

我国人均水资源拥有量不足世界平均水平的1/3,属于水资源紧缺的国家。目前全国2/3的大中城市面临缺水,水危机已经严重制约了人类的可持续发展。水资源不足始终困扰着也牵动着每一个人的心。

为建设节约型校园,提高节水、保水意识,我们向大家发出倡议:

一、充分认识节约用水的重要性和紧迫性,提高节水意识。

二、树立正确的用水观念、科学的用水态度和合理的用水方式。

三、用水时避免大开水龙头,减少水的流量;用完水后要及时拧紧水龙头,避免长流水现象。

四、节约淋浴用水,缩短淋浴时间;对于用水量较大的绿化及生活用水提倡一水多用。

五、依靠科学提高对水资源的充分、反复利用。

六、遇到有浪费水资源现象,及时制止;发现水管有漏水现象,及时向有关部门反映。

七、宣传节约用水,做到身体力行,带动身边的人共同参与节约用水。

[教师] 在南水北调的源头,江都水利枢纽人一次又一次目送一江清水北上。同学们,我们也行动起来吧,从我做起,让节约用水的绿色情怀填满我们的心房!

(设计意图:第五组的同学先各自观察学校、班级、家庭用水情况,并整理成书面材料。小组成员再汇总存在的问题,分析存在这些问题的原因,并共同讨论制作完成倡议书。提升学生观察问题的能力、反思的精神,以及解决问题的能力,增强社会责任感。)

【教学反思】

本节课为"活动—体验型"课,思政老师课前将全班学生分成小组,从不同视角探访江都水利枢纽,学生们根据老师分配的任务,参与社会实践、分工协作、发挥团队力量,共同完成目标。在这个过程中,学生们拓宽视野,提高分析问题解决问题的能力,更是探究了江都水利枢纽背后党和国家以人民为中心的发展思想、水利人牢记一江清水北上的初心,从而更深刻理解饮水思源的"源"。课堂上,第一个板块是地理老师带着学生画江都水利枢纽水系图,并讲述江都水利枢纽的位置及意义。学生们结合地理老师讲授内容以及自己课前对江都水利枢纽的探访,不仅对江都水利枢纽工程的重大意义有深刻理解,更重要的是更能理解党以人民为中心的发展思想以及水利人的水利初心,有了这些理性认知和情感铺垫后,学生们再将节约用水的意识落实到行动中外化于行就水到渠成了,本节课将读万卷书与行万里路结合,体现了知行合一。

【教学点评】

1. 活动式体验教学,促进学生核心素养的养成。所谓活动体验式教学指教师在认真研究教学内容、深入了解学生生活经验和学习需求的基础上,通过建构和实施具有教育性、参与性、互动性、自主性、创造性、操作性的学生主题活动,从而促进学生心智发展的一种教学基本方式。对活动体验式教学的理解归结起来主要包括:教师的导引、学生的活动体验、师生的感悟交流这样三个方面,即以"活动"为中心的一种学习方式,促进学生知识、能力、情感态度、价值观的发展,促进学生核心素养的养成。本课第二环节"探访"和第三环节"践行"中,老师将学生分成五个小组,第一组同学探访江都水利枢纽建立的初衷,懂得了江都水利枢纽的建立源于党和国家坚持以人民为中心的发展思想。第二组同学探访江都水利枢纽建立的艰辛,知晓了老一辈水利人肩挑人抬,用实干用创新啃下难啃的骨头。第三组同学通过探访江都水利枢纽,发现了珍藏在党员之家的"红宝书",感受到了新时代水利人对工匠精神的传承。第四组同学对江都水利枢纽的管理做了探访,观察到每个江都水利枢纽人各司其职,在自己的岗位上默默付出、默默坚守。第五组的同学通过观察日常学校、班级、家庭用水情况,汇总存在的问题,并共同讨论制作完成倡议书。从老师布置任务到学生自主探访到课堂上交流分享,提高学生的综合实践能力和搜集、处理信息的能力,培养学生"自主、合作、探究"的学习方式,整个过程促进学生政治认同、科学精神、法治意识以及公共参与等素养的养成。

2. 本土资源的巧用,促进学生家国情怀的塑造。随着新一轮课程改革的逐步推进,课程资源的开发利用问题越来越受到教育界的广泛关注,而本土课程资源是课程资源的重要组成部分。俗话说"一方水土养一方人",因而教育好一方人,就要用好一方土。本土课程资源是思政课最肥沃的土壤,因为它更贴近学生,因而也就具有更大的感染力和说服力，具有其他课程资源所不具备的特殊功能。本课的授课对象是江都区第三中学的八年级学生，江都水利枢纽工程地处扬州市江都区，位于京杭大运河、新通扬运河和淮河入江尾闾芒稻河的交汇处，是中国南水北调工程东线的起点。新中国成立后，毛泽东主席发出"一定要把淮河修好"的号召，在周恩来总理的直接关怀下，江都水利枢纽工程终于在1961年12月挥开了第一锹土。它具有灌溉、防洪、排涝、引水、航运、发电以及为江苏沿海冲淤保港、改良盐碱地提供淡水资源等综合能力，为国民经济和社会事业的健康发展做出了巨大贡献。本节课老师引导学生分组探访江都水利枢纽，通过探访"源"，使学生牢记党和国家的初心使命，感受一代代水利人争先、创新、坚守的精神底色，培养学生热爱家乡的情感，提升学生责任意识，增强学生节约水资源的思想意识和行为自觉。本土课程资源，是学生成长的根基，让本土文化登台，汲取本土文化精华，充分发挥本土文化资源在思政学科铸魂育人中的特殊功效，还可以引起社会各界对本土资源的传承和保护意识，以本土文化润泽思政学科的育人工作。

3. 多种元素的融合，促进学生课堂参与的活力。一是跨学科的融合。在第一环节"初识"中，由地理老师袁姣姣带着学生画江都水利枢纽水系图，并讲述江都水利枢纽的重要作用。学生跟着老师一起画江都水利枢纽水系图，更直观、更宏观地了解江都水利枢纽位置，了解工程位置独特，理解工程建立的重大意义。相对于单一的学科教学，学科融合能够促进学生综合素质的发展，这里所指的学科融合是指在承认学科差异的基础上，不断打破学科边界，促进学科间的相互渗透和融合，这是学科融合成为教学改革方向的重要原因。二是教学方式的融合。导入新课时，老师以江都美景图片为背景，播放歌曲《春江花都》，会唱的同学一起跟唱。《春江花都》是描绘江都的歌曲，学生边听音乐边欣赏江都风景，深深感受江都因"水"而美，人民生活因"水"而美好，激发了学生的家乡自豪感，也引领了课堂教学渐入佳境。第一环节"初识"由地理老师带领大家画江都水利水系图，有老师讲授也有学生参与。第二环节"探访"由每组学生代表上台与同学们分享交流，主角就是学生。课堂最后以为建设节约型校园，提高节水、保水意识，制作倡议书的形式结尾，有了前面教学活动的铺垫，学生们适时发出倡议，学生参与的热情非常高，不仅活跃了课堂气氛，更推动了学生将节约用水的意识落实到行动中。

（点评人：丁玲　扬州市江都区教育局教研室）

第25课

关心社会发展

——寻运河工业旧址，议槐泗振兴之路

授课教师：蒋春慧（扬州市邗江区美琪学校；道德与法治）
　　　　　童　剑（扬州市邗江区美琪学校；语文）
　　　　　方　超（扬州市邗江区陈俊学校；历史）

教学目标

1. 创设"因运而兴"情境，通过现场考察、提问等活动，引导学生说出运河沿岸适合发展的产业，初步培养学生关心家乡发展的意识，培养学生的政治认同素养。

2. 创设"因运而变"情境，通过设疑、采访、解惑等活动，帮助学生了解运河沿岸整改的原因，增强学生对家乡建设的认同感和对社会环境的适应性，培养学生的政治认同和健全人格素养。

3. 创设"因运而新"情境，通过闯关、畅谈、直播等活动，帮助学生了解家乡对运河工业旧址再利用的发展规划，引导学生为家乡振兴出力，增强学生对家乡建设的责任感，培养学生的责任意识素养。

教学重点和难点

1. 教学重难点：为家乡振兴出力。

2. 重难点确定依据分析：本课旨在帮助学生了解槐泗借助大运河"兴""变""新"的全过程，引导学生为家乡振兴出力。"知、情、意"最终要落实在"行"上，所以将如何为家乡振兴出力设为重点。另外，八年级学生由于其知识储备和生活经验的局限，对家乡发展关心较少，为家乡振兴出力的觉悟较低，所以也将此设为教学难点。

学情分析

在知识储备方面，小学阶段已经学过关于家乡发展的相关内容，并要求学生能够通过社会调查了解家乡的变化,结合本地发展尝试提出建议;在生活经验方面,八年级学生已经具备了参与社会生活的基本经验,能够初步认识到关心家乡发展的重要性,为家乡建设出力的主人翁意识觉醒。但由于八年级学生走进社会的机会较少,对家乡的关心不足,对乡村振兴更是一知半解,所以本课的开展有一定难度,需要进一步引导学生,让学生边走、边学、边思考、边探索、边发现,让学生在"沉浸式"体验中,增强发展家乡的责任感和使命感。

融合教学分析

1. 融合学科:道德与法治、历史、语文。
2. 融合依据:本节课以运河工业旧址为载体,探索槐泗振兴之路。因此,我们首先应该在历史老师的带领下,了解运河沿岸工业发展的历史。其次,思政老师组织学生采访,分析运河沿岸船厂和砂石厂等企业被拆除的原因,引导学生得出"绿水青山就是金山银山"的结论。最后,思政老师组织学生闯关,了解槐泗再利用运河工业旧址的规划;语文老师则利用专业知识引导学生选择槐泗特产,设计有吸引力的解说词,为家乡振兴出力,从而落实学科育人的目标。

教学准备

1. 学生课前了解大运河槐泗段和乡村振兴的有关知识。
2. 教师课前准备好研学资料卡、研学任务卡和相关课件。
3. 教师课前设计好研学路线和任务。
4. 教师课前制作好横幅,联系好客车和乡村振兴馆的相关人员。

教学过程

总议题 走访运河沿线,感悟乡村振兴

【导入新课】

材料一:《大运河扬州段文化遗产保护条例(征求意见稿)》第三章第三十一条第二款规定:鼓励依法利用大运河扬州段历史遗留的工业设施,发展文化创意、科技研发等新型产业,推动工业遗产的活化利用。

材料二:党的二十大报告指出,"全面推进乡村振兴","加快建设农业强国,扎实推动乡村产业、人才、文化、生态、组织振兴"。

提出话题：分析大运河资源与槐泗乡村振兴的关系。

总结提炼：槐泗东临大运河，是一座与大运河同生共长的千年古镇，在其发展历程中，应借助大运河资源，实现自身振兴。

（设计意图：本环节通过链接相关材料，帮助学生了解研学课开设的背景，从而进入研学状态。）

环节一：因运而兴

子议题1 运河沿线适合发展什么产业？

【议学情境】 槐泗镇地图
【议学地点】 大运河扬州市槐泗段沿岸

师：槐泗镇坐拥九公里长的运河岸线，适合发展什么产业呢？

生：水产养殖业、船舶修造业、旅游业等。

教师总结

得天独厚的地理优势为槐泗的水产养殖业、船舶修造业、砂石建材业等的兴起提供了便利。运河沿岸的工业迅速发展起来，为槐泗的经济发展做出很大的贡献。

师：但正是这样一些有着举足轻重地位的企业，在2014年却面临着拆除、关闭的命运，这是怎么回事呢？

（设计意图：本环节从槐泗镇的地理条件出发，引导学生自然而然地说出位于运河沿岸的槐泗镇适合发展哪些产业，这些产业给本地的发展做出了什么贡献。在一问一答中，初步培养学生关心家乡发展的意识。）

环节二：因运而变

子议题 2　运河沿线工厂为什么被拆除？

【议学情境】　船厂拆除前后对比

拆除前：

拆除后：

【议学情境】　大运河生态文化公园

师：为什么这些为槐泗经济做了贡献的企业会被拆除、关闭呢？整治后的运河沿岸又发生了什么变化呢？让我们带着这些问题，以小组为单位，采访周边居民。

【议学活动】　我是小记者

学生分组进行采访。

生：请问运河沿岸的船厂、砂石厂等企业为什么会被拆除？

村民：我觉得有两点原因：第一，船厂在生产过程中会向河里排放污水，污染水资源，影响生态；砂石厂会产生灰尘，运送砂石的大客车会压坏路面，并产生轰鸣声，给周围老百姓的生活带来困扰。第二，扬州市启动了"七河八岛"湿地建设，大运河槐泗段正好处于这一区域。槐泗镇政府对运河沿线环境进行了综合整治,将沿大运河西岸的槐泗镇九公里范围内的所有企业陆续拆除、关闭。

生:拆除后的运河沿岸发生了什么变化?

村民:首先,水变得更清澈了。其次,对周边村民的影响没有了。另外,拆除后政府兴建了一座大运河生态文化公园。现在,我们茶余饭后都喜欢来这里逛一逛,幸福感也提升了不少。

师:为了恢复运河沿岸的自然风光,这些企业都被拆除了。我们可以发现,在我们的身后还遗存着一个老旧的船厂和一个龙门吊,仿佛在提醒我们,这里曾经是一个"繁华之地"。槐泗镇政府的这番操作,我是不是可以认为环境保护比经济发展更重要呢?

【议学活动】

辩论:环境保护和经济发展哪个更重要?

学生分小组进行讨论。

生:环境保护更重要。环境是我们赖以生存的基础,经济发展应该建立在环境保护之上,如果为了一时的经济发展而破坏生态环境,那么产生的后果是难以想象的。经济发展应该和环境保护相协调,否则,就像这些船厂一样,虽然对经济增长有贡献,但还是会被拆除。

教师总结

以牺牲环境为代价换取一时的经济增长是不可取的。我们宁要绿水青山,不要金山银山,绿水青山就是金山银山。乡村振兴,生态宜居是关键。

师:不可否认,产业振兴也是非常重要的。接下来槐泗该怎样继续借助包括船厂在内的运河工业旧址"于变局中开新局"呢?

(设计意图:本环节通过设疑、采访、解惑等活动,调动学生的积极性,让学生在"沉浸式"的体验中得出"在乡村振兴的过程中,生态宜居是关键,不能以牺牲环境为代价换取一时的经济增长"的结论,激发学生对家乡建设的认同感。除此之外,在这一过程中,学生的社会交往能力、语言表达能力等也得到了提升。)

融动的思政课 ——"运河思政":跨学科协同课堂教学设计

环节三:因运而新

子议题3 槐泗怎样在振兴的道路上创新利用运河工业旧址?

【议学地点】 槐泗镇乡村振兴馆

师:振兴馆内展示了近几年来槐泗镇在乡村振兴五个方面所做的一些努力。其中,有些跟大运河相关。在这里,老师发布一个任务,请看大屏幕:槐泗镇如何创新利用运河工业旧址,打造振兴之路呢?请同学们以小组为单位,深入馆中,寻找答案。然后进行分组汇报。开始你们的行动吧。

【议学活动】

乡村振兴馆闯关:槐泗镇打算如何创新利用运河工业旧址,打造振兴之路呢?

学生分组寻找答案。

生1:槐泗镇接下来想利用"运河文化"牌、"帝王文化"牌、"槐文化"牌,打造一个运河文化体验区,将重现康乾下江南的盛景。

生2:槐泗镇接下来还想打造一个运河工业遗存展示区。就是以"保存工业遗存,传承工业文脉"为设计理念,将原邗江化肥厂、邗江二农机工业遗存营造成具有鲜明时代特色的工业遗存展示区,旨在开启小镇尘封记忆。

生3:槐泗镇将利用原松川船厂老厂房及保留下的用于船舶制造的龙门吊,打造大运河沿线的大运河船舶文化展示馆。展馆将通过先进的灯光互动效果、特色的艺术表现形式和先进的多媒体视觉技术等,形成一个集展示、科普、教育、体验等为一体的平台。

生4:槐泗镇还将利用"槐泗三宝",打造运河乡村旅游体验区。将资源整合,辅之必要的基础设施,打造一个集健身康复、购物采摘、船上民宿、工艺体验、农家体验等内容为一体的乡村旅游体验区。

师:作为槐泗镇的接班人,我们中学生能为槐泗的振兴做些什么呢?

生:(1)我们可以努力学习,学成之后归来,造福家乡。

(2)我们可以从现在做起,从小事做起,保护生态环境、节约资源。

(3)我们可以多宣传自己的家乡,扩大家乡的知名度。

师:俗话说,说得好不如做得好。今天在课堂上,老师给大家创造了一个机会,让我们为家乡振兴做点实事。

【议题活动】 畅谈家乡特产

师:同学们,我们的家乡槐泗地处运河之滨,人杰地灵、物产丰富,大家知道这里有什么特产吗?

生:杨氏猕猴桃、高粱酒、槐蜜、大米……

师:当下正值烟花三月旅游节,全国各地的朋友们都慕名而来,如果他们来到咱们槐泗想购买一些特产,你最想为他们推荐什么呢?说说你的理由。

生1:我最想推荐的杨氏猕猴桃,因为我们这里的猕猴桃营养价值很高,口感甘甜、多汁,大人小孩都能吃。

生2:我最想推荐的是我们本地高粱酒,我们的酒是采用古法酿制,味道醇正,是我们的非物质文化遗产。

生3:我也想推荐高粱酒,美酒寄乡愁,喝我们的高粱酒能够让人们想起自己的故乡,能够一醉解千愁。

师:大家谈到家乡的特产都充满了自豪感,不过有些外地的朋友现在不能来扬州,如果他们也想了解并且购买我们的特产,大家有什么其他的方式可以解决这个问题吗?

生:可以淘宝,也可以直播带货。

师:直播带货是当下特别流行的一种方式,今天我们就带大家来我们乡村振兴馆的农产品直播间体验一下,做一回主播。请同学们小组合作,为自己推荐的槐泗特产设计一段推荐语吧。

【议题活动】 走进直播间:直播带货

学生分组讨论并设计特产推荐语。

生1:各位家长朋友们大家好,今天我们给大家带来的是我们槐泗的高粱酒。你想补充身体营养,买它!助消化,买它!提神,买它!馈赠亲朋友好,买它!现在买一送一,快拿起你的手机选购吧。

生2:各位直播间的亲人们大家好,我是你们的主播小陈。人们常说中国文化就是酒文化,逢年过节、朋友聚会,餐桌上酒是必不可少的,今天我给大家推荐一款高粱酒,这酒清澈、醇香,不易上头,深受广大群众喜爱,采用的是古法酿酒的方式,请大家多多支持。温馨提示:喝酒不开车,开车不喝酒。

生3:直播间的朋友们大家好,槐泗东临古运河,物产丰富,下面我们为大家介绍槐泗特产——杨氏猕猴桃。家人们,这是我们又大又甜的猕猴桃,皮薄肉厚,香甜多汁,尝过的人都说好。我们的猕猴桃不打农药、不含任何的化学成分,每个都是自然生长，都是水果本身的味道，还等什么呢，赶紧下单吧。

【教师总结】

同学们，作为槐泗人，我们要关心家乡的发展，共同守护槐泗，让槐泗在大运河的滋养下，形成运河城镇的鲜明个性和创造风格，实现全面振兴。我们相信，槐泗必将迎来美好的明天！

（设计意图：本环节通过振兴馆闯关、畅所欲言等活动，帮助学生了解家乡近几年在乡村振兴方面做出的努力，以及接下来有关运河工业旧址再利用的发展规划，引导学生为家乡振兴出谋划策，增强学生建设家乡的责任感。学生边走、边学、边思考、边探索，不断提升个人能力，促进自身的全面发展。）

【教学反思】

《义务教育道德与法治课程标准（2022年版）》提出："教学要与社会实践活动相结合，加强课内课外联结，实现隐性课程与显性课程相配合。""通过参观访问、现场观摩、志愿服务、生产劳动、研学旅行等方式走向社会，增进学生对国情、社情、民情的了解……鼓励学生在社会实践中扩展自己的视野，提升自己的能力，学以致用，知行合一。"

本次研学课基于发展学生核心素养的要求，设计合理，以运河工业的"兴""变""新"为明线，以关心家乡发展，认同家乡建设，承担家乡振兴责任为暗线，贯穿整个过程，落实立德树人的根本任务。学生边走、边学、边思考、边探索、边发现，调动学习兴趣的同时，丰富了学生的体验，促进了知行合一和学生的全面发展。总体而言，达到了育人的效果。

不足之处：本次研学课时间较紧，只有短短三个小时，且涉及三个场地，学生不能完全享受到沉浸式体验的全过程；本次研学课人数较多，且学生比较活跃，管理起来难度较大，深感育人工作的不易。以后研学课应该合理安排，综合考虑各方面的因素。

【教学点评】

1. 探索主动式学习机制。《义务教育道德与法治课程标准（2022年版）》提出："坚持校内教育和校外教育相结合，引导学生走出课堂、走出校园，积极参与社会实践活动，把知识运用于社会，服务于人民，强化学生的社会责任感，提高他们的实践创新能力。"美国著名教育家布鲁纳指出："知识的获得是一个主动的过程，学习者不是信息的被动接受者，而应该是知识获得过程的主动参与者。"为了让学生能够在实践中主动学习、获取知识，本课设计者打破传统的校内课堂教学模式，在结合槐泗段运河实际的基础上,创设各学科融合的实境课堂、设计富有特色的实践活动,带领学生实地走访、寻访、采访,诱导学生为家乡发展建言献策,涵养学生热爱家乡的情感,提高学生环境保护的意识,尝试将"灌输式"学习变为"主动式"学习。

2. 聚焦运河与发展主题。主题是跨学科的"桥梁",起着统领性、驱动性作用。本课着力充盈"运河与发展"的课堂教学研究,以槐泗段运河工业的"兴""变""新"为线索,以"槐泗镇坐拥九公里的运河沿岸线,适合发展什么产业""为什么2014年运河沿岸的企业面临拆除、关闭的命运""槐泗镇该如何创新利用遗留的船厂等运河工业旧址,于'变局中开新局',打造振兴之路"等问题为导向,贯穿整节课的始终,引导学生深入认识国家乡村振兴战略,关心家乡发展,认同家乡建设,承担家乡振兴的责任,让槐泗在大运河的滋养下,形成运河城镇的鲜明个性和创造风格,实现新的腾飞。

3. 体现全课程育人格局。《义务教育课程方案(2022年版)》指出:"开展跨学科主题教学,强化课程协同育人功能。"《教育部关于全面深化课程改革落实立德树人根本任务的意见》指出:"要在发挥各学科独特育人功能的基础上,充分发挥学科间综合育人功能,开展跨学科主题教育教学活动,将相关学科的教育内容有机整合,提高学生综合分析、解决问题能力。"本课设计者在坚持思政学科立场的前提下,跳出单科教学的局限,挖掘社会生活中思政学科与历史、语文等学科之间的联系,促进学科之间课程资源的整合,实现了三门学科的同向同行、协同育人,让学生从家乡的过去、现在和未来发展中认识自己的责任担当,并通过与信息时代的同频共振,将自身的责任付诸实践。

(点评人:许志文 扬州市邗江区槐泗中学)

第26课

推进高质量发展

——从扬州船业发展探高质量发展之关键路径

授课教师：方文凤（扬州市翠岗中学；道德与法治）
　　　　　吴　皎（扬州市翠岗中学；化学）
　　　　　陈雪梅（扬州市翠岗中学；物理）
　　　　　李中霞（扬州市翠岗中学；历史）

教学目标

1. 创设"扬州强大船业溯源"情境，通过寻找扬州自古船业发达的原因，使学生感悟扬州船业因运而生、因运而兴，激发学生对家乡和运河的热爱与自豪之情，增强文化自信，培养学生的政治认同素养。

2. 创设"造船材料探秘"和"船动力展望"情境，通过实验设计、问题探究、视频播放等形式，引导学生分析扬州船从材料到动力不断演变的原因和推动力，感悟创新和绿色是推动高质量发展的两个关键路径，也是造就扬州船业在今天依然强大的重要原因，从而在问题解决中逐步培养学生的科学精神素养。

3. 创设"世界一流扬州船也曾落后"情境，引导学生分析其中原因以及再度腾飞的路径，感悟新中国在党的领导下用几十年的时间奋力直追西方国家几百年的差距，潜移默化中激发学生对党、国家、家乡的热爱，增强自信心和自豪感，促进政治认同、责任意识两大学科核心素养的养成。

教学重点和难点

1. 教学重点：船动力展望。
2. 教学难点：船材料探秘。
3. 重难点确定依据分析：本课中心议题是从扬州船业探高质量发展路径，而其中最为关键的两条路径——"新""绿"——必须从造船材料探秘、船动力展望中得来，所以这两个环节成功与否直接关系到本课教学目标能否达成；而这两个环节中均设计了实验活动，对学生的能力（是否能得到想要的实验结果）、时间把控等要求很高，所以难度较大。

学情分析

本节课开课选用的是初三学生，优势在于初三学生已有相关的知识储备：道德与法治学科中的高质量发展、新发展理念；历史学科中的中国近代史、扬州与运河的发展史；物理和化学学科方面学生也具备做铁生锈、船动力PK两项实验及LNG和甲醇动力排放二氧化碳的计算的能力。劣势是初三学生学习非常紧张，无法试讲，尤其是实验有不可控性。唯有教师做好极为充分的准备，考虑各种可能出现的情况，准备好解决方案，才能顺利在一节课的时间内圆满完成任务，对教师是极大的挑战。

融合教学分析

1. 融合学科：道德与法治、历史、物理、化学。
2. 融合依据：本节课主旨是从扬州船业探高质量发展最为关键的两条路径——"新""绿"。这决定了本节课必然以道德与法治学科贯穿全课；扬州强大船业溯源涉及扬州与运河的历史知识，历史学科的加盟是顺势而为；本课融合教学最为大胆之处在于引入了物理和化学，而这也是本节课成功的重要原因，正所谓文理搭配、干活不累，通过物理化学很具象的实验展示及计算，直观展现出原本抽象的文科知识，使教学目标的达成在学生兴趣盎然、激情参与、不断探索、积极思考中水到渠成。

教学准备

1. 扬州船业发展相关素材（包括扬州船业与古运河的关系、扬州船厂在造船材料和船动力方面的最新情况等）收集、整理和研究。
2. 铁生锈、船动力PK两项实验相关实验器材的准备，尤其是船动力实验所需盛水装置需要特别准备。

教学过程

总议题 从扬州船业发展探高质量发展的关键路径

【导入新课】

1. 视频播放：播放中央台关于船的一则最新新闻。

2. 设置问题：

(1) 记忆力大比拼：央视新闻中显示我国造船业国际市场份额连续多少年居世界榜首？今年1—2月份我国新接订单量占全球份额的多少？

(2) 猜猜看：扬州造船完工量占全国的份额是多少呢？

3. 引出议题：扬州船为何如此之牛？

（设计意图：本环节由央视最新关于中国船业的新闻导入，通过记忆力大比拼和猜猜看的设计，激发学生兴趣和参与热情，初步感受中国和扬州的造船业之强，增强自豪感、自信心，同时很自然地引出议题——扬州船为何如此之牛？）

环节一：扬州船业发展溯源

子议题1 扬州船业发展独特的历史和地理优势

【议学情境】 展示扬州非遗聚集区的地标

设置问题：扬州非遗聚集区名为486，你知道寓意是什么吗？

师：公元前486年，夫差开邗沟，筑邗城，扬州城建城。沿水而建的扬州催生出了繁荣的扬州造船产业。

【议学活动】

1. 识图溯源：展示隋唐大运河形势图。

师：这样的地理位置为造船业的发达提供了得天独厚的区位优势。

2. 故事感悟。

故事一：汉代扬州舟楫繁盛。在广陵王刘胥的墓中，出土了大量文字资料，其中"广陵船官材板广二尺"的铭文，反映了一个重要的史实："船官"之名在汉代职官表上未见记载，它是广陵国特设的官吏。这成为汉代扬州造船业发达的印证。

故事二：刘晏在扬子（今仪征）建造十个船场，出巨资打造载重量千斛的特大船舶,达两千艘之多。由于将工钱也定得较为合理,"每造一艘船,付钱一千缗"。因此他在扬子造的船比过去造的船坚固得多。扬州博物馆就陈列着一艘邗江出土的唐代竞渡船。这些都反映出唐代扬州造船业的发达。

故事三:"本于城内沙氏所造,今谓之沙飞。"

——《扬州画舫录》

"用余家瓜洲红船为式,……以为救生诸事之用。"

——《红船诗》序

上面两段资料是清代扬州造船业的反映。清代出现了多种用途的船,比如用以湖上游玩的画舫称为"沙飞"。在瘦西湖上"沙飞"徜徉的时候,扬子江上却风浪险恶。这时出现了一种救生船,全身漆成红色,号称"红船"。

[过渡]这些古代船的材质都以木头为主,但木头耐腐蚀等方面有着许多不足。随着科技的发展,造船材料有哪些新发展呢?

(设计意图:本环节的设计旨在从历史和地理角度寻找扬州船业自古就很发达的原因,在活动中引导学生了解扬州船业发展与扬州建城同步,扬州及其船业都是因运而生、因运而兴,感悟扬州与运河的千古奇缘,增强学生对家乡与运河的热爱和自豪。)

环节二:造船材料探秘

子议题2 造船材料由古至今的演变及原因,给我们的启示是什么?

【议学情境】

这些船是用什么材质造的呢?钢铁制的船又是用什么来防锈呢?未来造船材料又会有怎样的新发展呢?

【议学活动】

1. 看图猜造船材料。学生们展开讨论。

教师总结:我们船从古至今分别有木质的、水泥的、铝合金的、钢铁的、玻璃钢的,而且每种材料都适合不同的船。比如豪华游艇多是玻璃钢制的,而现在用的船大部分还是钢铁制的,那钢铁制的船最大的问题是什么呢?

2. 实验:铁生锈。

播放视频:铁生锈。

师：既然铁生锈需要氧气和水，那我们今天思考一下，我想要加快铁的生锈，可以通过什么方法呢？

学生思考。

生：改变接触面积，改变氧气的浓度，温度可以改变铁生锈的速率。

学生设计实验（提供的试剂和仪器：食盐水（过氧化氢）、双氧水、铁钉、铁丝网、酒精灯、铁架台、试管、烧杯）。

学生实验：比赛哪个组铁生锈的速度最快。

生：将铁网用盐水浸泡一会，加热双氧水提供足够的氧气会使铁生锈的速度加快。

师：那么我们的船是用什么来防锈呢？

播放视频。

师：通常船的防锈方式是镀锌和通电，也许未来还会有更多的材料，有更好的性能，等待各位同学去发掘。

[过渡] 船造好了，那怎么能动起来呢？有请我们的物理陈老师和大家一起探讨。

（设计意图：本环节通过"看图识造船材料"和"铁生锈"探究实验的设计，提高学生学习兴趣，培养学生观察、动手和分析问题的能力，激发学生探索新材料的热情和科学精神，同时顺利得出扬州船业发展探高质量发展的关键路径——创新。）

环节三：船动力展望

子议题3 船动力的演变及发展趋势给我们的启示是什么？

【议学情境】

船动力有哪些？扬州船业目前在动力方面主要使用了哪些最前沿的能源？未来趋势是什么？

【议学活动】

1. 了解几种主要船动力：人力，风力，蒸汽。
2. 实验：比一比谁的船跑得快。
3. 探究：对比扬州船动力所用最新能源及未来趋势展望。

师：现在请大家利用我们桌上提供的器材——电动机、电池、导线、扇叶、泡沫板，尝试着设计并制造一艘船。

学生实验。

师：同学们的船造好了，现在我们可以在水槽中试航一下。

学生学习试航自己制造的船。

师：现在我们来比一比谁的船跑得快？

学生蒸汽船、电动船大比拼。

师：刚刚我们一起体验了造船过程，大家有没有什么感想呢？

生：船的动力和船形状设计非常重要，这关系到船的速度。

师：下面来看一张我们物理课本上的船的图片，它与我们现在的船有什么不同？

生：两侧有轮子。

师：这个正是我们轮船名字的由来。

图片展示轮船的演变过程。

师：我们现在大部分船的动力来自什么？

生：柴油机。

师：柴油机是内燃机，那么内燃机的使用从我们能源与可持续发展角度有哪些缺陷呢？

生：使用了化石燃料，不可再生；环境污染严重；能量利用率比较低；噪声很大。

师：那么作为造船强市，扬州肯定要在这些方面做出改进，同学们看一看我们扬州造船厂的一组数据。

思考：扬州船业目前在动力方面主要使用了哪些最前沿的能源？

生：电动、LNG、甲醇。

师：LNG船其实就是利用甲烷。甲烷常温是气态，要变成液态运输就要降低温度、压缩体积让它液化，这个船的建造难度很大。难关攻克后，却有一个奇怪的现象，今年2月订单量被甲醇动力船后来居上。请利用我们所学知识分析一下，其中的原因是什么？

同学们利用化学知识计算甲醇和甲烷的二氧化碳排放量。

生：甲醇可以人工合成而且合成原料丰富，甲醇碳排放量比较低。

师：畅想未来我们扬州船厂在船动力方面还会使用哪些新能源呢？

生：氢能、核能、太阳能、风能、潮汐能、海浪能。

[过渡]同学们对新能源的畅想非常棒，从你们的回答中，老师看到了我们祖

国创新的未来、充满活力的未来。畅想无限,但我们这节课所剩时间有限。下面我就将课堂交还给思政老师。

(设计意图:本环节通过设置实验"比一比谁的船跑得快"让学生直观感受不同船动力带来的不同速度;通过探究活动"对比扬州船动力所用最新能源及未来趋势展望",特别是通过计算得出甲醇动力迅速赶超甲烷的最主要原因在于更绿色,不仅顺利得出扬州船业发展探高质量发展的两条关键路径——创新和绿色,而且在学生心中播下了科学的种子。)

环节四:高质量发展写华章

子议题4 高质量发展的关键路径是什么?

【议学情境】 2022年10月,党的二十大明确把高质量发展作为我国当前发展的首要任务,今天这节课我们从扬州船业的发展中可以悟出高质量发展的哪些关键路径呢?

【议学活动】 总结提升

师:从环节一中我们了解到2500年前扬州船业就与运河相伴相生,没有公元前486年大运河在扬州的开挖,没有集运河、长江、淮河交汇处这么优越的水域位置,就没有扬州船业的发展。这给我们的启示是什么呢?

生:发展要因地制宜,充分利用当地的优势资源。

生:创新是第一动力,落后就要挨打,要坚持党的领导。高质量发展最重要的路径就是创新,核心是科技创新。

生:要积极构建新发展格局。

生:要走绿色发展道路。

[寄语]高质量发展让贴着"扬州造"标签的先进船舶乘风破浪,从大江大河驶向世界各大洋,正所谓"潮涌江河千帆竞,高质量发展写华章"。

也谨借此课预祝我班同学凭着创新、执着、奋斗,努力学习,未来积极投身到祖国高质量发展长河中,造就高质量人生!

(设计意图:本环节的设置建立在前三个环节的基础上,是全课的一个总结提升。意义在于把前面碎片化的知识串联起来,纳入初中道德与法治重要知识——坚持高质量发展,前后相互回应,整节课浑然一体。尤其在解答"扬州的船业并非从古至今"的过程中,让学生了解到新中国成立时我们的发展比西方国家已整整落后了200年左右,而我们的党领导人民,硬是凭着艰苦卓绝的奋斗精神、开拓进取的创新精神,用几十年的时间做了西方国家几百年的事情。这一问题的设置及解答使得学生对党和国家的热爱在课的尾声达到高潮,很好地实现了政治认同这一核心素养的培育目标。)

【教学反思】

相对于第一次开设运河思政融合课的茫然和阵痛,这一次我从容了许多。从确立主题、组建团队、各学科任务分工及内容设计、各项前期准备工作均有条不紊地展开,也取得了非常好的效果,当然也有些许遗憾。但我相信这小小的遗憾也将通过我的反思,激励着我在运河思政课题研究中行稳致远、进而有为。

回顾这节课的成功经验,我觉得有许多:选题取材运河又紧扣时代发展,凸显思政元素;课的各个环节,各个学科的内容设计既紧密围绕主题,又拿出了本学科的独门秘籍;文理搭配、张弛有度,让学生既有投身实验的兴趣盎然,又有上升到思政高度的豁然开朗;四位开课教师均为各学科领军人物(两个学科带头人、一个中青年骨干、一个物理学科教研室主任);开课教师合作教学、配合默契,对各个环节各项内容充分讨论、精益求精并倾情付出。例如为了很好地呈现环节三中的船动力大PK,在学校实验室水槽容积小无法完成比赛的情况下,化学老师灵机一动,拿来家里的超大整理箱;四位教师头脑风暴精心构思板书设计,设计中有运河、扬州船、党旗、写有"新"与"绿"的气球,为了更好地呈现效果,还进行了专业的喷墨设计……

因为考虑到铁生锈实验、利用化学知识计算甲醇和甲烷的二氧化碳排放量等硬性要求,开课班级安排在初三。但初三学生升学任务很重,无法利用课余时间对扬州各船厂进行实地调查和采访,涉及素材只能充分利用网络及其他途径进行收集,这不得不说是个小小的遗憾,也是我们在今后开展课题研究要注重改进的地方。

【教学点评】

1. 于运河文化中觅思政元素。本节课是基于运河思政课题下的一节展示课,整节课设计充分取材于运河文化,开篇指出扬州船业之所以自古发达主要是源于运河,扬州和扬州船均是"因运而生、因运而兴";但又不仅仅停留在古老的运河文化,而是将其与我国全面建设社会主义现代化国家的首要任务——"高质量发展"——紧密相连,特别是扬州船在高质量发展中坚持的创新、绿色更是运河精神在当代与时俱进的体现,充分体现了古与今、传统与现代的切合,从而让思政元素在运河文化的利用中熠熠闪光。

2. 于融合教学中育核心素养。跨学科融合教学是一种整合的教学方法,可以促进不同学科的交流与合作,为解决复杂的问题提供全面而综合的方案,在提高学生综合素养、培养跨学科思维和创新能力方面发挥重要作用。本节课在跨学科融合教学方面表现非常突出,全课设计以高质量发展为统领,以扬州造船业发展为线索,从扬州船业发展溯源、造船材料探秘、船动力展望三个环节进行探究,最后思政课老师进行总结提升。道德与法治、历史、化学、物理四个学科在各环节的内容设计中既紧密围绕主题、又拿出了本学科的独门秘籍,文理搭配、张弛有度,让学生既有投身实验的兴趣盎然又有上升到思政高度的豁然开朗。其中物理和化学实验的设计和探究活动的精妙安排凸显出教师对学生求知、探索、求实、创新的科学精神的培养;而造船强市初体验,世界一流扬州船的介绍,以及总结提升环节新中国在党的领导下用几十年的时间奋力直追西方国家几百年的差距,无一不在潜移默化中激发着学生对党、国家、家乡的热爱与自豪,促进政治认同和责任意识这两大核心素养的养成。本节课打破学科壁垒,以思政课程为主导,跨学科协同教学,探究多学科教学内容、方式、资源等协同育人,形成良好的协同育人生态,提升育人效果。四门学科共同服务于高质量发展这一主题,达成对学生政治认同、科学精神、责任意识等核心素养的培育,是一节典型的大思政课。

3. 于新颖活动中促学生乐学会学终身学。在思政课教学中,促使学生乐于学习、学会学习、主动求知、学会终身学习,让教学"活"起来,充满魅力,确是一门精湛的艺术。一堂"活"的思政课,就像一部跃动的电影,欣赏之后让人回味无穷,可以尽情感受思政教学的美,充分享受到学习的快乐。本节课有学生的扬州船村介绍,有"铁生锈"探究实验,有学生亲自动手制船,有"比一比谁的船跑得快"的小竞赛,有利用化学知识计算甲醇和甲烷的二氧化碳排放量等活动设计,学生在诸多的活动体验和快乐参与中,学科核心素养及乐学会学终身学的优秀学习品质潜移默化中得以养成。

(点评人:仇清泉 扬州市京华梅岭中学)

第27课

创新驱动发展

——新能源促发展，万盏灯亮运河

授课教师：蔡　燕（扬州市田家炳实验中学；道德与法治）
　　　　　徐　菁（扬州市田家炳实验中学；美术）
　　　　　朱　莹（扬州市田家炳实验中学；物理）
　　　　　王　慧（扬州市田家炳实验中学；化学）

教学目标

1. 创设"连接电路图"情境，通过了解运河亮化工程，让学生懂得国家的发展是高质量发展，要为中国式现代化、新实践创造新成就助力奋进，培养学生的政治认同素养。

2. 创设"使发光二极管（LED）亮起来"情境，学生通过探寻运河灯光背后的故事，体会创新改变我们的生活；增强对创新的好感，热爱创新，自觉投身到创新实践之中，培养学生的责任意识。

3. 创设"剪纸和灯光"情境，通过让学生参与剪纸活动，引导学生对自己家乡产生热爱之情、增强运河文化的认同，培养学生的道德修养。

教学重点和难点

1. 教学重点：通过观察手电筒认识电路的组成，了解电路各个部分的作用，会连接电路；知道几种常见的电池，认识电池是一种将化学能直接转化为电能的装置；了解太阳能、风能、水能等几种新能源；理解创新的意义，感受生活中处处有创新；了解剪纸特点，会进行镂空透空的艺术设计。

2. 教学难点：探究发光二极管的单向导电性，串联盐水电池、干电池点亮LED灯泡，创新在生活中的运用，运用点、线、图案镂空。

3. 重难点确定依据分析：本课旨在让学生了解我国在科技、能源发展方面的现状,强调创新的作用及必要性,使学生感受到现代生活中创新无处不在,创新改变着人们的生活、创造着人们的生活,引导学生自觉树立热爱科学的精神,同时增强自身的责任感和使命感,立志为个人成长、社会进步、国家发展等努力提升自身创新能力。

学情分析

现在是处于一个创新的时代,创新已经成为世人普遍关注的焦点。处于青春期的青少年思维活跃、精力充沛,常有创造的冲动。与此同时,他们也在丰富的校园活动中积累了许多创新活动的经验,形成了创新的感性认识。但往往局限于从科技发明的角度理解创新而较少从文化制度等角度理解创新,有的学生会认为创新只是发明家、科技工作者的专利,而意识不到每个人都具有创新的品格和可能。因此需要帮助他们形成对创新的全面、理性的认识。引导学生从人类文明发展的视角认识中华优秀传统文化中的创新基因,从而培养学生的民族自豪感,增强文化认同,提高文化自信。

融合教学分析

1. 融合学科:物理、化学、美术、道德与法治。
2. 融合依据:本课主要以运河的灯为主线,需要学生通过物理、化学老师的讲解来了解灯光的产生和运用。学生通过道德与法治老师和美术老师讲解,分组合作体验创新的意义,学生在实践中获得知识、生成感悟,符合新课标理念,有助于培养学生的核心素养。

教学准备

1. 教师准备:教学情境所需幻灯片,搜集相关资料。
2. 学生准备:扬城地标(材料包)上镂空、电池、灯泡等材料。

教学过程

总议题 新能源促发展,万盏灯亮运河

【导入新课】

任务卡1:观察《运河揽胜图》。

美术教师:悠悠运河,源远流长。从唐朝白居易"汴水流,泗水流,流到瓜州

古渡头",到大屏幕中清朝王素的《运河揽胜图》,表现运河的作品层出不穷。这张画,回溯百年,带我们回到古运河邵伯段。看看都画了什么?

播放视频:《运河揽胜图》。

生:船只,建筑,行人。

美术教师:画中 300 多艘商船渔舟交织穿梭,商铺民宅林立,车水马龙,热闹非凡。而当暮色四合之时呢?

播放视频:《夜——运河揽胜图》。

美术教师:一切都归于沉寂安宁。时光流逝,回到现代,现在的古运河可不畏黑暗,越夜越精彩,这都是因为有了——灯。

(设计意图:从唐诗导入,渲染文化氛围,播放《运河揽胜图》视频,创设情境,教学效果良好,学生们一下子就能投入到课堂中,在了解古运河悠久历史沉淀的同时,直观感受古今运河夜晚的变化,引入课题。)

环节一:点灯

子议题1 如何连结 LED 电路组?

【议学活动】 电路组装

物理教师:同学们,今天运河的夜美不美?入夜,运河两旁华灯齐放,五彩缤纷,灿若霓虹,邈若仙境,科技之光赋予了古老的运河新的生机与活力。同学们,你想不想为夜色下的运河点亮一盏灯?

任务卡 2:观察手电筒。

物理教师:按下手电筒的开关按钮,观察小灯泡的发光情况。

学生:推动开关(按动开关),灯泡发光。

物理教师:打开手电筒的前盖观察,电池是怎样安放的?灯泡、开关与电池是怎样连接的?

生:手电筒内,电池顺次排列,灯泡、开关和电池由金属片顺次连接。

物理教师:电池上标注有什么信息?

生:1.5 V、品牌名、+、-等。

物理教师:电池上标注的"+"表示电池的正极,"-"表示负极。在干电池的

外部电流从正极经用电器流回负极。

物理教师：运河上有大量的装饰灯，基于节能的考虑，它们都是使用的新型节能灯泡——LED灯。谁能挑战一下，完成磁性黑板上的电路连接，使LED灯发光。

器材：一节干电池，开关，LED灯一只，导线若干。

物理教师连接电路演示。确认无误后，闭合开关，LED灯不能发光。为什么灯不亮呢？

学生思考。

物理教师：对比一下刚刚的手电筒发光电路，两个电路除了灯泡的类型不同之外，还有什么差别？

生：电池的数量不同。

物理教师：电源是提供电能的装置。电路中形成电流的条件是电池需提供一定的电压，电压过低，将会影响用电器的工作状态。再加一节电池试一试。

增加一节电池，重新连接电路。

物理教师：电路已经确认检查无误，为什么LED灯不亮呢？原来发光二极管也是有"+"和"-"的，只有在电流从"+"流进，从"-"流出，LED灯才能发光。这就是发光二极管的单向导电性。

（设计意图：从观察手电筒电路开始，让学生了解电路的基本组成及每个元件的作用。因为后续化学探究实验盐水能否发电中需要用到LED灯进行检查，同时基于节能的考量，实际生活中利用节能灯（发光二极管）来装饰运河的夜景。在这里设计了如何让LED灯发光，基于此实验设计了探究活动任务：探究闭合开关后灯为何不亮。通过对比、推理，寻觅故障的原因，讨论解决方案。在活动任务中让学生认识到电源的作用和发光二极管的单项导电性，为后续的化学电池探究活动铺设探究情境，降低操作难度。）

环节二：亮灯

子议题2　怎样使LED灯亮起来？

【议学活动】　电池发电

任务卡3：怎样使LED灯亮起来。

小组合作，完成LED灯电路的连接。

化学教师：同学们刚刚利用所学的物理知识让小灯泡亮起来了。你们想知道电池内部是什么样的吗？它为什么能给电路提供能量呢？

学生阅读 PPT 上内容介绍。

化学教师分析介绍干电池、铅酸蓄电池、锂电池的内部结构，讲解电池能将化学能转化为电能。

演示实验：盐水发电，电流表发生偏转，证明能通过化学变化产生电流。

任务卡 4：分组实验——盐水发电，让小灯泡再次亮起来。

化学教师提问学生家里废旧电池的处理方法。

生：分类回收。因为电池会导致重金属的污染。

化学教师：当今世界能源的需求量巨大，煤、石油、天然气是不可再生能源，虽然电池的能量转换效率比较高，但是会产生污染，因此，随着社会的发展，科学家们还开发出了其他新能源：氢氧燃料电池、太阳能、风能、水能、潮汐能、地热能、核能等，感兴趣的同学可以课后去查阅资料了解一下。

（设计意图：化学教师通过盐水发电的实验让学生了解电池的工作原理，体会到化学能转化成电能。同学们在实验过程中，充分展示出合作能力和创造能力，把盐水电池和干电池串联起来为灯泡提供足够电能，确保 LED 灯泡发光。）

环节三：探灯

子议题 3　灯背后的发展秘诀？

【议学活动】　探访龙腾

道德与法治教师：刚才物理老师和化学老师带我们感受了科技的魅力。夜幕下的运河，从昔日夜晚的沉寂安宁到现如今的流光溢彩，得益于运河亮化改造工程的推进。老师给大家介绍一下，承接运河亮化改造工程的一家扬州照明企业——龙腾照明集团。

播放视频：《智慧路灯点亮未来》。

学生观看视频。

道德与法治教师：请你说说龙腾照明企业问鼎"市长质量奖"背后的发展秘诀。

生：传统行业加入创新因素，也是适应市场的需要，龙腾照明为中小型企业转型升级、更新换代走出了一条非常好的发展之路！

道德与法治教师："创新"有什么重要意义？（个人、企业、国家角度）

生：对个人：带来惊喜，获得成就感，改变思维方式和行为方式，激发潜能。

对企业：是企业持续发展之基、市场制胜之道。

对国家：是推动国家兴旺发达的不竭动力，推动国家走向富强。

道德与法治教师：生活中处处有创新，三湾的剪影桥的设计灵感来源于扬州民间的剪纸和拉花。当夜幕降临，剪影桥在七彩灯光的辉映下，用光与影交织成迷人的乐章。当剪纸和灯光碰撞在一起会产生什么样的火花，下面由美术老师、物理老师为我们揭秘。

（设计意图：以扬州照明企业龙腾照明集团为例，讲述创新的意义，培养学生的创新思维。）

环节四：剪灯

子议题三　如何将亮灯与非遗结合？

【议学活动】　亮灯仪式

美术教师：创新如果和非遗结合，将会碰撞出更绚烂的火花。扬州剪纸，因其优美的线条，精巧的构图，形成了特有的"剪味纸感"，成了中国首批非物质文化遗产。

展示扬州剪纸。

美术教师：老师手中就有一幅扬州剪纸，同学们能不能发现剪纸最大的特点是？

生：中空。

美术教师：没错，将中间部分剪去，形成透空的美感，就是剪纸最大的特点——镂空。放大镂空图案，我们发现，镂空可以是点、线、图案，图案可以是花卉、水纹等。

镂空方法：1. 画图——剪空。

　　　　　2. 使用压花器——补剪（速度更快）。

小技巧：对折纸片，剪出对称的图案。

剪纸　　　　　　　　　灯箱

任务卡 5：在扬城地标(材料包)上镂空，为点亮运河助力。

学生分组完成(美术教师和物理教师行间指导)。

完成亮灯仪式。

道德与法治教师：不同的城市，同饮一河之水；不同的灯光表现手法，共同传递着璀璨的华夏文明！大运河流到之处，为造光者们带来丰富的创作灵感，让智慧与文化融合之光源源不断地点亮中华强国崛起之路！

(设计意图：了解非遗剪纸及其特点，学生们通过镂空好的剪纸作品和灯光的组合，展现了扬州地标性建筑的亮灯仪式，"一起点亮运河"活动也将课堂气氛推向了高潮。情感升华培养了学生对自己家乡的热爱之情，增强了对运河文化的认同。)

【教学反思】

本节课是以"新能源促发展，万盏灯亮运河"为主题，将"运河的灯"引入课堂，通过"光之科技""光之能源""光之希望"三个部分开展了思政课融合教学尝试。

1. 巧妙任务卡，引导学生深度思考

想要学生"于无疑处生疑"，那么教师要先做到"于无疑处设疑"，努力激发学生的积极思维。本节课由三个部分构成，通过了"情境—问题—反思"这一个互动思路，设置了几个任务卡：

任务卡 1：观察《运河揽胜图》；

任务卡 2：观察手电筒；

任务卡 3：怎样使 LED 灯亮起来；

任务卡 4：分组实验——盐水发电，让小灯泡再次亮起来；

任务卡 5：在扬城地标(材料包)上镂空，为点亮运河助力。

帮助学生把问题的认知推向深处。

2. 选取生活素材，增强教育效果

本节课选取了情境素材：运河的灯、运河亮化工程、扬州龙腾照明企业、扬州剪纸等。而在思维践行环节的设计中，设计了"点亮运河"这个活动，让学生印象深刻，激发了学生充分发挥自己的创新思维潜能去为社会做贡献的热情。

【教学点评】

1. 整体结构显立意

这节课紧扣"运河的灯"这个小小的切入口，建构了整体的教学框架。课堂教学分为"光之科技""光之能源""光之希望"三个部分。三个部分既有知识的学习，又有经验的引入，通过不同的环节设计将内容进行整合，层层深入。力求把生活中的物理、化学知识的学习与美育、德育理念相结合，最终引导学生认识到璀璨的灯光传承与大运河文化保护是密切联系的，同时感受中华文明的独特魅力。

2. 学科协同促融合

跨学科学习倡导打破学科壁垒，弥补学科课程局限性，让各学科协同共育，真正践行自主、合作、探究性学习。在教学中，物理、化学教师基于学科特点，从科技和能源的角度，主要采用实验操作的方式，带领学生探寻运河之光；道德与法治老师通过讲述运河灯光背后的故事，引领学生感悟创新的意义；美术老师讲授镂空的方法，并与灯光相结合，让学生剪开一缕光，点亮运河，也激发学生的创新思维。老师们大胆尝试跨学科融合教学，充分发挥各学科特点，实现优势互补，推动新课程理念在教学中落地落实，让课堂真正成为教学相长的师生互动过程。

3. 活动设计提素养

深度学习的发生要通过具体的课堂活动来实现。教师进行活动设计，学生具体实施，在课堂的场域下实现深度学习。而教师进行活动设计时不仅在知识传授，更要提升学生的素养。前两个环节中设计的物理、化学实验操作活动，让学生意识到保护传承运河文化需要落实绿色、创新理念。这节课在最后一个环节中设计了"点亮运河"的活动，美术教师引导学生从生活中选择美术教育内容，让学生们拓宽创造美、表现美的思路，让学生参与扬州文昌阁、四望亭等特色地标建筑的亮灯仪式来表现生活中的美。道德与法治教师在活动结尾进行升华，培养了学生对自己家乡的热爱之情，增强了运河文化的认同，同时也点亮了学生心中中华强国崛起之梦。

（点评人：王超　扬州市广陵区教育局教研室）

第28课

共圆中国梦

——流动的运河,强国的动脉

授课教师：顾翠霞（扬州中学教育集团树人学校；道德与法治）
　　　　　陈独祥、崔沁怡（扬州中学教育集团树人学校；历史）

教学目标

1. 创设"古代运河历史地位几许"活动情境,通过参观学习、诗歌朗诵,感悟古代运河历史地位,尤其是给扬州带来的深远影响,为守护运河打下情感基础。

2. 创设"今日运河价值几何"活动情境,通过小组辩论,感悟大运河的强大能量,懂得开发保护大运河的重大意义,厚植守护情怀。

3. 创设"未来运河重生信心何在"活动情境,通过理解国家对大运河开发保护的各项举措,激发对大运河开发保护的责任感和使命感,增强对大运河重焕新颜的信心,做自信的中国人。

教学重点和难点

1. 教学重点：未来运河重生信心何在？
2. 教学难点：今日运河开发价值几许？
3. 重难点确定依据分析：随着科技发展,社会进步,交通运输工具层出不穷,在现代化的飞机、高铁面前,运河的价值很容易被忽视,所以今日运河开发保护价值成为教学难点。未来运河重焕生机信心何在,不仅需要同学们看到党中央、国家的顶层设计,更要意识到我们每个人要有做运河守护人的责任和担当,这成了教学重点。

学情分析

初中生身心发育还不成熟,对事物的认识与理解往往不够全面辩证,客观全面认识古代运河、今日运河价值存在一定的难度。同时,这个阶段的青少年正处于身心快速发展期,对认知世界极度渴望,是加强社会责任教育的重要时期,通过对大运河博物馆的参观学习,加强对运河守护的社会责任感教育显得尤为重要。

融合教学分析

1. 融合学科:道德与法治、历史。

2. 融合依据:新发展理念助推古运河新生,需要同学们从古看到今,从现代看向未来,了解、知晓古运河在历史上的重要地位和影响。重温历史为探寻今日运河保护开发的价值意义打下情感基础,通过道德与法治和历史学科的融合,更能感受当今的时代大背景为运河的重生提供了更为可贵的契机,增强对未来运河重焕新生的信心。

教学准备

1. 舟楫小组——领取参观任务清单,参观并记录船模类型和数量。

2. 诗歌小组——参观、记录、收集有关大运河的诗歌。

3. 辩论小组——围绕古运河有没有开发保护价值,辩论小组双方各自收集素材、准备资料。

4. 展望小组——收集党和国家为古运河重生采取的措施。

教学过程

在老师的带领下,同学们带着小组的学习任务到中国大运河博物馆参观游览。围绕"总议题:流动的运河,强国的动脉"开展研学活动。

环节一:古代运河历史地位

子议题1 古代运河——历史地位几许?

陈老师:同学们,我们刚才游览了大运河博物馆,有没有细心的同学数一数舟楫馆里面有多少个船模啊?

陈老师:这位同学,你来说说。

生1：应该是75艘。

陈老师：70多艘啊？不得了，我可没有这么细心的数过。70多艘船模，由此可见大运河里船只数量怎么样？

学生齐答：多！

陈老师：而且每条船模一样吗？

学生齐答：不一样！

陈老师：不一样，那说明种类也？

学生齐答：很多。

陈老师：所以有史书在介绍大运河时用了一个词叫"漕运万物"。所以说这条大运河什么货物都运输。

陈老师：第二，既然每条船不一样，有没有谁数过有哪些不同类型的船只？

生2：我数过很多种船，有客船、货船、渔船、泊船、漕船、盐船、游船，同时还有皇帝坐的御舟，还有一些小型的筏，还有古代时期的一些战船。

陈老师：刚才这位同学说到的类型很多，我觉得主要是从功能上区分的，是吧？

学生齐点头示意。

陈老师：有没有同学从船的其他的角度去分类？

生3：以动力类型来分的话，可以分为几类：一拉纤，二划桨，三摇橹，四升帆，五插篙。

陈老师：从刚才这位同学说的啊，我们可以看到大运河的船只不管是它的功能还是它的动力都是多样的。这种多样性，实际上是在向我们预示着大运河里的运输船只，不仅仅种类丰富，而且数量极其庞大。运输需要多种功能的船只以及单一功能的船只的出现，所以，这条大运河在中国古代几乎起着大动脉的作用。

有记载说，明朝大多数的漕运是依靠大运河来完成的。可以想象一下，一个国家运输的物资非常依靠一条运河，那么这条运河有多么的重要！所以如果这条运河出现了问题，那也就几乎预示着这个国家出现了问题。

所以明朝和清朝时候，国家专门设置了高级的官员来管理。比如说，清朝全国总共设置了11个总督，其中有9个是地方总督。像我们扬州就属于两江总督管辖，两江总督管辖区有多大呢？现在的江苏、安徽、江西以及上海都归两江总督管辖。与这9个地方总督平级的两个总督一个叫漕运总督，一个叫河道总督。专门设了两个总督来管理运河和漕运，由此可见，在中国古代，漕运和运河对于国家的安全有多么的重要。

崔老师：同学们，从春秋时期吴王夫差开凿邗沟开始，大运河已经静静地流淌了两千五百多个春秋。这是一条绵延数千里的伟大工程，串联起了我国江南、中原和华北，它不仅是一条连通南北的交通干线和经济大动脉，也是一条流光溢彩的诗词之河，大运河上的舟楫联翩，承载着无数诗人的悲欢离合，也见证着众多王朝的荣辱兴衰。同学们知道描写大运河的诗歌吗？

生1：老师，我知道白居易有一首《长相思·汴水流》："汴水流，泗水流，流到瓜州古渡头。吴山点点愁。"

生2：老师，我知道唐代诗人皮日休有一首《汴河怀古》："万艘龙舸绿丝间，载到扬州尽不还。应是天教开汴水，一千余里地无山。"

崔老师：老师想问问你，诗中描写的龙舸是谁的？为什么载到扬州尽不还呢？

生2：是隋炀帝杨广的。隋炀帝，他好大喜功，不恤民力，又纵情享乐，奢侈无度。结果，在618年，隋炀帝在江都被叛军杀死，盛极一时的隋朝随之灭亡。

崔老师：隋炀帝在中国历史上可谓是一位颇具传奇色彩的帝王。他的一生与扬州这座城市有着千丝万缕的关系，登帝位前曾任9年扬州总管，在他做皇帝的14年中，先后三下扬州巡游，直至兵变死在扬州、葬在扬州。在巡游扬州的过程中，隋炀帝也写下了许多的诗篇，如"平淮既森森，晓雾复霏霏"，又如"暮江平不动，春花满正开。流波将月去，潮水带星来"等。

生3：老师，有没有其他皇帝经运河来过扬州呢？

崔老师：当然有呀，清朝的乾隆皇帝六次南巡，均巡游当时的江淮经济文化的中心城市——扬州。

生3：那乾隆有没有写诗呢？

崔老师：乾隆的《维扬览古》一诗，诗中写道"清晨解缆发秦邮，落照维扬驻御舟"。诗中秦邮指扬州府所属的高邮州，御舟到扬州前在此稍作停留，第二天清晨解开缆绳从高邮向扬州进发，傍晚来到扬州的行宫。

崔老师：同学们，还记得我们之前上课学过一首赞美运河的诗吗？

生齐声："尽道隋亡为此河，至今千里赖通波。"

崔老师：这首诗写出了运河上船队南来北往的壮观画面。

生4：老师，我还知道一首大诗人李白赞美运河的诗，《题瓜州新河饯族叔舍人贲》："齐公凿新河，万古流不绝。丰功利生人，天地同朽灭。"

崔老师：非常好。

生5：老师，那在中国古代运河对于我们扬州有什么影响呢？

崔老师：扬州是运河沿线的重要城市，运河给扬州带来了繁华的经济。在古代，富商大贾、文人雅士常常云集于此。唐朝诗人王建写下"夜市千灯照碧云，高楼红袖客纷纷"的诗句，诗人杜牧也曾写下"青山隐隐水迢迢，秋尽江南草未凋。二十四桥明月夜，玉人何处教吹箫？"来怀念在扬州的日子。

崔老师：有关运河上扬州城的诗词还有很多，老师在这里给同学们布置一个小任务，每个人用毛笔抄录一首有关运河有关扬州城的古诗。

崔老师：一首首古诗让我们真切感受到大运河带给扬州的深远影响，大运河与扬州同生共长、休戚与共，因为有了大运河，扬州注定千年繁华。

环节二：今日运河开发价值

子议题2 今日运河——开发价值几何？

顾老师：当代各种交通工具应运而生，海运崛起，尤其是高铁日行数千里，连飞机都感受到了巨大的竞争压力。现代化的交通运输方式开始将古老的运河与帆船甩在了身后，运河还有开发保护的价值吗？一方同学认为，运河已经丧失交通运输价值，没必要再开发保护。另一方同学则认为，运河的交通运输价值独具魅力，必须开发保护。请听听他们的精彩辩论。

生1：请问，你要出行，你会选择汽车、火车、飞机？你还是会选坐船？

生2：不可否认，现代交通工具日益发展，但是在货物运输上，水路运输费用低廉。所以水路运输具有很大的优势和发展空间。特别是在北方，很多运输货物属于低价但体积和质量庞大，比如煤炭、石料……沿河两岸开采的大量沙石、建筑材料、生产资料，通过运河源源不断地运往南方，南方企业获得物廉价美的原材料和生产资料，节约了成本，提高了竞争力。就煤炭而言，如果煤通过汽车、火车运到南方，成本将翻好几倍，所以，水路运输无疑是明智的选择。

生3：我需要提醒对方，注意速度、效率！北京到广州距离2000多公里，如果选择坐船，至少需要2到3个月的时间，而且比走陆路风险还要大。高铁在8小时之内走完，而飞机更是只用3小时就能够抵达。科技高度发达的今日，运河拿什么比？

生4：请正视一个问题，水运才是世界第一的运输。原因很简单，因为水运不需要修建道路，因此运费低廉。其次，水运的运输量大，轮船的载重量远远超过了火车。

生 5：火车运输安全程度高、运输速度快、运输距离长、运输能力大、运输成本低，而且污染小、潜能大、不受天气条件影响。

生 6：曾经我们以为铁路的运输能力比河流强，认为开凿运河没必要，甚至认为京沪铁路已经取代了京杭大运河。然而，随着经济的发展，我们才发现铁路的运输能力实在不够用。因此，我们建设了大量的高铁来分流客运，让过去的老铁路好好搞货运。但是这些铁路加起来的运输量也只是和长江相当。就煤运而论，一条大运河相当于三条铁路的运力。因此，水路运输能力相当强，我们需要彻底认识到水运的重要性。

生 7：现代社会，时间就是金钱。我国正在研制"高速飞行列车"，未来它的最高时速将达到每小时 4000 公里，比目前高铁运行的最高速度还高十倍。未来你能想象：北京到天津 3 分钟！北京到济南 8 分钟！北京到上海 20 分钟！

生 8：我们就用数据说话吧！据统计，京杭大运河江苏段每年的运输量已经达到 5 亿吨，这个运输量相当于基本与之平行的公路大动脉——京沪高速——的 10 倍，占据整个京杭运河运输量的 80%，甚至比欧洲内河航运能力最强的莱茵河的运量还要多一倍。

生 9：请不要忘了航空货运强大、快速、便捷，飞机几乎可飞跃各种天然障碍，到达铁路和公路、水路难以到达的地方。

生 10：据测算，苏北运河对徐州、宿迁、淮安以及扬州的 GDP 贡献率分别达到 3.74%、11.14%、8.29%和 5.24%，年均贡献就业人数达 22.3 万人次。

顾老师：非常感谢双方的精彩辩论，让我们更加清楚各种交通运输工具的各自优势，以及大运河独有的低成本航运价值。重启运河只有经济上的运输价值吗？开发保护运河还有哪些价值呢？

生 1：生态环境价值。首先，大运河的存在可以调节水资源的分配和利用，江都水利枢纽就是南水北调东线工程的源头。大运河在农作物灌溉、泄洪、排涝等方面也将发挥重要作用。其次，大运河沿线的湿地、河道、林地等生态系统受到保护，有助于保护和恢复生态平衡，促进生物多样性的保护。再次，大运河的存在可以促进水体的自净作用，改善水质，减少污染物的排放，提高水环境的质量。

生 2：旅游文化价值。隋唐大运河沿线相关文化古迹种类丰富，历史文化价值极高，与运河本体及沿线自然风光结合后，成为发展当地文化旅游业的重要资源支撑。如扬州推出了"古运河水上一日游、两日游游览线"，打造了运河风光带，发展运河沿岸游览区，并提升拓展古城街区游，延伸了运河文化旅游。通过加强运河历史文化的学术性研究,构建运河文化产业,打造优秀文化旅游品牌,发展运河文化旅游已经成为运河沿线城市文化旅游发展的一个重要趋势。

环节三：未来运河重生信心

子议题3　未来运河——重生信心何在？

顾老师：2020年11月13日,习近平总书记在扬州视察,首站来到的就是我们现在所处的运河三湾生态文化公园。眺望正在建设中的中国大运河博物馆,总书记赞扬扬州是个好地方,并对未来提出期望。为让古运河重生,我国采取了哪些举措？

生1：2014年6月22日,扬州牵头沿线35座城市申遗成功,中国大运河入选世界文化遗产。

生2：2021年6月16日,扬州中国大运河博物馆建成开放,堪称大运河畔的文化奇迹。连日"约满"外地游客沉浸式打卡运河文化。

生3：近年来,中央多次发文,对大运河文化沿线发展谋篇布局。如今,大运河文化带建设已上升为国家战略。

生4：江苏设立首期规模为200亿元的大运河文化旅游发展基金,打造集景观、文旅和经济为一体的综合性城市群廊。

生5：扬州加大水生态文明建设和水环境综合治理力度,关停并转运河两岸的"散乱污"企业,建立生态文化公园,增强沿线居民幸福感。

顾老师：我国正统筹推进经济建设、政治建设、文化建设、社会建设、生态文明建设"五位一体"总体布局,贯彻创新、协调、绿色、开放、共享的新发展理念,如今的运河,不仅是经济运河,更是生态运河、文化运河、魅力运河……古运河的开发与保护,有党中央的领导,有国家的顶层设计,有沿线城市的倾力支持,相信古运河在新时代一定能不断焕发新光彩。除此之外,还有谁来守护运河呢？

生：还有我……还有我……还有我……还有我……

生1：探寻历史文脉。

生2：守护运河文化。

生3：讲好运河故事。

生4：保护运河生态。

生5：传承运河精神。

生6：展现中国风貌。

齐：我们都是运河守护人。

【教学反思】

1. 实景学习促兴趣盎然。走进大运河博物馆，学生所看、所听、所触、所做，皆是学习。数数舟楫馆的船只，看看电子屏上的资料，透过历史文物、仿真塑像、图片资料，学生一步步走近历史，"模拟运河之旅船舱"更是实现历史穿越，感受古代大运河沿途风土人情，深刻体验大运河在古代的历史地位和对生产生活的影响。

2. 合作探究促能力提升。课前对学生进行小组分工，对舟楫小组、诗歌小组、辩论小组、展望小组各自下发学习任务，要求小组长开展组内分工，合作完成学习任务。实景课堂上，学生参观途中，随处可见有同学在讨论、有同学在记录、有同学在管理，实景课堂让我们看到了，学习不仅是接受和掌握知识，更是探究、发现、体验和感悟。通过合作探究，促进了学生与他人合作、交流，展现了责任和担当。

3. 学科融合促深度学习。学史以明智，鉴往而知来。历史老师带领学生分享小组合作学习成果，由展厅船只的数量和类型切入，探讨古代运河的运输价值，诗歌中感悟古运河对经济、政治、社会尤其是扬州的重大影响，随着历史画卷徐徐展开，学生更加深刻领悟"流动的运河，强国的动脉"。道德与法治老师在此基础上带领学生对当今运河是否有开发保护的价值进行辩论，真理越辩越明，学生深刻认识到今日运河开发保护的重要意义，为守护运河打下情感基础。由党和国家为运河重生采取的一系列措施，增强了学生的政治认同感和自身的使命感。学科融合加强了学生多维度的感知，丰富了学生的情感，强化了学生的体验和感悟。

4. 实景教学促教师成长。实景课堂对教师组织能力提出了更高的要求。由于课堂场地变了，存在一些不可控因素，需要对学生组织管理、安全教育、纪律要求等，工作难度加大。活动的前期安排需要更加细实，对小组长的培训要到位，活动中要用好小组长，组织协调好各方面的工作。

【教学点评】

本节实景融合课堂较好地呈现了三个"统一"。

1. 学科融合与学生主体建构相统一

学史以明智，鉴往而知来。本课着力让学生明白：流动的大运河是强国的动脉。无论过去还是现在，她都具有不可替代的价值，开发保护运河势在必行。为让学生深刻感知,道德与法治学科与历史学科进行深度融合,彰显学生主体地位。带领学生走进大运河博物馆,参观上千件的历史文物,研读系列历史资料,欣赏历史画作、仿真人物,伫立在"模拟运河之旅船舱"中,瞬间实现历史跨越,穿越到遥远的古代,来到热闹的古运河边,看人来人往,感繁华。通过看、听、触、感等亲身体验,激发探究热情。在合作探究中,学生深刻感知历史上大运河的强大功能,在一首首诗歌的诵读中,在文学与历史穿越中,学生立体多元地感受古运河的魅力。学生懂得有大运河,中国注定千年繁华,在心中厚植热爱情感。

2. 价值辨析与价值引领指向相统一

德润人心,对学生的价值引领是道德与法治课的应有之义。本课紧贴学生的思想实际,直面多元的思维认知,开展探究、辨析、批判,使学生在价值观的冲突中充分体验辨析的过程,提高学生的辩证思维能力,充分发挥道德与法治学科的育人价值。

现代交通工具应运而生,海运崛起,高铁日行数千里,人们一度忽视了大运河,认为其可以被替代,古老的大运河还有开发保护的价值吗?教师组织辩论,学生自愿分组,查阅资料,寻找论据,充分论证。真理越辩越明,学生认识到各种交通工具都有各自优势和不足,大运河具有独有的不可替代的低成本航运价值,以及在生态环保、文化等方面的价值。通过辩论,学生统一了思想认识,在价值辨析中实现价值引领。

3. 活动设计与核心素养养成相统一

建构主义理论认为,学习者要想完成对所学知识的意义建构,最好的办法是让学习者到现实世界的真实环境中去感受、去体验。实景课堂有利于培养学生适应未来发展的正确价值观、必备品格和关键能力,促进学生成长为德智体美劳全面发展的社会主义建设者和接班人。

本课通过系列活动设计,着力发展学生核心素养。在环节一中,引导学生探究大运河历史影响。参观舟楫馆,感受大运河强大运输功能;朗诵诗歌,从文学视角增强学生对大运河重要历史意义的认同,为守护运河打下情感基础。在环节二中,引导学生辩论大运河是否还有开发保护的价值,从而更加认同其价值,厚植守护情怀。在环节三中,通过理解党和国家为大运河重生所实施的一系列举措,使学生增强政治认同,燃起使命责任,树立对未来运河重焕新颜的信心,做自信的中国人。

(点评人:殷翠云 扬州树人学校)

第29课

劳动成就今天　实干创造未来

——扬州茶,运河边一片树叶变形记

授课教师:徐红卫(扬州树人学校;道德与法治)
　　　　　崔兰兰(扬州树人学校;地理)

教学目标

1. 创设"采摘茶叶"情境,组织学生参与体验劳动,感悟劳动创造美,懂得劳动创造扬州的辉煌历史,提高学生实干精神;在劳动中了解扬州茶文化的发展过程,感受家乡茶文化的魅力,培养学生热爱家乡茶文化的情感,认同中国特色社会主义文化,坚定文化自信,从而自觉积极传承家乡茶文化,培养学生的政治认同素养。

2. 创设"参观茶叶制艺"情境,通过品茶诵诗文等活动,提高学生对中华文化的认知、运用和辨识文化现象的能力,并能做出符合文化自信要求的判断和选择。同时,引领学生理解以茶养廉育德的内涵,达到以茶知礼的目的,守望精神家园,从而培养学生的科学素养精神。

3. 创设"传承扬州茶道"情境,通过扬州"茶"事系列活动,培养学生的劳动意识和实干精神;组织学生对脑力劳动重要还是体力劳动重要展开辩论,以劳育人、崇尚劳动、尊重劳动者,树立建设家乡建设祖国的社会责任感,担当历史重任,从而培养学生法治意识和公共参与素养。

教学重点和难点

1. 教学重点:培养学生的劳动精神,在采茶劳动和品茶活动中认识到传承家乡茶文化的重要性,培养学生建设家乡和社会的责任感。

2. 教学难点:培养学生对家乡的热爱之情和实干精神,自觉参与社会劳动,传承扬州茶文化,为家乡的发展做贡献。

3. 重难点确定依据分析：

（1）劳动成就今天是本课的重点。因为劳动是财富的源泉，也是幸福的源泉，劳动是人维持自我生存和自我发展的唯一手段。无论是物质上还是精神上的追求，都需要通过劳动实现。学生在劳动中感悟劳动价值，尊敬和学习每个岗位劳动者，懂得人民推动国家的发展，从而明确国家发展是每个人的责任，培养建设祖国的社会责任感。

（2）实干创造未来是本课的难点。因为只有实干才能创造新辉煌，梦想的实现不能靠等待，应该由每个人参与和承担建设家乡的责任，自觉传承家乡文化，需要付出更多的辛劳和汗水，脚踏实地、艰苦奋斗，为祖国做贡献。

学情分析

1. 初中生处于世界观、人生观、价值观形成的关键时期，参与生产、制造茶的活动，进行茶文化的宣传，引领学生形成对民族文化的认同，增强对中国特色社会主义文化自信，这对学生的健康成长有重要意义。

2. 从中华五千多年的文明历史看，中华民族是勤劳的民族，历史上每一项成果都是劳动人民用辛勤的汗水浇灌而成。当前部分学生思想上轻视劳动，存在对劳动的价值和意义认识不足、远离劳动等问题。青少年是祖国的希望和未来，当今时代需要每位青少年学生努力学习文化知识，勇于实践，为祖国发展贡献力量，担负起历史责任。

融合教学分析

融合学科：道德与法治、地理。

融合依据：追溯扬州茶历史发展，探究运河茶文化渊源，很多名人名家与扬州茶有着不解之缘；扬州茶的种类及功效；茶叶口感苦等。学生在扬州茶事的历史探究中，了解茶文化的发展过程，理解以茶养廉育德的内涵，进而达到以茶知礼的目的，守望精神家园。但是关于茶树种植的自然条件，探究中学生遇到瓶颈，所以，特邀请地理老师现场指导。与地理老师讨论交流中，学生明白了地理位置对当地的自然环境有着很大的影响，扬州的气候、地形、土壤等自然环境，再加上扬州人民的勤劳奋斗，为扬州绿杨春茶的种植、制作，提供天时、地利、人和等条件，有助于学生理解发展扬州茶对于家乡今后发展的重要性。

教学准备

1. 选主题内容。筛选话题,确定去仪征茶叶种植基地参观劳动,主题定为劳动和实干。

2. 联系相关人员,寻求合作契机。前去茶厂联系相关领导和科技人员,了解扬州茶叶发展情况,寻找参观学习的切入点。

3. 参观扬州市茶文化博物馆,主动联系其馆长及工作人员。

4. 设计好组织活动方案。递交学校审批通过并安排车辆、摄影老师。

5. 定时间。与学校初一年级组、茶厂、博物馆等协调统一。

6. 知识储备。熟悉国家发展状况,了解学生的爱国情感和兴趣点,了解茶叶种植、采摘、制作、品尝等环节所需要的方法。

7. 设计整个教学环节,以便有序带领学生外出开展拍摄。

8. 学生准备。以小组为单位,利用网络、报纸、书籍等媒介搜集扬州茶叶文化的发展史、茶叶种植生长所需要的地理环境、关于茶文化的古诗词等。

9. 统一穿校服、佩戴红领巾,古筝练习等。

教学过程

总议题 劳动成就今天,实干创造未来

【导入新课】

全体同学在学校统一安排下,与道德与法治、地理老师随车来到江苏省茶叶示范标准园——扬州聚源春茶叶有限公司种植基地,茶园负责人张总接待了师生,在茶文化博物馆居敏老师的指导下,学生兴奋地背上采茶小背篓,准备前往茶园采茶。

道德与法治老师:同学们,咱们正在扬州仪征的哪个茶园?

生齐:扬州聚源春茶叶有限公司种植基地。

张总介绍茶园概况,并带领学生前往茶园,沿途简单介绍了扬州仪征地区的地形、扬州茶叶生长的气候、土壤等环境,以及本茶园茶叶的种类。

(设计意图:本环节学生的兴奋点很高,学校派车组织外出,学生沿途唱着歌、朗诵茶叶文化的诗词,感受沿途风景,感悟家乡美丽风貌,体会劳动创造美;到达仪征茶叶生产基地,学生互相帮助系上采茶小背篓,为体验劳动做准备,为本课课题"劳动成就今天,实干创造未来"的突破埋下伏笔。)

环节一：采茶

子议题1　探索茶文化起源

【议学活动1】　采摘茶叶

步行到达采茶点。茶园科技研究所马总和茶文化博物馆居敏老师介绍采摘茶叶的要求和技巧。同学们背着小背篓,迫不及待开始了采茶活动,他们迎着凉爽的山风,沐浴着幽幽茶香,穿插在茶树之间,观察、轻捏、瞬提,小心翼翼地将嫩芽采摘下来放进篮中。他们的身影在茶树间来回奔忙,体验着劳动的欢乐,欢声笑语勾画出一幅葱郁青山采茶忙的劳动画面。整个采摘过程中,同学们互相配合,精心挑选,一芽一叶,无杂草叶,无异味叶,人影绰绰、笑声朗朗、清香袅袅。采茶一小时后,每人展示小背篓里的劳动成果,老师在茶园负责人的同意下,建议同学们把采摘的茶叶带回家,当晚用茶叶炒鸡蛋,与父母一起品尝,并写出品尝感受。

【议学活动2】　谈劳动感悟,探究茶文化起源

道德与法治老师：同学们采摘了不少茶叶,请大家谈谈采茶劳动的感悟。

生1：采茶本身不辛苦,但日晒雨淋比较辛苦。

生2：我觉得学习辛苦,希望出来活动,放飞自己,这次劳动太快乐了。

生3：我们偶尔出来劳动不觉得辛苦,但如果茶农劳动一整天,甚至一辈子,一片一片叶子摘出来,晒干,做成茶叶,必须花费很多时间,从事这样的体力劳动,真的不容易。

生4：我觉得虽然辛苦,但茶农们的快乐,在于可以赚到钱,劳动创造财富,劳动创造幸福。所以,我想到我的父母家人、老师们、各行各业的人们,都比较辛苦的,没有他们的劳动创造,就没有生命里的辉煌,也就没有祖国的繁荣富强,没有我们安逸的学习和生活。这种辛苦我觉得是值得的,我想拥有,我就要靠自己劳动和创造！你们觉得呢？

生5：（把一片绿色茶树叶尖子放进嘴里咀嚼,说舌尖上的感受）苦。这么苦的茶叶为什么还要种植？

生6：绿色的茶树叶子通过哪些环节才能变成我们平时泡茶用的茶叶？

生7：种植茶叶需要怎样的土壤、水质、气候等自然环境？

生8：我们学校有树人农场，可以把茶树移栽到学校去吗？

道德与法治老师：同学们兴趣很浓，一下子抛出很多问题，包括文化起源、地理环境等。我们先探究扬州茶文化起源，有请我们的探究小组为大家解疑。

茶源组1：中国人自古以来"开门七件事"，是哪七件事？

生齐：柴米油盐酱醋茶。

茶源组2：茶，起源于中国，但是如今饮茶已经成为世界性风尚。大家猜猜，是什么使得扬州在隋唐以后，不仅成为交通枢纽，更是东南文化交流的中心？

生齐：贯通南北的大运河。

茶源组2：对。扬州枕江臂淮，中贯京杭大运河，自古为东南重邑，是中国古运河的原点城市，也是运河申遗的牵头城市。长江和运河在此交汇，与运河共生，因运河而兴，因运河而盛。运河给扬州带来了全国各地的茶叶，南茶因为运河北上，西茶沿长江东传，茶人汇聚，茶风茶习，影响了中国乃至于世界。当时，江淮所产茶叶，大多是集中在扬州，再销往北方，扬州茶市的盛况可见一斑。

茶源组3：大家知道有哪些名人名家与扬州茶有着不解之缘？

生1：陆羽，唐代茶学家，被誉为"茶仙"，尊为"茶圣"，祀为"茶神"。一生嗜茶，精于茶道，撰《茶经》三卷，成为世界上第一部茶叶专著。他曾在扬州品评了天下的泉水。

生2：唐朝时期，扬州开始产茶。北宋时期，扬州自家茶园兴旺，曾任扬州太守的欧阳修一生爱茶，他曾亲自前往茶园探看芽萌发，采制新茶上贡，为此宋人特在长春桥北建了纪念性的春贡亭，将这份荣耀写进扬州茶史，茶也升格成了扬州的品牌。欧阳修的爱徒也曾做过扬州太守，相当爱茶。知道是谁吗？苏东坡。他在石塔寺召集朋友开茶会，文人雅士们聚在一起品茗斗茶，赏玩茶具，赋诗填词。

茶源组4：那时的茶，皆出自蜀岗。上贡给朝廷、文人附庸风雅增强了绿杨春的名气，给茶园带来经济价值，同时，扬州茶色、香、味俱全，还有健脑清心、明目提神等功效。大家可以想象唐宋时期，繁华的扬州相当于我们今天说的一线城市，扬州茶文化的发展处于鼎盛状态。但是南宋时，扬州茶文化因战事受到严重影响。直至明清，沉寂多年的扬州茶复活。大家猜猜为什么？

生3：还是运河。明代大运河，使得扬州商贾云集，茶肆兴旺。清代李斗在《扬州画舫录》便有"扬州茶肆甲天下"一说，当时茶馆以茶为纽带，将曲艺、戏剧、诗会、灯谜等民间活动结合起来，形成特殊的"茶馆文化"。

茶源组2：刚才有同学提到茶叶苦，是因为绿茶含有茶多酚，茶多酚有一类是儿茶素,绿茶未经发酵,含有儿茶素最多,所以茶叶苦。但是扬州人还是酷爱绿茶。比如,富春茶社、趣园茶社、冶春茶社、共和春、花园茶楼……扬州包子,烫干丝,配上一杯清茶,荤素搭配,色香味俱全,真是人间极品!

生4:哎哟,别说了,口水要流出来了。

道德与法治老师:(鼓掌)看来咱们这些小扬州人懂得还不少呢。这些美味名扬海内外,他们都是谁创造的?

生齐:都是扬州人民勤劳和智慧的结晶。

道德与法治老师:对。富春茶社,自主研制了一种特色茶:魁龙珠(一壶泡三省,浙江的龙井——味道,安徽魁针——色,江苏扬州珠兰茶——香,一品香,二品龙井之味,三品魁针之色),可见扬州人民的智慧,早就把融合这个理念引进到茶文化里,博取众家之长。那么,扬州茶树种植需要怎样的环境呢?现在有请地理老师。

【议学活动3】 研究茶树种植条件

问题1:什么样的地理环境有利于茶树的生长、分布?

生:茶树喜欢温暖、湿润、多雨的气候环境,海拔在500~2000米之间的山区是茶树的理想生长环境。茶树的生长需要充足的阳光和适量的雨水,同时也需要土壤肥沃、排水良好、酸碱度适宜等条件。

问题2:家乡扬州是否具备茶树的生长环境呢?

生1:扬州市位于北纬32°,东经119°,处于中低纬度,位于北温带,是典型的亚热带季风气候区。

生2:扬州市位于江苏省中部,长江下游北岸,长江从南部边境流过,京杭大运河纵贯南北,处于江苏省南北及东西水陆交通的汇集地带,地理位置十分优越。

问题3:扬州的自然环境(气候、地形、土壤)有何特点?

生1:扬州市地形以平原为主,在西南部有一小部分坡度和缓、岗顶宽平的丘陵,蜿蜒起伏于仪征市、邗江区的北部。

生2:扬州是典型的亚热带季风气候,季风显著,四季分明,冬冷夏热,雨热同期。冬季盛行来自北方干冷的偏北风,夏季盛行从海洋吹来的湿热的东南风,气温年较差较大,最热月平均气温约28℃,最冷月月均温约2.5℃,多年平均降水量为1020毫米,气候温暖湿润,为农业的生产提供了优越的热量和水分条件。

生3:扬州耕地多是水稻土,在亚热带气候的孕育下还形成了特有的黄棕壤,主要分布于仪扬低丘缓岗地区。整个扬州从北到南的土壤逐渐偏酸性,而仪征市土壤总体呈现偏酸性。

问题4:为什么扬州仪征一带最适合发展茶叶种植?

生:扬州市境内温暖湿润的气候适合茶树的生长。从地形和土壤条件看,扬州西南仪征一带多丘陵,地势呈现一定的坡度,雨水季节,坡度种植排水良好;仪征土壤总体呈现偏酸性,而茶叶种植的条件也是偏酸性土壤。因此,仪征区域种植茶叶比较适宜。

(设计意图:让学生体验采茶劳动过程,感悟劳动的快乐与艰辛,有助于学生理解是劳动创造了今天的辉煌,珍惜劳动成果;通过探究茶文化起源和种植环境,增强学生对中华传统文化价值的认识和对传承扬州发展茶文化的理解。)

环节二:制茶

子议题2 参观茶叶制艺

问题1:为什么不在3月早春茶厂最忙季节参观?

由于绿杨春茶选料严格,所采摘的鲜叶必须是在早春季节半展的芽叶,但是这个时段是茶农最忙的季节。我们选择了4月中旬稍闲时间去学习。同学们在参观中了解,绿杨春茶制作工艺流程为:杀青、整形、足干、精制。但是这些流程都是机器在操作,只有少数工作人员在管理。

问题2:为什么要用机器制茶取代手工制茶?

参观后,同学们有点遗憾,不能亲自制作茶叶,但是了解到现在使用机器制茶与以往人工制茶的区别。手工炒作品质优良茶叶时,在不同阶段手法不同,抛、闷、抖、带、抓、搓、捺等,更主要的是用心、耐心、细心,须调控火温和控制时间。机器控制精确度远高于人为控制,人工炒茶耗费人力资源多,带来茶叶太贵、销售成本高的问题。同学们联想到茶园地里输送水管的设计,顿感种茶、采茶到制茶过程中劳动的不易,以及科技应用到茶叶生产中的重要性。

(设计意图:让同学们在参观学习的过程中,自我教育,懂得劳动是财富的源泉,扬州人民在茶叶方面还有各行各业取得的成就是辛勤劳动、诚实劳动、创造性劳动换来的,劳动创造了今天的辉煌,也将继续创造明天的幸福。)

环节三：论茶

子议题3　研究茶业发展

【议学活动】 辩论赛：体力劳动重要还是脑力劳动重要

地理老师：同学们，我们上次去茶厂进行了采茶活动，探讨种茶所需的自然环境，参观学习了制茶工艺活动。

道德与法治老师：种茶、采茶、制茶都需要体力劳动，但是现在科技已经应用到种茶、制茶环节。随着科技进步，人工智能可能应用在国家建设的各行各业，因此，有人认为，未来有一天脑力劳动会取代体力劳动。体力劳动重要还是脑力劳动重要？我们分2组PK。同意体力劳动更重要的同学站在老师右边，同意脑力劳动更重要的站老师左边。小肖、小袁、小丁三位同学裁判点评。

（节选辩论中部分对话）

认为体力劳动比脑力劳动重要，观点：

纵观整个人类文明的发展史，皆是由体力劳动开始，带领着人类从混沌初开一步步走到现今的日新月异。从日复一日的辛勤劳作中总结归纳出千奇百样的供人们足以安居乐业的衣食用度。采茶工们每天在茶园里来回穿梭八九个小时，或顶着烈日，或冒着雨打。拼手速，拼耐力，拼精力，为的就是甄别出每一叶品质优良、不带瑕疵的嫩芽。他们把汗水洒进茶园，把收获攥在手里，把劳动的幸福和喜悦放进心里。谁知杯中茶，叶叶皆辛苦！万丈高楼起于基石，千里之行始于足下。此一切皆需以体力劳动为先。

认为脑力劳动比体力劳动更重要，观点：

脑力劳动在身体可承受一定范围内，可以起到有益于智力发展、加快血液循环、促进脊柱神经发展、增强平衡力、加快新陈代谢的作用，使大脑得到充分的发育。科技应用于各行各业，创造了巨大社会财富。科技是怎么产生的？是脑力劳动的结果。脑力劳动不仅会给人带来幸福感和满足感，还会有高报酬。反之，长时间的体力劳动不注意恢复，会对身体造成不可逆的损伤，甚至引发全身性疾病。

裁判：辩论双方唇枪舌剑，互不相让，我们三个人经过商讨，一致认为：双方各执一端，都有道理，为社会主义现代化做贡献，建设富强民主文明和谐美丽的新扬州，两种劳动都重要。把中国梦变成美好现实，创造未来的美好生活，需要我们青少年勤奋学习,掌握知识,将来接力奋斗,并且在各自的岗位上付出劳动,发扬实干精神,用劳动创造新辉煌。天下兴亡,匹夫有责!

道德与法治老师:说得好,天下兴亡,谁的责任?

师生齐说:我的、我的、我的、我的……是我们大家共同的责任。

(设计意图:通过辩论,让学生明白无论是体力劳动还是脑力劳动都很重要,没有高低贵贱之分,只要有益于中国特色社会主义现代化建设,能为祖国强大做贡献,就都很重要。我们每个青少年学生都需要勤奋学习,掌握本领,积聚能量,成为一束光,为创造新的未来更好地发扬实干精神。)

环节四:品茶

子议题4　传承扬州茶道

茶文化博物馆非遗文化传人李云蕾老师带领大家参观,介绍了茶文化知识,如黄茶的起源、近现代茶器的发展等,在古筝音乐声中品茶,畅谈关于茶文化的诗词,在品茶时师生共同探究了扬州茶文化的传承与发展。

问题1:古代文人八雅,是"琴棋书画诗酒花茶"。请大家说说你们都知道哪些关于茶的诗词?从中获得怎样的意境和启迪?

生1:唐代:元稹——《一七令·茶》(宝塔诗)。

茶。

香叶,嫩芽。

慕诗客,爱僧家。

碾雕白玉,罗织红纱。

铫煎黄蕊色,碗转曲尘花。

夜后邀陪明月,晨前独对朝霞。

洗尽古今人不倦,将知醉后岂堪夸。

学生解读本诗词意境:茶叶,分为清香的叶和细嫩的芽。诗人喜欢茶的高雅,僧家看重茶的脱俗。烹茶时,用白玉雕成的茶碾和细密的红纱茶筛,用铫煎出柔和美丽的黄色,再小心地将茶汤上面的沫饽撇去。深夜泡上一杯茶,邀请明月来陪伴,早上泡上一杯茶可以独自看朝霞。很久之前人们就在饮茶,茶不仅能让人们提神醒脑,消除疲倦,同时茶还能缓解酒醉,这真的算是佳品。

生 2：宋代：杜耒——《寒夜》。

　　寒夜客来茶当酒，竹炉汤沸火初红。

　　寻常一样窗前月，才有梅花便不同。

　　学生解读本诗词的意境：冬天的夜晚，来了客人，用茶当酒，吩咐小童煮茗，火炉中的火苗开始红了起来了，水在壶里沸腾着，屋子里暖烘烘的。月光照射在窗前，与平时并没有什么两样，只是窗前有几枝梅花在月光下幽幽地开着，芳香袭人。

　　道德与法治老师：君子之交淡如水，茶人之交醇如茶。这也正是如今在党的领导下，扬州各级政府重视茶文化的原因：一杯清茶论古今，两袖清风为苍生。以茶育廉，廉政于民，以茶养德，服务于民。扬州老百姓也爱茶，饮茶不仅是一种雅兴，一种文化，也对身体健康有好处。

　　问题 2：饮茶有哪些好处呢？

　　生：经科学鉴定，茶叶内含化合物多达 600 种左右，含有人体所必需营养成分，如维生素类、氨基酸等。茶叶不仅具有健脑提神、清心明目的功效，还对心脑血管等疾病有一定的药理功效。以茶养生，健康长寿，是扬州人民的选择。

　　道德与法治教师：一片茶叶经历了种植、采集、制作、品赏的变形工艺，饱含着扬州人民对美好生活的追求，也凝聚着像居敏老师、李老师这样的非遗文化传承人的心血。

　　问题 3：以茶养人，结合两次活动大家交流感悟。

　　生 1：人生如茶，浮浮沉沉。

　　生 2：有苦有甜，先苦后甜。

　　生 3：常饮茶，常思考，有利于培养勤俭节约、廉洁宽厚的人品。

　　生 4：劳动创造美，扬州人民有智慧。

　　生 5：我演奏时，深深意识到：品茶，品文化，品心境。

　　生 6：老师，同学们，大家今天受益匪浅。扬州清明前后的绿茶贵如金，黄茶更是唇齿留香，回味无穷。扬州茶虽深受扬州人民的喜爱，但是还没有走出扬州，赢得更广阔的市场。扬州绿杨春怎样才能实现走出扬州、实现高质量发展？

　　问题 4：为扬州绿杨春茶走出扬州实现高质量发展出谋划策。

　　交流后，赵承发言：我们组认为，扬州市政府应扩大茶叶种植面积；发展无公害茶园、有机茶园，提高茶叶品质，研制具有自身特色的扬州茶叶，提升绿杨春茶的知名度；做强茶产业链；增强开放度，与其他城市合作，学习其他城市的经营方式；增强扬州市内循环消费。

组员1补充：扬州市政府响应党的号召，开展茶文化廉政建设；挖掘扬州绿茶的经济价值、文化价值的同时，进一步充分利用茶叶的功效，大力挖掘黄茶、红茶的价值，甚至后期的环保价值、社会价值等；加强乡土特色产品知名度，促进乡土人才经营发展能力、增强品牌意识；培养大批优秀的从业人员；举办茶艺比赛活动；组织市民参与宣传活动等。

另一组赵文发言：我们组认为，扬州市茶园经营者应深化改革，进行直播；增强茶园的实干精神，开拓创新精神。学校应种植茶叶、让茶文化进校园；学生加入学校茶艺社团，积极参加志愿者活动，宣传茶文化。

问题5：为宣传扬州茶文化写一句宣传标语。

生1：一杯茶，品人生百味；平常心，造万年扬州。

生2：做扬州绿茶，品自然香茗。

生3：喝绿杨黄茶，促家乡发展。

生4：茶道如人道，做茶如做人。

生5：一壶一故事，品人生滋味。

生6：传承扬州茶文化 叙说运河人故事。

集体齐：愿扬州茶走出扬州，走出江苏，走出国门，以茶养德，绿色生活；愿家乡扬州在运河水的哺育下永远都是中华人民共和国版图上璀璨的明珠。

在歌声《我家住在运河边》中结束本期采茶、制茶、论茶、品茶的故事。

（设计意图：通过品茶活动，认识泡茶茶具，懂得泡茶礼仪，学会品鉴茶的色、香、味、形，熟知茶性，明白了扬州运河茶文化的深厚底蕴。同学们品茶品诗文品人生百味，就如何传承扬州茶文化和助力家乡建设出谋划策，抒发扬州青少年的家国情怀。进一步懂得在劳动中创造美，在对美的享受中感悟劳动和实干的重要性，理解劳动成就今天，实干创造未来。）

【教学反思】

"明前茶，贵如金""谷雨谷雨，采茶对雨"，清明、谷雨期间正是采制春茶的最佳时期。为了培养孩子们的劳动意识和实干精神，传承运河边的茶文化，思政徐老师和地理崔老师决定以劳动和实干为主题，避开了扬州仪征茶园绿茶采摘最繁忙的3—4月，带领学生走向扬州仪征茶园种植基地和扬州运河茶文化博物馆，从采茶、制茶、论茶、品茶四个环节展开教学，增强了学生对劳动成就扬州今天辉煌的认识，进一步懂得扬州今后的发展还需要继续实干，实干才能创造扬州新未来，传承扬州茶文化。

茶园里，茶园专家向同学们介绍了茶的品种、采茶方法等知识，指导同学们认茶、寻茶、采茶。他们把茶叶放进箩筐，把收获记在心间，这次茶叶采摘既增强学生的学习能力和团结协作意识，也让学生体验到茶农采茶的苦与乐，学会感恩。

在参观制茶和茶园负责人讲解的活动中，同学们懂得了扬州茶叶制作工艺从手工转变为机器制作，把现代科技和传统工艺相结合，通过精细的科学控制和传统工艺加工，确保绿茶的品质、口感等特性，彰显研制扬州绿杨春茶的地方特色。休息之余，同学们在茶起源和种植环境等问题的探究中，明白了扬州各方面取得的成就都是扬州人民劳动和智慧的结晶，是人民创造了扬州的历史。

所以，把劳动教育融入学生的成长，让学生体验了劳动的辛苦与快乐，树立了"劳动最光荣"的观念，培养了劳动素养、创造素养、秩序素养，也亲身体验并感受到茶叶文化的内涵和意义，进一步推进了学校劳动实践课程的发展，努力培养学生成为有理想、创造精神的当代青少年。

扬州三湾公园运河茶文化博物馆外，老师们以"脑力劳动和体力劳动哪个更重要"为话题组织学生进行了辩论，引领学生进一步明白，无论是脑力劳动还是体力劳动都很重要，是劳动成就了扬州今天的辉煌，要进一步加强扬州的建设、传承茶文化还需要进一步加强每个青少年的责任感，发扬实干精神。

参观茶文化博物馆，了解到扬州茶之源、茶之事、茶之类、茶之器、茶之功效。在同学的古筝弹奏中，老师向同学讲解了黄茶的有关知识，知道了失传已久的扬州黄茶制作技艺在"茶二代"居敏老师的努力研制下成功恢复，更懂得了正是运河边有这样一批又一批非物质文化遗产的传承人的奋斗，才有了扬州茶文化的发展。在居老师的徒弟李云蕾老师的指导下，同学们沏茶、赏茶、饮茶、品茶道、悟人生。一杯香茗，万千学问。同学们品茶时还就如何传承扬州茶文化和助力家乡建设出谋划策，抒发扬州青少年的家国情怀。

我们把劳动教育与扬州茶文化相结合，引导同学们弘扬扬州运河儿女的实干精神，培养同学们的审美情趣、文化修养和道德情操，增强同学们对家乡建设的责任与担当，力求使之成长为有道德有文化的当代中国青少年。

【教学点评】

本节思政课以培养学生的核心素养为宗旨，充分调动社会力量和资源，把思政小课堂同社会大课堂融合起来，激活了教学主体、教学内容和教学过程，做到三个一体化。

1. 融学科与资源于一体，引导学生在体验中有所疑问，有所发现，有所感悟。

本节课选择劳动与实干这个主题内容，以运河边一片茶树叶的华丽变形为明线索，运用采茶、制茶、品茶三个议题铺开教学，创设了紧密相连的活动情境，引领学生体验了采茶,感悟了劳动,探索了扬州茶叶的起源、种植环境、制作工艺,辩论了脑力劳动与体力劳动对扬州茶业发展的重要性,开展了茶道品评活动。为此,思政和地理两个学科老师多次去仪征茶园踩点,去茶文化博物馆拜访非遗文化传人居敏老师,得到了她和茶园相关负责人的帮助,先后两次策划活动方案,向学校申请外出,得到学校和家长的大力支持,最终成功完成本次运河思政融合课堂内外的教学。

从教学内容看,思政课内容不能仅仅局限于教材之中从理论到理论、从结论到结论的自我循环教学,而应该回应青少年学生的关切,让学生爱听爱学、听懂学会,运用身边鲜活的人和物的资源,因地制宜、因材施教,潜移默化地影响学生。这就要求我们思政老师充分调动课内课外、校内校外多方资源,实现学校、家庭、社会等多元教育主体协同互动,构建学科资源、教学资源与社会资源的大思政融合,用社会大课堂的生动性、具体性阐释教材的理论性,用社会大课堂的实践性解决教学内容的疏离感,用社会各界专家和各行业人民的创造性领悟理论的深度和实践的厚度,引导学生知、信、行的统一,增强学生对劳动创造幸福的认识,强化学生讲好运河茶文化故事、传承扬州茶文化的责任担当,做自信的扬州人,成为合格的社会主义建设者和接班人。

2. 融民主与自主于一体,引领学生在社会情境和生活情境中主动学习和探究。

教学是教师和学生共同参与的行为,只有充分调动师生的能动性,才能形成有效教学。在思政小课堂上,教师以其自身精深的专业学养、高尚的道德修养、严谨的治学态度、对社会生活的深刻感悟,做到"真用心""用真心",努力做为学为事为人的大先生,引领学生奋力前进,因此,青少年学生主体性作用的发挥才是学习的原动力,这种原动力除了思政小课堂,更应该在社会洪流中不断得到锤炼。

社会大课堂上,整个教学过程是学生学习的过程、发挥主观能动性的过程,学生转变成为教学的新主体,能动性得到充分提升。教师把劳动任务抛给学生,他们用自己的眼光来观察时代、理解社会,以主动的体悟汲取养分、丰富思想,解决成长困惑和青春迷茫;他们用自己的语言和视角从实践中解读书本内外接触到的故事,体现了教师的民主与学生自主,引导与主导的新统一,实现了思政课中主体性与主导性的深度结合,从而提升教学的主动性、针对性和实效性。因此,在仪征采茶劳动体验和制茶工艺的学习分享感悟中,在茶文化博物馆品茶活动中,充分尊重和发挥学生的主动性、积极性和创造性,让学生用自己小我世界,着眼社会大格局。

3. 融劳动素养与人文素养于一体,引领初中生树立正确的劳动观,珍惜劳动成果,培养学生的家国情怀。

劳动是人的成长需要和存在方式,因此,劳动教育要成为终身的教育要求。新时代的劳动教育呼唤更加辛勤、诚实和创造性的劳动,劳动者的积极性、主动性和创造性将会得到更大的提高,劳动者的合法权益也会切实地实现好维护好发展好。因此,核心素养视角下,初中思政课教学应该帮助学生树立正确的价值观,认识到劳动对个人、对社会发展的重要意义,并组织丰富多彩的教学实践活动,培养学生的劳动意识,提高学生的劳动与实际动手能力,培养学生爱劳动、会劳动、能劳动的劳动素养。

采茶制茶实践活动把课堂与生活密切相连,把劳动教育融入学生的成长,孩子们体验到了劳动的辛苦与快乐,树立起"劳动最光荣"的观念,培养了孩子的劳动素养、创造素养、秩序素养,也让参与者亲身体验并感受到茶文化的内涵和意义,引导学生把人生抱负落实到脚踏实地的实际行动中来,把学习奋斗的具体目标同民族复兴的伟大目标结合起来,从而真正打开学生的心理与精神发展空间,以心启智、以德导行,引领学生成长成才,培养学生成为有理想、有创造精神的当代青少年,成为担当民族复兴大任的时代新人。

参观茶文化博物馆的实践活动,同学们沏茶、赏茶、饮茶,品茶道、悟人生。一杯香茗,万千学问,不仅认识泡茶茶具,懂得泡茶礼仪,了解如何冲泡一杯好茶,学会品鉴茶的色、香、味、形,熟知茶性,更是明白了扬州运河边茶文化的深厚底蕴,为家乡茶文化建设出谋划策,传承优秀运河文化,展现了当代青少年的纯真与担当。

习近平总书记指出:"广大青年要如饥似渴、孜孜不倦学习,既多读有字之书,也多读无字之书,注重学习人生经验和社会知识。"把采茶、制茶、品茶相结合,把劳动教育融入茶文化的传承的使命中来,进一步培养同学们的审美情趣、文化修养和道德情操,增强同学们对家乡建设的责任与担当,使之成长为有道德有文化的当代中国青少年。

(点评人:刘满希 扬州市教育科学研究院)

第30课

坚持改革开放

——因运而生、因运而强、因运而变

授课教师：曹　敏（扬州市邗江区实验学校；道德与法治）
　　　　　曾丽君（扬州市邗江区实验学校；地理）

教学目标

1. 创设"因运而生"情境，通过改革开放前后运河运输量的变化，学生拥护中国共产党的领导，坚持和发展中国特色社会主义，弘扬和践行社会主义核心价值观，从而培养学生的政治认同素养。

2. 创设"因运而强"情境，通过"改革开放后，运输方式的多样化，大运河对扬州发展是否有用"的讨论及辩论，探究扬州城的兴衰，理解大运河的兴衰对沿岸区域社会经济的影响，在问题解决中培养学生科学精神素养。

3. 创设"因运而变"情境，引导学生通过学习京杭大运河面临的问题，认识人类与环境协调发展的重要意义，树立人地协调观和可持续发展理念。自觉做改革开放的拥护者和支持者，培养学生的法治意识和公共参与素养。

教学重点和难点

1. 教学重点：改革开放的意义。

2. 教学难点：改革开放的必要性，改革开放是解决当代中国命运的关键抉择。

3. 重难点确定依据分析：本知识点是九年级道德与法治教材（上册）第一单元《富强与创新》中第一课第一目的内容，也是总领后续篇目的前提性篇章，内容十分重要。现阶段我国各领域取得的成绩以及可喜的变化都与改革开放这一伟大的决策密切相关，因此要学好九年级道德与法治的内容，理解改革开放这一伟大决策就显得尤为重要，只有这样才能为学生今后学习本课程其他内容作一个很好的铺垫。改革开放这一政治词汇与学生的日常生活、成长经历离得比较远,陌生感强,甚至有的学生对改革开放词义本身也缺乏正确认识与理解。学生在大量的书本内容面前,难以总结提炼出重要的、有质量的信息,尤其初中学生对社会接触少,知识面窄,知识涵养还很不够,所以很难对改革开放的意义与必要性有深刻的理解与认识。教师在以往的教学中仍然是传统的教法,缺乏对多媒体设备的充分运用,给学生提供的教学资源也十分有限,从而限制了学生的思维以及知识面的扩展。

学情分析

本课全景展现了中国腾飞的历史进程、中国取得的伟大成就、面临的时代挑战和作出的积极应对,旨在引导学生心怀祖国、倾听与思考中国故事、感受与弘扬中国精神、凝聚与传递中国力量。扬州市邗江区实验学校九年级学生在平时的教学生活和辩论活动中已经具有一定的抽象思维和辩证思维能力,但是看问题容易片面化、表面化。例如,学生能够理解改革开放给经济社会发展和人民生活带来的巨大变化,也能感受我国在经济发展过程中遇到的问题、对人民生活产生的直接影响,以及我国采取的相应措施,并能把这些内容建立起简单的联系。但是,很难认识到经济发展新常态是我国经济发展这一长期过程中的阶段性特征,符合事物发展的规律。同时,九年级学生已经在七八年级的特色校本活动中具有一定的材料搜集和动手拓展能力,可以在坚持改革开放课堂前自己在互联网和身边进行资料搜集。

融合教学分析

1. 融合学科:道德与法治、地理。
2. 融合依据:
(1) 基于知识的融合贯通,培养学生整体性思维。

本节课以京杭大运河为线索,探究改革开放前后大运河的变化,这部分内容兼有政治学科和地理学科的内容。从家乡的河流——京杭大运河着手,从政治学科的视角来探寻改革开放前后京杭大运河周边的城市、人民的变化,从地理学科的大运河的运输量和功能的变化、扬州城的兴衰来证实改革开放前后确有变化。将两门学科内容结合在一起,从而培养学生的整体性思维。

(2) 基于方式创新,指向基础教育课程改革深化。

政治课堂大都是理论知识,理论相对而言比较枯燥,加上地理相关的辅助性工具,在旧式的课堂上添加新的元素和方法,两者之间相互合作与学习,更加有利于知识的传授与讲解。这样也能够落实基础教育课程深化改革中的"建立健全综合协调、充满活力的育人体制机制,创新育人方式"的要求。

教学准备

1. 学生在课前调查改革开放后,大运河对扬州经济、民生、国际地位这三方面的影响。

2. 在地理老师的指导下,联合扬州市水文局工作人员对京杭大运河扬州段进行水质调查。

教学过程

总议题 踏上强国之路,坚持改革开放

【导入新课】

播放视频:《运河风光》。

教师:有没有同学参观过三湾湿地公园呢?

学生:去过。

教师:三湾湿地公园是扬州的母亲河——古运河——流经的区域。现在老师带着大家坐着小船一起游览古韵悠长的大运河。

教师:运河一路风光旖旎,刚刚在视频中同学们看到了哪几个典型城市呢?

学生:扬州、天津、北京、杭州、苏州、常州、镇江、淮安……

教师:同学们看视频都很仔细,但是老师觉得这样还是不够了解大运河的全貌,现在让我们的地理老师曾老师带领大家一起了解你眼中的大运河吧!

教师:从刚刚的视频中,大家可以看到京杭大运河从南到北经过那些城市?

学生:杭州、扬州……(学生边说老师边填)

教师:同学们,现在我们来看看大家眼中的大运河:北至涿郡,南至余杭,地跨8个省级行政区,北到南分别是北京市、天津市、河北省、山东省、河南省、安徽省、江苏省、浙江省,贯通五大水系,由北向南依次是海河、黄河、淮河、长江、钱塘江。

教师:了解大运河基本概况之后,接下来跟随老师感受不同时期大运河运输量的变化。

(设计意图:道德与法治老师利用5D视频《运河风光》导入,让学生感受大运

河全程旖旎风光,引出大运河沿线城市。地理老师带领学生在黑板上合作画出运河全貌,初步认识大运河。)

环节一:因运而生

子议题1 强国富民的历史进程

【议学情境】

1978年十一届三中全会标志着我国进入改革开放的历史新时期,1980年在深圳、珠海、汕头、厦门设立经济特区。随着改革开放的程度不断深化,1985年党中央、国务院决定在长江三角洲、珠江三角洲和厦漳泉三角地区开辟沿海经济开放区,以后又开辟了环渤海(辽东半岛和胶东半岛)经济开放区。

教师:大家看,这两个三角区和我们的运河之间存在着交汇(黑板上画出交汇处),所以改革开放后我们的大运河的通航量大大提升。改革开放初的1978年,苏北运河货物运量1600万吨,到2007年货物运量已达1.55亿吨,其中煤炭8819万吨、电煤6332万吨,比1978年增长近9倍。2020年,大运河江苏段货运量高达5.3亿吨。

【议学活动】

展示图片:《新中国成立前后大运河运输量的变化》《社会主义革命前后大运河的运输量变化》《改革开放前后运河运输量的变化》。

教师:新中国成立之前,苏北运河两岸航道大多处于原始状态,航行条件差,维护管理手段落后,运河只能间断通航30吨左右驳船,年通过量只有几十万吨。1959年以后扩建了徐州至长江段400余公里的运河河段,使得运河单向年通过能力达到近8000万吨。大家猜一猜之后我们的运河通航量会有什么变化?

学生:运河通航量会变多。

教师:为什么会有这样的变化?大家翻阅书本告诉我答案。

学生:因为改革开放。

教师:改革开放之后,国家加大了运河整治的力度和保护措施,形成了济宁至杭州近900公里的畅通航道,带领运河沿线人民实现从站起来到富起来再到强起来的伟大飞跃。

(设计意图:本板块通过直观数字比较,引导学生理解、感受大运河改革开放前后的变化,认识到这种变化更是强国富民的伟大变化,从而增强对大运河文化的认同感、自豪感、责任感。)

环节二:因运而强

子议题 2　改革开放的地位

【议学情境】

改革开放后,京杭大运河带动周围沿线城市的发展,乘着运河经济文化带的东风,取得了方方面面的发展成果。例如:2020 年扬州获得"世界美食之都"的称号;2020 年至今苏州跻身中国 GDP 十强城市;杭州连续 17 年获中国最具幸福感城市称号;2020 年度天津市更是有 22 项成果荣获国家科学技术奖,获奖数量创历史新高。在国际上,内河航道国际组织评价,中国对运河文化遗产的保护促进了社会可持续发展,这是一项伟大成绩,也是中国的世界遗产保护对国际文化遗产保护的重要贡献。

【议学活动】

1. 探寻扬州城的兴衰

展示图片:《扬州古时地理位置图片》《黄河改道图》《清末公路铁路发展图》。

教师: 扬州在唐朝素有"扬一益二"的美称,盐商经济在清代达到了顶峰,结合隋唐大运河示意图,请同学们思考扬州发展盐商经济有何经济优势?

学生: 扬州位于长江和京杭大运河的交汇处,交通便利。

学生: 扬州靠海,盐商经济发达,原材料丰富。

展示图片:《黄河改道图》《清末交通发展图》。

教师: 请同学们结合《黄河改道图》和《清末公路铁路发展图》思考:清末,扬州城为什么会衰败?

学生: 明清时黄河夺淮入海,黄河中含有大量泥沙,从而堵塞河道。

学生: 清末时期,中国在洋务运动和列强侵入中国的条件下,修建了铁路,这使得大运河的地位明显下降。

教师: 明清时期,黄河夺淮河入海,黄河中含有大量的泥沙,泥沙会堵塞河道;清末时期,众多交通方式的发展使得大运河的地位开始下降。扬州因运河而生,大运河的地位下降,所以很快扬州就开始没落了。

（设计意图：地理老师指导学生上台解读形象、醒目的地图，更深层次了解"为什么古时候扬州有'扬一益二'的美称"，扬州兴盛得益于得天独厚的地理位置——处于京杭大运河和长江的交汇处。再比较《黄河改道图》和《清末公路铁路发展图》，让学生感悟出京杭大运河交通地位下降，运输优势不再，扬州城逐渐衰败。让学生学做小先生，使整个课堂注重以生为主，环环相扣。）

2. 唇枪舌剑辩运河之地位

教师：现在老师想请同学们思考，改革开放后，运输方式变得多样化，大运河对扬州的发展是否有用？不着急回答老师的问题，现在我们举办一个小小的辩论赛。左边同学做正方，你们的观点是：改革开放后，大运河对扬州的发展有用。反方你们的观点是：改革开放后，大运河对扬州的发展用处不大。请同学们思考并讨论辩题。

小组思考，讨论记录。

教师：讨论结束，现在辩论开始，我们有请正方一辩。

学生：大运河依然承担着航运的功能，并且大运河拥有历史文化，是可以打造成风景旅游区的。同时，通过整治，大运河也可以作为沿线城市的备用水源地。最后，大运河沿岸也可以开发房地产，给沿线城市带来很好的经济收入。

教师：好，现在我们有请反方一辩。

学生：我觉得我们不需要大运河，虽然大运河有着悠久的历史，但是大运河现在泥沙淤积严重，有些地方船只无法通过，相比于现在高铁和公路的四通八达，它流经的区域就不够广，全国的货物没有办法更好地流通，所以大运河的存在价值就没有那么大。

教师：哦，这位同学确实把老师说服了，有些地方大运河流通不了。现在我们有请正方二辩。

学生：不是的，和公路铁路比大运河不是毫无优势的，它比较突出的优势就是它的成本比较低，相比公路铁路它的污染没有那么大。我们国家正在坚持节约资源、保护环境的基本国策，所以大运河的存在还是很有必要的。

教师：非常棒，还运用了我们书本的知识，现在我们有请反方二辩。

学生：我觉得现在我国科技这么发达，我们更应该把高铁和航运的优势发挥出来，大运河和航运、高铁相比效率低速度慢，所以我觉得不需要大运河。

教师：回答得非常犀利，现在我们有请正方三辩。

学生：前面的同学讲了大运河的交通运输和经济发展。大运河是我们的一项文化遗产，它历史悠久，是祖先留给我们的一项文化遗产，在这样一个经济飞速发展的时代,我们更需要保护好它,统筹保护好、传承好、利用好大运河是当代中国人的历史责任和时代担当。

教师:非常好,他用了我们习近平总书记的语录,现在我们有请反方三辩。

学生:大运河运输只能运输数量大、保质期长的货物,对于一些金贵的货物,大运河的运输优势不大。大运河后期保养耗费太大,我们可以把这些钱用在更合适的地方。

教师:同学们说的都很有道理,但是老师在这里先不做点评,我们一起来听听地理老师曾老师的看法吧。

教师:接下来我们从地理视角,来探寻改革开放后京杭大运河对扬州发展是否有用。

展示图片:《中国煤炭分布图》和《南水北调图》。

教师:从图中可以看到我国煤炭资源主要分布在哪?

学生:煤炭资源主要分布在我国北方,靠近京杭大运河的中段。

展示材料:京杭大运河中段腹地的鲁西南、苏北及两淮地区,煤炭资源丰富,已探明的储量占华东总储量的80%,且多为低硫、低灰、高热优质煤。

教师:北方煤炭不仅分布集中且质量较优。扬州是矿产资源短缺的地区,为了实现扬州地区经济可持续发展,可以通过何种交通方式将北方的煤炭运往南方?

学生:水路运输。

学生:铁路运输。

展示材料:水运,一直以低耗著称,单位能耗仅相当于铁路的二分之一、公路的十分之一。以苏北运河日均近100万吨的货运量为例,需要5万辆20吨卡车。

教师:京杭大运河是北煤南运的交通要道。不仅如此,京杭大运河还承担什么样的功能?

学生:京杭大运河现如今还是南水北调的东线工程的重要输水渠道。

教师:现如今京杭大运河仍有运输功能。

教师:不知道在地理老师曾老师的启发下,大家的观点有没有发生什么变化呢?不着急,现在我们一起来看一段视频。

教师:看完了视频,请同学们思考改革开放后,大运河对扬州发展的作用发生了什么变化呢?

学生:发扬扬州特色文化,继承优秀运河传统文化。

教师:如今,运河已成为扬州经济发展的"快车道"。纵观大运河的发展历史,随着外部环境的变化,运河的社会功能也在发生着转变。申遗成功使大运河从中国的遗产转变为中国的世界遗产,提升了大运河的地位,其所承担的社会功能也呈现出综合化的趋势。这可见改革开放后的大运河不仅延续运输优势,而且还承担着大运河的文化保护和传承功能,是强扬州之路,更是强国之路,是改变着扬州命运的关键一招。

(设计意图:改革开放后,运输方式变得多样化,大运河对扬州的发展是否有用?正反方展开激烈的观点交锋。辩论后,地理老师解读大运河在"北煤南运""南水北调"过程中的作用,大运河运输功能在延续。还让学生观看视频《扬州新闻——中国大运河博物馆》,达成共识:运河文化保护要与文化旅游相结合,大运河不仅延续着交通运输的功能,还承担着文化保护和传承功能。通过组织辩论和点拨,帮助学生理解改革开放对于扬州发展的巨大影响,认识改革开放的地位,即改革开放是强扬州之路,强运河之路,更是强国之路,是改变扬州命运的关键一招。)

3. 运河见证中国的腾飞

教师:改革开放后的中国发展速度令整个世界瞠目结舌,京杭大运河不仅仅哺育着扬州人民,也为中国的腾飞贡献了一份属于自己的力量。我们分成了三个组:分别是运河经济小组一、小组二、小组三,现在我们请每组组长向我们展示他们的智慧结晶。

学生谈运河经济。

教师:扬州人民工资在运河经济的带动下,呈现出较好的提高势头,不仅如此,运河在江苏省还串联起9座国家创新城市、38个国省级开发区,经济总量占全省91%。

展示图片:改革开放后扬州在出行、住房、消费、街景、博物馆、环境方面的变化。

教师:大家可以看到,扬州人民生活在运河的滋养下逐渐变好,而且运河发展解决了数万名船员就业,也带动了沿线的造船业,更是成为南北饮食文化的交流渠道。

学生:大家好,这是我采访的一位住在运河周边的爷爷,现在我们来听听他怎么说的吧。(播放采访视频)

教师:陈心一同学收集的资料非常新颖,邀请了老一辈人为我们讲述改革开放之后大运河对扬州的影响和成就。改革开放后的中国大运河见证着沿线城市的腾飞,更见证着中国人民创造了人类发展史上的伟大奇迹和强大的中国力量。

(设计意图:学生通过课前的资料搜集展示,锻炼提高信息搜集的能力,道德与法治教师点明改革开放的成就不仅仅在扬州,更在国家层面上,使中国成为影响世界的重要力量。本环节在培养学生综合素质的同时,让学生明白:改革开放后的中国京杭大运河见证着沿线城市的腾飞,更见证着中国人民创造了人类发展史上的伟大奇迹和强大的中国力量。)

环节三:因运而变

子议题 2　中国腾飞的表现

【议学情境】

如今,运河已成为扬州经济发展的"快车道"。纵观大运河的发展历史,随着外部环境的变化,运河的社会功能也在发生着转变。申遗成功使大运河从中国的遗产转变为中国的世界遗产,提升了运河的地位,其所承担的社会功能也呈现出综合化的趋势。同时京杭大运河扬州段这几年水质总体还是不错的,这得益于扬州颁布实施一系列政策法规,建立大运河数字管理和预警监测平台,以及全国首个省级大运河遗产监测管理平台,每年还投入运河生态补偿7000多万元。为保护运河水体安全,鼓励运输船只采用新能源;在沿线设置了垃圾回收站,以垃圾称重换取生活物资补贴,还派出垃圾回收船为行驶中的船舶收取垃圾。清澈的河水保证了南水北调的水质。在实体保护上,我们修建中国大运河博物馆,强调运河保护与文化旅游融合发展相统一,使运河文化融入当代生活,更好地传承保护运河。

【议题活动】

1. 情景剧《我家住在运河边》

教师:大家可以看到改革开放不仅带动了运河沿线城市的腾飞,更推动着中国的发展,当然这样的发展也离不开中国人民的辛勤劳动。现在让我们一起来欣赏由王铭书同学组织的情景剧《我家住在运河边》,大家掌声鼓励。

小杨:爸爸妈妈、爷爷奶奶,我回来了!

(一家人停下手中的事情)

爸爸:今天学校里发生了什么有意思的事吗?

小杨:有的有的!(边说边从书包里拿作业本)今天道德与法治老师给我们上多彩的职业时,让我们在课上做出职业规划。可是大家都有自己的职业规

划，就我还一筹莫展。（故作苦恼）

妈妈：好孩子，这种事不要着急，我们慢慢想，也许我们的职业可以给你一些启发呢？

奶奶：没事，大孙子，以后毕业了可以送快递啊，奶奶的菜鸟驿站一天就能赚280元呢！

爷爷：你把我拖到你的驿站给你当免费劳动力就算了，我年轻时候是咱们大运河上著名的领航员，那经历的（做回忆状）。你可别误导我大孙子！

奶奶：得了吧你个开小破船的，还领航员？真是水仙不开花——装蒜！送快递怎么了啊，劳动最光荣！

爸爸：爸、妈你们别争了。现在我们全方位的对外开放，能做的事多了去了，政府也鼓励咱们去创业，扬州市颁发创业补贴7000多万呢！你看我的剪纸工作室，扬州新闻都报道说我们工作室的剪纸将大运河上的古老船坞和现在的人文风景结合在一起，带领人们领略古运河和现代创意文化迸发的火花。咱们只要有能力、有学问、有思想，有这么好的地理条件和文化底蕴，做什么不行。

小杨：可是爸爸，我好像对剪纸不感兴趣！

妈妈：那就和妈妈学，咱们做生意。旁边就是大运河，妈妈开了一间民宿。扬州不仅是联合国宜居城市还是世界美食之都。大运河申遗成功后，烟花三月下扬州的人更多了。还是做生意吧！

小杨：我也不想做生意，不久前我的船模还获得中国青少年科技创新奖呢。我想和爷爷一样，去开船，在大运河上开更大更好的船！现在我要努力，争取做出更好的运输船，在大运河上实现我的梦想！

爸爸、妈妈、爷爷、奶奶：我们支持你。（竖起大拇指）

教师：大家表演得真不错，请同学们思考思考，你看到了这三代人工作有着怎样的变化呢？

学生：从爷爷奶奶在大运河边通过体力赚钱，到爸爸妈妈开始利用大运河的文化元素和商业价值赚钱，再到小杨自己想要通过创新和设计赚钱。

教师：非常好，那么为什么会发生这样的变化呢？大家一起告诉我。

学生：因为改革开放。

教师：在改革开放的进行曲中，在古运河的滋养下，运河百姓从原先的体力劳动获取温饱到现在运河百姓在各行各业百花齐放、敢闯敢试、敢为人先，拓展出越来越多的工作岗位，为中国特色社会主义事业添砖加瓦。现在尊重劳动、尊重知识、尊重人才、尊重创造已经成为社会共识。

（设计意图：带领学生开展《我家住在运河边》情景剧表演。风趣幽默、生动形象地表现了在改革开放的进行曲中，在古运河的滋养下，大运河带来的"人"之变：从原先的体力劳动获取温饱到现在各行各业百花齐放、敢闯敢试、敢为人先，拓展出越来越多的工作岗位，为中国特色社会主义事业添砖加瓦。尊重劳动、尊重知识、尊重人才、尊重创造已经成为社会共识。）

2. 京杭大运河调查

教师：京杭大运河是我们的母亲河，彭昕哲和何志雯同学联合扬州市水文局，为我们带来了京杭大运河扬州段水质调查报告。

学生：我们在中国大运河博物馆周边开展了"你对京杭大运河扬州段水质满意吗？"的问卷调查。调查显示有78%的人满意，有22%的人不满意。那么为什么有不满意呢？我们进一步调查，原因有以下几点：(1)往来船只频繁，底河污染严重；(2)漏排污水污染；(3)降雨降尘入河污染；(4)内源污染；(5)城市相连河道污染。2021年1—7月京杭运河水质为优。现在我们一起来听听扬州市水文局检测人员的报告吧。

播放《扬州市水文局检测人员报告》。

教师：非常棒，让我们掌声感谢这两位同学，大家说一说，你们有什么方式来保护运河呢？

学生：不要乱扔垃圾，呼吁政府管制排放污水的工厂，我们抵制使用含磷的洗衣粉洗衣液，我们避免一些容易造成藻类繁殖的元素进运河。

教师：同学们说的都很棒，希望同学们在接下来的生活中，通过自己的方式更好地保护运河。

（设计意图：课前组织学生采访扬州市水文局负责水质抽查的工作人员，撰写京杭大运河扬州段水质调查报告。让学生明白保护大运河的重要性和迫切性，了解保护大运河的一些政策措施，积极主动、发自内心地去保护大运河。）

【教学反思】

古运河要重生，不是要恢复其漕运、盐运的功能，而是在保护好文化遗产的前提下，进一步延续和放大其历史上促进南北及中外经贸文化交流的作用。古运河的重生，早已不局限河流本身。本课的第一个亮点：双线共织。本课不仅有着运河思政、融合思政的明线，每个环节还都存在着"变"。这种"变"，让学生鲜明感受改革开放带给扬州、带给运河、带给中国的翻天覆地的变化。本课的第二个亮点：注重学生课堂参与和立德树人根本任务的落实。在探究环节，两个老师的设计都无不例外地强调学生参与，在学习道德与法治知识的同时，进一步提升综合能力，凸显以学生为本,以教师为导的思想。课前的资料搜集活动,不仅促进学生对于知识的了解,更是综合素质的提高。表演情景剧幽默风趣,通过三代人工作的变化,强调改革开放的地位等,符合课程标准要求。本课的第三个亮点:注重践行大运河的保护。激烈的辩论赛更好地让学生感悟:在改革开放前提下,国家加大运河整治力度,不仅仅是河道、水质等方面的保护,更应是文化功能的保护和传承。

本课中有以下的不足:首先学生在课堂上的主体性地位发挥的不到位,在探究问题后,经常性地汇总学生答案,由教师来进行升华和总结,没有很好地锻炼到学生的总结能力;其次在利用地图显示对外开放地区时,应该结合动态动画生动地展示改革开放前后大运河对经济特区的形象,进而升华改革开放为中国带来的重大意义;最后,没有将经济方面的变化延伸到我国的基本经济制度的发展变化和农村经济体制改革的措施的典型——家庭联产承包责任制。

通过反思,我发现自己还存在许多不足,我会学习他人的长处,向其他优秀教师进行学习,发挥合作学习的优势,进一步优化课堂,培养学生良好的学习习惯和实践动手能力。

【教学点评】

1. 学科任务与真实情境能有机相融。一方面,本节课教师从政治和地理的视野帮助学生通过真实情境了解改革开放的历史背景、伟大进程及巨大成就,体会改革开放对中国及世界发展的重要意义,充分认识改革开放就是强国之路,深刻理解改革开放的决定是当代中国命运的关键决策。因此,本节课做到了情境创设充分体现学科特色,紧扣教学内容,凸现学习重点,破解教学难点。另一方面,教师在完成学科教学任务的过程中,设置了位于长江与运河交汇点的古城扬州"因运河而生、因运河而强、因运河而变"的情境,具有真实典型、结构开放、信息量大和学生"看得见、摸得着"等特点。因此,本节课做到了学科任务与教学情境相得益彰,使学生"有话可说""有事可做""有问题可议",不仅高效完成学科任务,而且使学生真正明白了习近平总书记所说"统筹保护好、传承好、利用好"的真正内涵。

2. 教室课堂与社会课堂有机相融。由于种种原因,目前仍有不少教师只把自己局限在"教室小课堂"中。我认为"教室小课堂"的主要特征是:教学目标小视野,只重视知识传授和技能养成,忽视正确价值引领;教学内容小系统,离学生实际较远,认知教学概念化、思想教育说教化;教学条件小范围,教学活动主要固于"三尺讲台"、课堂45分钟;教学手段小教具,缺乏与外界进行物质、能量与信息的交换;教学方式小传统,课堂仍以灌输为主,只关注教师的教而忽视学生的学。

而在百年未有大变局之今天,社会发展过程中所发生的大大小小的事件,社会人际关系的变化,正重塑着下一代。教师必须自觉把学科课程纳入社会的大系统之中,把学科教学活动纳入开放的社会大课堂之中。教师要引导学生投入绚丽多姿的现实生活中,关注社会科学、信息科学、生命科学、认知科学等的飞速发展,关注层出不穷的社会热点,关注各种形式和渠道所传播的鲜活的有强烈时代特征的各种政治社会现象,关注民族的、国家的、人类与社会的命运。本节课,教师十分重视身边情境,强调人与自然、社会协调的现代意识,让学生腿勤起来,手动起来,在采访中、调查中、展示中、表演中、辩论中来活化、内化学科素养,很好地达成了学科教学目标。

3. 思政学科与地理学科有机相融。两位教师通过因运而生、因运而强、因运而变三个教学环节,让学生鲜明感受改革开放带给扬州、带给运河、带给中国的翻天覆地的变化。地理教师让学生画图、读图和阅读资料,使学生初步了解京杭大运河的概况,深刻认识到京杭大运河在区域发展中的作用。通过探究扬州城的兴衰,理解京杭大运河的发展对沿岸区域社会经济的影响。根据扬州城发展工业需要的条件,认识到制约工业发展的一般条件。以上教学,培养了学生人地协调观、综合思维和区域认知等。道德与法治教师组织学生课前搜集资料,展示"研究成果";结合改革开放前后大运河及扬州变化,开展主题为"我家住在运河边"的情景剧表演;结合课前学生对扬州市水文局的采访,引领学生撰写京杭大运河扬州段水质调查报告。开展系列活动,引导学生在发现问题、提出问题、分析问题和解决问题的过程中,学习相关的学科知识,提升政治认同、公共参与意识、责任意识。两位教师在课堂上把不同学科、课程内容、探究性学习、践行体验进行融合,把单个的信息教学真正演变成了立体、多层次的融合教学。

(点评人:王恒富 扬州市教育科学研究院)

后　记

　　本书是全国教育科学"十四五"规划2022年度教育部重点课题"'运河思政'：跨学科协同育人实践探索"的阶段性成果之一。

　　"运河思政"一词是集多位教授、专家集体智慧的结晶，是江苏省委宣传部、江苏省教育厅肯定和提倡的说法。"'运河思政'：跨学科协同育人实践探索"课题的特色和创新体现在：(1)引领教学形式的创新。通盘考虑和努力建立基于立德树人的跨学科教学机制，将不同学科、课程内容、探究性学习、社会实践相融合，力求实现课程互助、资源互补、思维互鉴、情思互动，把过去的单一信息教学演变成立体、多层次的教学。(2)实现实践路径的创新。努力做到让学生腿勤起来，手动起来，在采访中、调查中、展示中、表演中、辩论中来活化、内化学科素养。做到了以"运河"为主线，充分挖掘运河资源，使学生在"如闻其声、如临其境"的课堂氛围中学习，强化学生体验、增强感知，进而产生强烈共鸣。(3)追求学习方式的创新。更突出思政课的参与式、沉浸式、活动式、行动式、叙事式等，从真实问题出发，引导学生从不同的视角发现、探讨、组合、再造，寻找重组开放的学习路径。(4)突出资源建设的创新。强调教学前置，引导学生课前搜集资料、撰写调查报告、形成"研究成果"等活动，让学生成为资源建设的主体，同向而行，立足运河文化优势，开拓教学场域，开发教育增量资源。(5)完善评价方式的创新。更注重形成性评价，更强调"深层教育""全科育人"，更关注学生小组探究计划方案的制定、课前研究性学习、课中展示、学生"现场采访""模拟回答"、合作讨论等过程中的评价，努力做到评价与学习过程有机融合。

　　课题组结合课题在全国中文核心期刊已发表专业论文10多篇，借助各校课题研究、学术论坛、教学研讨活动，已开设主题课100多节。有近50所大中小学参与，超5000名师生参与其中。本书精选了部分优秀案例。感谢扬州市众多一线教师提供的课例支持，书中一一注明了上课老师的姓名、学校及执教学科。

　　本书由江苏省特级教师、正高级教师，扬州市教科院副院长王恒富担任主编，扬州市广陵区教师发展中心王超担任副主编，扬州市朱自清中学曹兰老师、扬州市田家炳中学邵秀芝老师、扬州市邗江区运西中学祁萍老师、扬州市京华梅岭中学王馨宇老师负责了全书文稿的修改完善工作、仇清泉老师进行了全书审查,并提出了很多有价值的建议。

我们曾想,如果我们是一棵不断成长的树,那么,一大批优秀的思政教师就是从根部供应大量物质和精神营养的人。我们曾想,"一个在学问上取得成就的人固然让人尊敬,但真正让人高山仰止的,是做人的境界"。我们经常提醒自己,"一个真正的优秀教师不仅要成为大师,而且更要有大气"。我们也时常告诫自己,要在教学中把"真理的力量"和"人格的力量"统一起来,所以自己在做人上从来不敢有所懈怠,努力做一个领导器重、同行看重、学生尊重的好老师。

我们感谢河海大学出版社杜文渊主任为出版本书所做的不懈努力,感谢所有给我们帮助支持的师长、同事、朋友们,感谢所有在课堂中相遇的老师与学生!

写作是一种生命的见证,且让我以感恩的心来见证许许多多真诚帮助我的人!

尽管我们集思广益,数易其稿,但限于水平,加上"运河思政"优秀课例的编写又是初次尝试,不够完善之处在所难免,祈望所有使用和关注本书的教师和读者批评指正。

王恒富
2023 年 11 月